HEYNE

W0072330

JASMUHEEN

DIE BOTSCHAFT DER AUFGESTIEGENEN MEISTER

WILHELM HEYNE VERLAG
MÜNCHEN

HEYNE ESOTERISCHES WISSEN

Herausgegeben von Michael Görden
13/9925

Die amerikanische Originalausgabe erschien unter dem Titel
STREAMS OF CONSCIOUSNESS

Umwelthinweis:
Dieses Buch wurde auf
chlor- und säurefreiem Papier gedruckt.

Taschenbucherstausgabe 12/2002
Copyright © 1999 by KOHA-Verlag GmbH Burgrain
Wilhelm Heyne Verlag
Heyne ist ein Verlag des Verlagshauses Ullstein Heyne List
GmbH & Co. KG
www.heyne.de
Printed in Germany 2002
Umschlaggestaltung: FranklDesign, München
Umschlagillustration: www.vietmeier.com
Satz: Fotosatz Völkl, Puchheim
Druck und Bindung: Ebner & Spiegel, Ulm

ISBN 3-453-86451-4

Inhalt

Vorwort und Danksagung

»Die Botschaft der Aufgestiegenen Meister« ist eine Sammlung von Geschichten rund um die Aufgestiegenen Meister sowie ihren Botschaften, die über einen Zeitraum von sieben Jahren gechannelt wurden. Einige davon wurden zwischen 1994 und 1998 in der Inspirationstrilogie sowie in der Trilogie »Streams of Consciousness« in Australien von der Self Empowerment Academy veröffentlicht. Einige der Botschaften sind neu. Bei allen handelte es sich um mündliche Durchgaben, die auf Band aufgezeichnet und nachträglich so transkribiert wurden wie von unserer Gruppe in Brisbane, Australien, bei unseren allmonatlichen Treffen empfangen, als wir diese liebevollen Wesen einluden, sich uns mitzuteilen.

Mitunter konnten wir feststellen, dass die Meister bestimmte Botschaften wiederholten, da ja an diesen Abenden immer neue Leute dazustießen, damit alle Anwesenden von ihnen profitieren konnten. Wie bei unserer gesamten Arbeit gab es auch hier ein paar herausragende Botschaften, die für unsere Leserinnen und Leser bald deutlich werden dürften. Die zentrale Botschaft der Meister dreht sich um die Kraft des göttlichen Einen in unserem Innern. Immer wieder regen sie uns an, unsere Antennen auf die Stimme dieses Einen auszurichten, auf sie zu hören und zuzulassen, dass sie uns durch unser Leben auf dieser Erde führt.

Da unsere vorherigen Bücher »Lichtnahrung« und »In Resonanz« vom deutschsprachigen Publikum so gut aufgenommen wurden, sagte mir meine innere Stimme, ich sollte diese Anthologie von Botschaften aus den vorangegangenen fünf Bänden zusammenstellen, damit die Leserschaft hier ebenso davon inspiriert werden kann wie die australischen MAPS-Botschafterinnen und -Botschafter, die in den letzten Jahren in die Durchgaben eingeweiht wurden. Außerdem hatte ich die Eingebung, den Lehren der einzelnen Meister jeweils eine kurze Einleitung voranzustellen, dazu, was man über sie weiß und welche Verbindung ich persönlich zu ihnen habe.

Die Aufgestiegenen Meister haben die Menschen auf der Erde seit Menschengedenken inspiriert. Sie waren hinter der Entstehung sämtlicher Weltreligionen und haben von daher zahllose Inkarnationen in der Eigenschaft als große Lehrer hinter sich. Nachforschungen zu gechannelten Informationen gehen oft auseinander, wenn es um die Frage geht, welcher Meister sich als wer inkarniert hatte, doch uns allen ist die Gegenwart Marias vertraut, und viele wissen, dass Saint Germain ein Alter Ego namens Merlin hatte, und manche sagen, dass er auch der Vater Jesu gewesen sei. Millionen Menschen auf dem Planeten Erde unterhalten nun direkt oder indirekt eine Kommunikation mit diesen Lichtwesen. Manche empfangen im Schlaf Informationen und Führung, andere erhalten in ihrer Meditation Anweisungen und Inspiration. Für andere wiederum, so zum Beispiel auch für mich, hat sich sozusagen eine kosmische Direktdurchwahl zu ihren Sphären entwickelt. Wer mehr über Channeln und Telepathie verstehen möchte, könnte vielleicht in den entsprechenden Kapiteln in unserem Buch »In Resonanz« nachlesen.

Was diejenigen angeht, denen unsere Arbeit vertraut ist, so ist vielen mittlerweile deutlich geworden, dass es einen sehr kleinen Teil meiner Beziehung zu diesen wunderbaren Lichtwesen ausmacht, Kanal für ihre Botschaften zu sein. Die Meister sagen oft zu mir, wir bräuchten nicht ALLE Antworten auf sämtliche Probleme der Welt parat zu haben, da jeder und jede von uns verschlüsselt die Informationen in sich trägt, die wir brauchen, um unser persönliches Paradies zu erschaffen.

Jeder Mensch ist ein Energiesystem, das einem Computer nicht ganz unähnlich ist. Durch Willen, Intention und freudige Disziplin können wir deprogrammiert und reprogrammiert werden und lernen, über ursprünglich angenommene Grenzen hinwegzugelangen, jenseits des Überlebenskampfes. Wir können dann die Freiheit erlangen, zu wachsen und zu gedeihen und zu dienen und unser Leben Positives bewirken zu lassen.

Durch die Zusammenarbeit mit dem Göttlichen Einen in

seinem Innern wird jedes Individuum sämtliche Lösungen auf all seine Probleme finden. Lebenssinn – Gesundheit – Glück.

Wenn wir uns selbst umprogrammiert haben, ist es uns freigestellt, alles ganz locker anzugehen und unseren Spaß zu haben, während wir auf effektive Weise unser Bewusstsein erweitern, dem Planeten förderlich sind und etwas über wirkliche Freude lernen.

Wir laden euch also ein, euch entspannt zurückzulehnen und das Nachfolgende zu genießen.

Jasmuheen:
Meine persönliche Beziehung zu den Aufgestiegenen Meistern

Wer mit unseren anderen Schriften und Büchern vertraut ist, wird sich vielleicht erinnern, dass mir 1992 die Gegenwart der Aufgestiegenen Meister in meinem Leben bewusst wurde. Wie lange sie mich schon geführt hatten, weiß ich nicht. Davor war ich für zwei Jahrzehnte in Dienen, Satsang und Meditation involviert gewesen. Durch die täglichen Übungen vertiefte ich meine Praxis der Disziplin, der Hingabe und der liebenden Verehrung.

Das Erwachen

Die Meditation schenkte mir Losgelöstheit, geistigen Frieden, eine Verbindung zum Göttlichen in meinem Innern – dieser ewigen Stimme der Weisheit, die manche als »Instinkt« bezeichnen oder als Intuition und andere die Unendliche Weisheit oder den Gott in unserem Innern. Das Dienen erzeugte in mir ein Gefühl der Demut – etwas für andere zu tun, ohne dafür einen Lohn zu wollen. Satsangs ließen mich in der Gegenwart einer zeitlosen Wahrheit verweilen. Es inspirierte, unterstützte und motivierte mich. Eine junge Westlerin, deren Wahl darauf fiel, sich mit östlicher Philosophie und uralten esoterischen Praktiken zu befassen, entsprach nicht gerade der »Norm«, von daher hatte es etwas Unterstützendes und Stärkendes, mit Menschen zusammen zu sein, die intuitiv erkannt hatten, dass sie mehr als nur ihr Körper, ihre Emotionen und ihr Geist waren.

Nachdem auf magische Weise ein Tonband mit einer gechannelten Botschaft in meinen Besitz gelangt war, fügten sich in mir ein paar bislang fehlende »Puzzleteilchen« dort ein, wo sie hingehörten, und damit begann meine bewusste Beziehung zu den Aufgestiegenen Meistern. Im Laufe der nächsten ein, zwei Jahre fand ich mich damit ab, dass meine jahrelange Meditation unterschwellig dafür gesorgt hatte, dass ich »auf Empfang« war und jetzt lernte, vollauf von meinen latenten telepathischen Fähigkeiten Gebrauch zu machen. Und so begann ich zu »channeln«.

Der »Unfall«-Tod meines Bruders, als ich vierzehn war, hatte für mich das Geschenk mit sich gebracht, dass ich bewusst »andere Sphären« wahrnahm, als unsere Familie auf Schritt und Tritt seine Gegenwart um sich spüren konnte. Mein Meditieren in meinen Lebensjahren zwischen siebzehn und fünfunddreißig hatte meine Frequenz und meine elektromagnetischen Signale verändert, und genau so war es mit den Erkenntnissen, die ich aus einigen schmerzhaften und intensiven Lektionen durch das lernte, was ich früher oft für die »Schule der harten Schläge« gehalten hatte – das Leben.

Die Meister

Meine Verbindung zu den Aufgestiegenen Meistern und der Aufbau einer bewussten Beziehung zu ihnen in den letzten fünf Jahren hat eine andere Wirklichkeit, ein anderes Spiel in mein Leben gebracht. Stammt es nicht aus Shakespeares Feder, dass die Welt nur eine Bühne sei und wir nur Schauspieler, die eine Rolle zu spielen hätten? Die spielerische Seite des Ganzen zu begreifen hieß, dass für mich alles aufgehört hat, ein Kampf zu sein; vielmehr ist da eine tiefe Zufriedenheit und von Herzen empfundene Freude. Es hat eine Magie und Synchronizität, die noch immer von Ehrfurcht gefärbt ist, wenn ich die Macht der Energie der Bewusstseinssphären der Aufgestiegenen Meister entdecke, die Sphären des Lichts und der Kraft, die wir in unserem eigenen Innern tragen.

Als ich neulich das Vergnügen hatte, einen Text aus »The Life and Teachings of the Masters of the Far East« zu lesen, fand ich dort die gleichen Botschaften, das gleiche Verständnis wieder. In diesen Texten wird ausgeführt, wie diese Meister teleportieren, wie sie für ihre Gäste oder bei Bedarf Essen oder Geld manifestieren, die telepathischen Fähigkeiten und die Unsterblichkeit dieser Herrschaften, die auf magische Weise auf Empfang sind, was ihre Umgebung anbelangt, und perfekt im Einklang mit der schöpferischen Kraft.

Diese Meister sind bei uns. JETZT. Sie laden uns ein, ebenfalls den Zustand der Meisterschaft kennen zu lernen. Herr über unsere molekulare Struktur zu werden, damit wir frei sein können von der angeblichen Notwendigkeit, zu essen, zu schlafen, Geld mit uns herumzutragen, ja sogar Fortbewegungsmittel zu brauchen. Die Aufgestiegenen Meister, das sind die Meister aus dem Fernen Osten, die Siddhas und die Heiligen, die Theosophen, die Priester und heiligen Männer, die ihre Schwingung auf eine feinere Frequenz eingestellt haben, durch die sie außerhalb dessen sind, was unserem »normalen« physischen Sehvermögen zugänglich ist. Um sie zu »sehen«, müssen wir unser spirituelles Sehorgan aktivieren, unser drittes Auge sowie unseren Hypothalamus – den inneren Fernseher, der energetisch an das Aufstiegschakra angeschlossen ist und von diesem gespeist wird (in Ponyhöhe am Hinterkopf).

Aktivierung

Wir können uns auch dafür entscheiden, voll und ganz die Hirnanhangdrüse und Zirbeldrüse zu aktivieren und neu zu programmieren, damit sie durch die derzeitige und fortlaufende Produktion allein von lebenserhaltenden Hormonen die körperliche Unsterblichkeit unterstützen. Die Aufgestiegenden Meister inspirieren uns, unser Bewusstsein zu erweitern, um das Spiel des Einsseins zu spielen, bei dem wechselseitige Stärkung, einander zu ehren und Vergnügen zu bereiten zwischen allen Lebensformen die Norm sind.

Wir können ferner die bewusste Entscheidung treffen, sämtliche Chakrasysteme in unseren gesamten Körpern – den grobstofflichen und den subtilen – zu aktivieren, damit sie ihre maximale, optimal synchronisierte Kapazität entfalten, wie es genau JETZT für uns richtig ist. Es ist eine energetische Verbindung zwischen den entsprechenden Drüsen und dem Kehl-, Schilddrüsen- und Herzzentrum herzustellen, damit eine offene und wohl ausgewogene Kommunikation höchsten Kalibers zustande kommt, mit wem auch immer wir gerne kommunizieren möchten, auf der physischen Ebene wie auch interdimensional. Volle Aktivierung des Kronenchakras ermöglicht uns bei Bedarf eine klare Verbindung mit der göttlichen Intelligenz des Universellen Geistes und der Akasha-Chronik. Während wir immer feiner werden, erweitert sich unser Bewusstsein, unsere Kommunikations-»Antennen« werden ausgefahren und können eine größere Bandbreite an »Sendern« empfangen, was uns andere Frequenzbereiche/Dimensionen der Wirklichkeit zugänglich macht – solche, die zwar derzeit für das Bewusstsein der breiten Masse auf diesem Planeten nicht zu hören sind, da zu subtil, die aber dennoch existieren.

Das Sicherinnern

Zu den ersten Durchgaben an mich und alle, die entweder die entsprechenden Empfangskanäle entwickelt hatten oder offen dafür waren, sie zu hören, gehörten solche, bei denen es um ihre Rolle an diesem Punkt ging, den Sinn ihrer Aufmerksamkeit der Menschheit gegenüber. Die Aufgestiegenen Meister ließen uns wissen, dass sie sich als Antwort auf unsere Sehnsucht offenbart hatten, ein geeinter Planet zu sein. Da sie alle schon in der Schule Erde inkarniert gewesen seien, läge ihnen diese Vereinigung besonders am Herzen und sie würden unsere Entwicklung interessiert verfolgen. Ihr erstes »Projekt« bestand darin, die Lichtarbeiter und Sternenabkömmlinge zu inspirieren, sich daran zu erinnern, wer sie waren. Das ist erreicht. Dann, so erzählten sie mir selbst und anderen durch diverse gechannelte Botschaften, würde sich ihre Aufmerksamkeit dem Rest der Menschheit zuwenden – mit dem gleichen Ziel: massenhaft ein Erwachen anzustoßen, durch die alle sich erinnern würden, dass sie spirituelle Wesen sind, die einfach nur menschliche Erfahrungen machen. Auch das geschieht nun.

Was mich persönlich anbelangt, so ist alles, was sie mir zu meiner eigenen Lebensreise übermittelt haben, eingetreten. Ich fragte einmal in der Meditation, warum ich nur einen Teil des für mich vorgesehenen Entwurfs bekommen hatte – als würde ich »löffelchenweise« damit gefüttert. Sie sagten mir, zum derzeitigen Zeitpunkt bestünde die Möglichkeit, dass wir »auf und davon laufen« würden, wenn uns einer den vollen Einblick in das gäbe, wozu wir uns bereit erklärt hatten, und das würde unnötige Verzögerungen bei der Entfaltung des umfassenderen Plans verursachen. Also stellt sich dieses Wissen immer nur facettenweise »bei Bedarf« ein.

Sei im Hier und Jetzt

Zweitens erzählten sie mir, dass es wichtig sei, dass wir ganz auf den JETZIGEN Moment konzentriert lebten, denn wenn wir in diesem JETZT sind, sind wir jenseits von Geist und Ego, und der Geist kann sich frei durch uns ausdrücken. Indem wir auf diesen JETZT-Moment ausgerichtet sind, können wir auch die Zeit ausdehnen und die Begrenzungen der linearen Zeit überwinden. Zu verstehen, wie Zauberer es anstellen, zeitlich gesehen rückwärts zu leben, öffnet uns die Tür zu einer neuen Wirklichkeit, die ebenfalls Freude und das Geschenk der Konzentration für uns bereithält.

Immer wieder bringen die Aufgestiegenen Meister zum Ausdruck, dass es notwendig ist, dass wir still in jedem Moment verweilen, bewusst auf Empfang der Stimme des Göttlichen Einen in unserem Innern eingestellt. Im Laufe der Jahre, die sich wie bei der linearen Zeit üblich aneinander reihten, haben wir so viel miteinander erreicht. Sie sind so sehr Teil meiner Wirklichkeit, dass ich immer »wir« sage, denn nicht sie, nicht ich, sondern wir arbeiten zusammen an einem ganz bestimmten Teil einer vorab übernommenen Rolle in einem viel größeren Entwurf.

Aufgrund der Natur ihres unermesslichen umfassenden erweiterten Bewusstseinszustandes agieren die Aufgestiegenen Meister simultan und multidimensional und können jederzeit

Millionen von Lebensformen und Lebensschwingungen leiten und beeinflussen. Alle, die bewusst eine telepathische und intuitive Beziehung zu ihnen hergestellt haben, haben nicht allein einen Lebenssinn und Erfüllung gefunden darin, zum Wohl der Allgemeinheit beizutragen, sondern auch grenzenlose Freude und Magie.

Pranisches Nirwana – Lichtnahrung

Nachdem ich meine telepathischen Fähigkeiten zur Kenntnis genommen hatte, bestand meine zweite Lektion/Errungenschaft bei der Arbeit mit diesen »unsichtbaren Mächten« aus reiner Energie darin, die Fähigkeit zu beherrschen, meinen physischen Körper von der universellen Lebenskraft, auch Chi oder Prana genannt, ernähren zu lassen. Es schien eine Unterklausel zu meinem persönlichen Vertrag mit dem Mutter/Vater-Schöpfer-Gott zu geben, in der es um das Einverständnis ging, Pionierarbeit bei der Etablierung der pranischen Ernährung, der Ernährung von Atem im westlichen Kulturkreis zu leisten – eine im Osten bereitwillig anerkannte Praxis – und Brücken dafür zu bauen, dass einige dieser östlichen Philosophien und Praktiken in den Westen gelangen würden. Dieser Prozess, bei dem es darum ging, sich ausschließlich von Licht zu ernähren, begann kurz nach meiner ersten Initiation – der Selbstheilung eines Krebstumors in meinem Körper – in Form der bewussten Nutzung und Lenkung des Energieflusses. Genauso, wie ich den Tumor erzeugt hatte, konnte ich ihn auch heilen, also taten wir das.

Die Meisterung des »TAO der Energie«

Bei der Arbeit der Aufgestiegenen Meister mit mir geht es um die meisterliche Beherrschung des Energieflusses und die Verfeinerung der energetischen Schwingungen meines subtilen wie auch grobstofflichen Körpers. Eine noch höher entwickelte Kunst ist ihre Kalibrierung als Gesamtes: sich nur von Licht zu ernähren, zu lernen, mich willentlich aus meinem Körper hinaus und in andere Sphären zu begeben, und dann zu lernen, mich voll und ganz im Hier und Jetzt zu verwurzeln, um praktische, harmonische und aufbauende Veränderungen hervorzurufen, persönlicher und globaler Natur. Etwas über universelle Gesetze zu lernen, was für mich persönlich ein ziemliches Maß an Magie, Freude und Synchronizität mit sich brachte. Etwas über die Neuschaffung eines äußeren Erscheinungsbildes, das Wieder-in-Einklang-Bringen, Takte und Frequenzen und Fragmentierung und Kalibrierung von Licht und Einheit und mehr zu erfahren. Über all das haben wir in »In Resonanz« sowie in »Lichtnahrung« geschrieben.

Prophezeiungen und Gerüchte – Erdveränderungen und Landungen von Raumschiffen Außerirdischer

Derartiges ist, wie John Travolta als sein »Erzengel«-Ich in dem Film »Michael« so schön sagt, »nicht mein Ding«, und das Datum der Landungen von Raumschiffen sowie Einflüsse des Photonengürtels, Erdveränderungen und Ähnliches sind nicht mein Gebiet. Wohl aber die Meisterung der physischen Realität hier und jetzt.

Bei dem Sicheinschwingen auf die Energiefelder der Aufgestiegenen Meister geht es nicht lediglich um inspirierende Ideen, Konzepte oder Plattitüden. Es geht und es ging immer schon darum, diese Erkenntnisse in unserem Alltag praktisch anzuwenden.

Brücken zwischen den Welten und die Bitte um Beweise

Mehr und mehr überbrücken wir die Kluft zwischen den Welten: die Wissenschaft und die Religion mit der Quantenphysik, Ost und West mit einem Verlangen, Spirituelles und Materielles harmonisch zu vermischen – das Ätherische und das Physikalische dahingehend, die selbst auferlegten Grenzen physischer, emotionaler, mentaler und spiritueller Einschränkungen zu überschreiten. Alles, was die Aufgestiegenen Meister uns abverlangen, ist, dass wir wechselseitig vergnügliche und aufbauende Beziehungen entstehen lassen, die alle Formen von Leben auf dieser Seinsebene ehren.

Dr. Wayne Dwyer hat ein Buch mit dem Titel »I'll See It When I Believe It« geschrieben. So oft begegnen mir auf meinen Reisen rund um diesen Globus Individuen, die der Schule angehören, die sagt: »Ich glaube es dann, wenn ich es sehe.« Ich sage zu diesen Menschen immer, sie sollten um Beweise bitten, denn wer nicht bittet, dem wird nicht gegeben, und für all das gibt es für uns persönliche Beweise. Jesus sagte, wir sollten es an seiner Frucht erkennen, wobei »es« sich auf die Frage bezieht: »Was ist für mich der richtige Weg?« Unter Einsatz unseres rationalen Verstandes, unserer Intuition und eines Herzens, das klar zu unterscheiden weiß, können wir buchstäblich ein Wirklichkeitsmodell erschaffen, bei dem unser alltägliches Dasein so schrankenlos und freudvoll ist, wie wir es zu sein wünschen.

Grenzenloses Sein und feste Glaubenssätze

Einer der Glaubenssätze, die mir persönlich im westlichen Kulturkreis immer wieder begegnet sind, lautet: »Wenn man nicht isst, wird man sterben.« Ich selbst und viele andere verzichten jedoch freiwillig auf das Essen und dennoch existieren wir in unserer physischen Form weiter, in einem gesunden Körper, der hochgradig energiegeladen ist und ein Minimum an Schlaf braucht. Dass man rein vom Licht des göttlichen Funkens in seinem Innern lebt, lässt sich sehr gut beweisen, denn wenn man aufhört zu essen, gibt es zwei Möglichkeiten: Man lebt weiter oder man stirbt. Wenn du weiterlebst, ist das der Beweis für die Macht des Geistes und der Überzeugungen, so grenzenlos Dinge zu erschaffen, wie wir das zulassen.

Telepathie

Die Aufgestiegenen Meister sagen: »Hör auf, das Telefon zu gebrauchen« – verschicke telepathische Botschaften und sorge dafür, dass der Gedanke der entsprechenden Person dann eingegeben wird, wenn sie empfänglich dafür ist. Teste es. Buche deine Parkplätze auf diese Weise, spüre nach, ob es Post gibt (von Rechnungen abgesehen), bei der es wert ist, sie in deinem Briefkasten zu stapeln. Fang an, Spiele dieser Art zu spielen, und beweise dir selbst so, dass du zufrieden gestellt bist, dein Vermögen und deine Macht, Dinge zu erschaffen. Lerne deine Intuition und dein inneres Wissen zu gebrauchen. Das Universum brennt darauf, dir deine göttliche Natur widerzuspiegeln. Aber dazu musst du zunächst einmal offen sein. Offen dafür, deinen Intellekt zu ehren, und offen dafür, auf deine Intuition zu hören und ihr zu vertrauen. Wie Emmanuel einmal sagte: »Wahre Intelligenz ist das Vermögen unseres Geistes, auf die Weisheit unseres Herzens zu lauschen.«

Channeln

Beim Channeln geht es darum, einen Energiefluss zu unterstützen, und wie die Aufgestiegenen Meister uns wissen lassen, channeln wir alle. Wir können Kanäle für Tratsch oder Kanäle für Liebe sein. Kanäle für Musik, Kunst, Heilung etc. – es geht darum, feine Antennen zu haben, in Verbindung zu sein, in »der Zone«, in einem Bewusstseinsstrom. Der Grad an Kraft und Klarheit, den ein Channelmedium an den Tag legt, spiegelt, wie gut seine Antennen auf den universellen Pulsschlag der Schöpfung ausgerichtet sind.

Selbstheilung

Neulich hatte ich eine Vision von Energierastern und davon, dass sie unsere Meridianlinien waren. Ich sah vor mir, wie sich unsere molekulare Strukturen um diese Gitterlinien magnetisierten und unseren physischen Körper bildeten. Die Energielinien mancher Menschen wirken gleichsam verkalkt, was an der Langsamkeit ihrer Schwingung liegt, die eine Dichte in den Molekülen erzeugt, die bei jeder Inkarnation Fleisch um sie herum bilden. Die Verdichtung geht auf unser zellulares Gedächtnis zurück – wie Dr. Deprek Chopra uns hat wissen lassen, sind Zellen in Materie gekleidete Erinnerungen. In den Energielinien mancher Menschen pulsiert eine Lebenskraft wie bei einem breit dahinströmenden Fluss, ihre Zellen sind buchstäblich von Licht erfüllt und auf Sendung. Ihre Energiefelder sind elektrisch aufgeladen, sie wirken vital, lebendig, energetisch voller Leben.

Wir alle können die Kraft der Intention, des Willens und der kreativen Visualisierung nutzen, um buchstäblich »den Ton lauter zu stellen« und diese ganzen inneren Energielinien zu dehnen und zu aktivieren – genauso, wie ein Mensch mit einem Krebstumor sich täglich vorstellen kann, wie eine Art Laserstrahl aus goldweißem Licht, der der reinsten kreativen Kraft entspringt, durch sein Kronenchakra einströmt (das Energierad/der Energiestrudel, von dem alle universelle Weisheit und Kraft kommt). Und diesen kann er dann auf den Tumor lenken und sein Visualisierungsvermögen sowie seinen Willen und seine Intention einsetzen, damit der Tumor ausradiert, ausgelöscht wird und die Zellen geheilt werden sowie ihre volle Vitalität zurückerhalten. Eine simple Technik, die funktioniert, wenn wir es zulassen, liegt darin, uns aus dem Zweifeln herauszubegeben und die uns von Natur aus gegebene Heilkraft zurückzuerobern.

Giftiges Denken, giftige Nahrung und giftige Gefühle erzeugen eine Verdichtung in unseren Zellen, die den Energiefluss eindämmt und dissonante energetische Rhythmen in uns entstehen lässt. Qualitätvolles Denken, qualitätvolle Ernährung (von Prana oder anderem, was man als nahrhaft betrachten mag) und die vom Herzen her kommende Aussendung qualitätvoller Gefühle bringen zusätzliche Leichtigkeit in unsere Zellen sowie vermehrte Freude und Magie in unser Herz und Leben.

Die Entscheidung, unser höchstes Potenzial und unsere höchste Erfahrung auszuloten und zu erfahren, kommt aus unserem Innern, genauso, wie das Leben, das wir führen, unser eigenes Bewusstsein spiegelt. Die Aufgestiegenen Meister sind nicht hier, um einen Zauberstab zu schwingen und ein goldenes Zeitalter der Transformation zu erschaffen. Dennoch ist es so, dass, je mehr wir beschließen, grenzenlos zu sein und von unserer vollen Kraft Gebrauch zu machen, diese Entscheidung beziehungsweise dieses Handeln Derartiges in unser Energiefeld anzieht, bis wir erfahren, dass auch wir aufgestiegene und erleuchtete Wesen sind und dass im Paradigma der Einheit alles miteinander verbunden ist.

DIE MEISTERALCHEMISTEN

Die Meisteralchemisten sind eine Gruppe von Wesen, die die höheren Himmelswelten repräsentieren. Sie werden eingeladen, hierher zu kommen, um zu informieren, zu inspirieren und Zusammenhänge zu erhellen; sie sind die kosmischen Hüter der Erde und gleichzeitig die kosmischen Kommentatoren, die über Ereignisse jenseits der Erde und auf der Erde Bericht erstatten – und auf Einladung Einfluss auf diese nehmen. Da viele im weitesten Sinne als Lehrer kommen, werden sie oft als die kosmischen Universitätsprofessoren gesehen.

Die Meisteralchemisten sprechen außerdem für:
– Vertreter der Großen Weißen Bruderschaften
– Vertreter der Göttin und göttlichen Mutter Sophia
– Vertreter der Intergalaktischen Föderation der Welten sowie
– alle sonstigen großen Lichtwesen, die den Auftrag erhalten haben, in dieser Zeit über die Entwicklung der Erde zu wachen und die etwas zur Verwandlung unserer Erde in Camelot beizusteuern haben.

Botschaften der Meisteralchemisten

Wie vielen mittlerweile deutlich ist, trete ich als Sprachrohr der Meisteralchemisten auf, die aus den Bruderschaften des Lichts bestehen, der Föderation, den unterschiedlichen Kommandos, die die Supervision über die Entwicklung unserer Evolution auf dieser Seinsebene übernommen haben, und ich möchte diese Botschaft von ihnen weitergeben. Denn die Meisteralchemisten haben eine wichtige Rolle bei der Entfaltung des neuen Jahrtausends und dem, was wir den Plan von OH-OM nennen, zu spielen. Wobei OH-OM das höchste Herz und den Geist des Einsseins symbolisiert: ein Herz – ein Geist. Denn Einssein kommt von Einheit.

Die Meisteralchemisten sagen: »Euer Planet ist nicht der einzige in unserem Stall. Es sind viele aktive Lebensformen mit unterschiedlichen Graden von Intelligenz im Heranreifen begriffen – wie oben, so unten. Euer Planet spiegelt die Komplexität der universellen Schöpfung, wenn ihr einmal euer Reich der Mikroorganismen und subatomaren Teilchen betrachtet. Ihr selbst als eine Manifestation der menschlichen Lebensform seid nur ein Schatten in der Bandbreite des Geschaffenen, und dennoch haben eure Götter euch gütigerweise Schlüssel an die Hand gegeben. Denn eure Götter sind große Wohltäter, so viel steht fest, doch Meinungsverschiedenheiten und Trennung kommen aus eurem eigenen Herzen und Geist. Eure Gedanken trennen euch, und das, worauf euer Fokus ruht, scheidet euch voneinander und von uns.

Es ist an der Zeit für eine von Herzen kommende Rückschau, eine ehrliche Analyse, wer ihr heute seid in eurem Leben. Seid ihr glücklich, habt ihr eure Träume und eure Ziele erreicht? Fällt es euch leicht, in eurem Leben Liebe zu geben und zu empfangen? Euer Glücklichsein wird euch das Geschenk von Gesundheit und Wohlstand verleihen, denn Fülle stellt sich bei allen ein, die danach streben. So will es das universelle Gesetz, und so ist es!

Damit ihr eine wirksame Kraft der Veränderung in eurer Welt sein könnt, laden wir euch ein, die göttliche Alchemie meistern zu lernen. Wir laden euch ein, trennende Worte wie Angst und Finsternis loszulassen. Denn die Angst, die hinter der Angst steckt, rührt daher, das Unbekannte nicht zu kennen. Wenn ihr selbst das nicht zu Kennende kennt, werdet ihr euch entspannen und euren Spaß haben, und dann gibt es keine Angst mehr. Genau die Angst ist es nämlich, die die Fortschritte des Planeten bremst. Eure Angst vor den Mächten der Finsternis wird keinen Bestand mehr haben, wenn ihr wirklich begreift, dass Dunkel und Licht die doppelgesichtige Natur des Einsseins sind und dass aus der Dunkelheit das Licht hervorgegangen ist. Ohne das Licht würde die Dunkelheit sterben, und ohne die Dunkelheit ließe sich das Licht nicht erfahren, denn die Dunkelheit liegt in der Leere – der unendlichen Natur der Schöpfung als Quantenfeld. Angst vor der Dunkelheit zu haben heißt, Angst vor der Macht der Schöpfung selbst zu haben.

Solange bei euren Völkern eine Sprache und der Gebrauch einer Sprache üblich ist, aus der separatistisches Denken spricht, werdet ihr nicht die Einheit haben, nach der ihr strebt. Denn Einheit ist die Gemeinsamkeit, durch die die Bruchstücke des Ganzen in einer gemeinsamen Vision verbunden werden. Findet das, was ihr nutzen könnt, um Einheit unter euch zu schaffen, und tut dies zuerst. Bittet dann um das nächste Stück in dem für euch angelegten Entwurf, und es wird sich einstellen. Denn wenn ihr danach strebt, Vereinigung zu schaffen, werdet ihr auch die Dimensionen der Schöpfung in euch selbst vereinigen. Das, was Teil des Einen ist, muss sich euch offenbaren. Wisst einfach nur, dass euer Weg golden ist. Über Schnellstraßen des Lichts seid ihr hergekommen, als Schöpfung ausgeatmet auf einem Seufzer und in euer Sein hineingesungen.

So viele sind in ihrem Leben oft so sehr damit beschäftigt, sich selbst übermäßig wichtig zu nehmen, dass sie nicht weiter sehen als bis zu den Belangen, die unmittelbar mit ihrem Überleben zusammenhängen. Ist das persönliche Überleben gesichert, wird es euch dazu bringen, euch eingehender mit dem globalen Überleben zu befassen, dann mit dem Überleben der Galaxie und schließlich mit dem des Universums. Denn ihr bewegt euch rapide auf eine Zeit zu, die mehr an Mitgefühl und Gemeinschaft orientiert ist, wo ihr in der Praxis und mit Liebe den Menschenrechten Rechnung trägt, und ihr, die ihr hier sitzt, seid die Überbringer dieser Veränderung – ihr seid die Boten, die Aktivierer, die Verwandler.

Diejenigen, die noch von Fragen des persönlichen Existenzkampfs in Anspruch genommen sind, mögen diese Botschaft nicht hören. Diejenigen, die auf das Überleben des Globus ausgerichtet sind, nehmen sie bewusst wahr und sie haben Pakete für eine Erziehung zum Umdenken vorgelegt, um diejenigen, die noch mit dem bloßen Existenzkampf beschäftigt sind, im Andersdenken zu schulen und ihr Erinnerungsvermögen anzuregen. Diese Erziehung zum Umdenken ist etwas, von dem ihr alle umgeben seid. Sie stellt sich über die Heilkünste ein, die darstellenden Künste, und auch das Leben selbst wird euch lehren, wie ihr die Tür zu eurem eigenen Herzen aufschließt, in dem das Göttliche Eine lebt. Wie lange es dauern wird, bis ihr eure persönliche Wirklichkeit meistert, ist eine zutiefst persönliche Angelegenheit und bildet nur eine Herausforderung von vielen für die Krieger- und Zauberlehrlinge unter euch.

Der Lohn eines offenen und geeinten Herzens und Geistes ist der Schlüssel zu universeller Fülle und Harmonie, in der Lage zu sein, beim Spiel der göttlichen Alchemie eure Plätze als respektable Mitstreiterinnen und Mitstreiter in der Tafelrunde einzunehmen. Für manche ist vielleicht die Kenntnis und Erfahrung der grenzenlosen Natur eures eigenen Wesens nicht verlockend genug. Aber euch ist die Entscheidung für die meisterliche Beherrschung eurer Existenz nicht länger freigestellt. Auf eurer Ebene ist eine Kraft erstanden, die eine Antwort auf euren eigenen göttlichen Ruf ist. Mutter Gaia entfacht die Flamme durch das Feuer des Christusbewusstseins, sodass ihre Bewohner die Prophezeiung von der Wiederkehr Christi erfüllen können. Euer Körper ist der Tempel, der das vom Christusbewusstsein Erfüllte, das vom Buddhabewusstsein Erfüllte, das Unendliche Eine beherbergt, das in eurem eigenen Herzen wohnt.

Denn die Wiederkehr Christi ist das Zusammenkommen der vom Christusbewusstsein Erfüllten als eine Stimme. Sie ist die Stimme der Moslems, die singend ihre Gebete an Allah richten. Sie ist die Gesänge an Krishna, die Mantras an Buddha und die Kirchenlieder an Christus. Sie ist die Abschiedslieder der Wale, während sie euch den Königsmantel der Eigenverantwortung für die Fürsorge gegenüber Gaia zurückgeben. Das ist eine große Ehrung. Eines müsst ihr wissen: Genug von euch haben den Knopf betätigt, der signalisiert: Ja, es verlangt mich danach, zu dienen, mich über den Willen weiter unten angesiedelter Menschen zu erheben – dem Willen unseres Gottes zu dienen.

Wenn ihr lernt, auf die höchste Stimme des göttlichen Einen in eurem Innern zu hören – wir nennen es Divine One Within (DOW) –, dann werdet ihr bewusst darauf achten müssen, wie ihr die Botschaften eures inneren Gottes deutet. Wie ihr die Botschaft entschlüsselt, spiegelt eure eigene Bewusstseinsebene im Leben. Hört also auf damit, euch in spirituellen Angelegenheiten nur die Schriften oder eure Bücher anzusehen, und sucht die Antworten darauf, wie ihr euer Leben leben sollt, in eurem Innern.

Ist eure Arbeit von Sinnhaftigkeit und Leidenschaft erfüllt? Bewirkt euer Leben etwas auf dieser Welt? Bedeuten euch andere genug, um ihnen freigebig eure Gaben zu schenken und dabei dafür zu sorgen, dass ihr in eurer Freude und Kraft bleibt?

Wir fragen noch einmal: Seid ihr wirklich glücklich und im Frieden dort, wo ihr euch auf der Welt befindet? Nicht nur momentan glücklich, sondern aus tiefster Seele glücklich? Freudig, zufrieden, wissend und darauf vertrauend, dass der Gott des umfassenderen Plans euch in seinen Armen wiegt? Denn kennt ihr das liebende Herz des göttlichen Schöpfers, so wisst ihr, dass ihr in Sicherheit seid. Ihr seid das göttliche Experiment eines Wissenschaftlers aus Leidenschaft, der sich selbst klont. Wobei jedes Exemplar in sich so perfekt ist, dass es das Ebenbild des Göttlichen ist.

Uns ist es gleich, bei welchem Namen ihr eure Götter nennt, solange ihr sie nur ruft. Denn wenn sie die Erinnerung in euch stimuliert haben, werden sie auf die Dauer in eurem Herzen bleiben – Schöpfung, die Geschaffenes wieder in ihren Schoß aufnimmt. Wenn ihr erst einmal euren Treueschwur gegenüber dem größeren Willen eures Gottes abgelegt habt, dann wird es ernst mit eurer Unterweisung und Schulung, denn als ihr vor Jahrtausenden aus den Höheren Welten hier abgesetzt wurdet, wurde jedem und jeder Einzelnen von euch verschlüsselt eine eigene Schatzkarte mitgegeben, auf dass ihr als Mit-Schöpfer des Göttlichen alle Reiche der Schöpfung erkunden und euch an ihnen erfreuen könnt.

Viele haben nun verstanden, dass persönliches Glück von den Entscheidungen abhängt, die jeder und jede von euch fällt, und von den Handlungen, zu denen ihr euch dann entscheidet. Könnt ihr als bunte Mischung von Rassen oder als politische Gegner oder Feinde nebeneinander sitzen? Könnt ihr gemeinsam eure Götter lieben, indem ihr das findet, worüber sich all eure Religionen einig sind? In allen Religionen – und nun wieder im Gedankengut des New Age – haben wir euch die Richtlinien für das neue Jahrtausend wissen lassen, auf die ihr gemeinsam euer Augenmerk richten könnt.

Nutzt euer kritisches Unterscheidungsvermögen und eignet euch davon an, was sich in eurem eigenen Herzen richtig anfühlt. Wendet sie an, und sie werden euch zu dem Glück führen, das ihr sucht. Die wahre Freude, nach der viele von euch noch suchen, ist der Klang eures eigenen göttlichen Namens. Denn die Stimme eures Gottes ist in euch, ein bruchstückhafter Teil eines Ganzen, und sie sehnt sich danach, euch ihre Geschichte zu erzählen und ihre Vision aus dem Blickwinkel eines weit größeren Ziels zu vermitteln. Wie so viele nun entdeckt haben, enthält der Gott ICH BIN eure komplette Blaupause, eure Landkarte für die Heimreise und euren Auftrag, der der Grund für euer Hiersein auf der Erde zum jetzigen Zeitpunkt ist.

DIE AUFGESTIEGENE MEISTERIN MARIA

Die Gegenwart der Energie Marias teilte sich mir in meinem Leben zum ersten Mal 1993 mit, kurz bevor ich mit dem Umstellungsprozess auf pranische Ernährung begann. Damals war ich gerade damit beschäftigt, mein Leben so umzuorganisieren, dass ich einen Monat in Abgeschiedenheit verbringen würde, um mich auf das Göttliche Eine im Innern zu konzentrieren, dass ich irgendwann das DOW zu nennen begann.

Mir war deutlich geworden, um das Optimale aus meiner Erfahrung des 21-Tage-Prozesses herauszuholen, würde es besser sein, wenn meine Töchter, damals noch Teenager, irgendwo anders eine gute Zeit hätten.

Was ich auch versuchte, um das so einzurichten, es klappte nicht, und so übergab ich es schließlich dem Göttlichen Einen und bat Maria, diese Situation für mich zu lösen. Am darauf folgenden Tag und Abend, unmittelbar bevor für mich der Beginn des Prozesses anstand, kamen die Mädchen und fragten mich, ob sie mit der Familie von Freunden zum Zelten gehen könnten. Erleichtert, dass sie so eine vergnügliche Weise gefunden hatten, ihre Ferien zu verbringen, willigte ich ein, und dann bedankte ich mich ganz schnell bei Maria. Irgendwie schaffte ich es durch ihr göttliches Eingreifen, mich in diesem gesamten Zeitraum zurückziehen zu können, ohne dass die Mädchen sich an irgendeinem Punkt vernachlässigt oder links liegen gelassen fühlten.

Maria ist die Mutter aller Kinder, und ich konnte oft erleben, wie ganz magische Dinge geschahen, wenn ich die Interessen meiner Kinder in ihre Hände legte. Wie Kuan Yin trägt sie die Energien der Barmherzigkeit und des Mitgefühls in sich und als Mutter der Engelwesen überträgt sie ferner immense Liebe und Heilkraft auf die Erde.

Maria war über einen Zeitraum von zwei Jahren meine innige Begleiterin und von ihr, ebenso wie von der Meisterin Kuan Yin, lernte ich eine Menge über Mitgefühl und Barmherzigkeit in meinem eigenen Werk des Dienens. Anfang

1999 erschien sie mir aufs Neue und bat mich, wir sollten Sophia's Children Charity ins Leben rufen, eine Wohltätigkeitsorganisation für Kinder, der alle Gelder zufließen sollten, die ich normalerweise durch Medienauftritte in aller Welt verdiene. Sie sollten von dort aus an eine den Kindern dienende wohltätige Einrichtung in dem Land gehen, in dem das Interview stattfand.

Sie war es auch, die mir Führung gab bei der Entwicklung des MAPS-Bündnisses, das vor kurzem zwischen den Botschaftern und Botschafterinnen Australiens und denen in Schweden, Italien, Deutschland, Belgien, Frankreich und England entstand. Aktuell scheint sie durch uns – und viele andere – ihr Hauptaugenmerk auf das Aufhören des Abschlachtens allen Leben durch die Ausschaltung von Krieg zu richten und auf das Wohlergehen der Kinder unseres Planeten.

Als meine Assistentin Natalie Nyistor für das ELRAANIS-Magazin mehr über die wundervolle Meisterin recherchierte, fand sie Folgendes heraus:

Maria ist als Mutter Jesu bekannt, als kosmische Mutter des Universums oder auch als Mutter der Erdenkinder. Sie stammt aus dem Engelreich und es heißt, ihre Zwillingsflamme sei Erzengel Raphael und sie diene in einem ätherischen Tempel im Heiligen Land sowie im Rat der Großen Weißen Bruderschaft, Darjeeling. Man sagt außerdem, jede Seele begegne Maria vor ihrer Inkarnation als Mensch.

Maria ist berühmt für ihre Erscheinungen an verschiedenen Orten auf der ganzen Welt, etwa in Lourdes, in Mexiko, Ecuador, Texas und Medjugorie in Jugoslawien.

Vor ihrer letzten Inkarnation als Mutter Jesu, so sagt man, hätte sie ein Leben in Atlantis verbracht, als Tempeldienerin im Tempel der Wahrheit. Hier lernte sie, dass Krankheit von Blockierungen in den vier unteren Chakras herrühre und dass eine Heilung eintreten könne, wenn diese Zentren wieder ins Gleichgewicht kämen.

In ihrer Inkarnation als Mutter Jesu wurde sie von einer Hohepriesterfamilie als »heiliges Gottesgeschenk« aufgezogen. Maria wurde von den Essenern in Qumran (Palästina) unterwiesen und ihr Ehemann Josef wurde für sie ausgesucht. Maria war etwa sechzehn Jahre alt, als Jesus geboren wurde. Das Überleben Jesu hing in seiner frühen Kindheit allein von ihr ab, da Josef ein pazifistischer Essener war, der nicht kämpfte. Außerdem war Maria für die emotionale und spirituelle Erziehung von Jesus verantwortlich und sie sorgte dafür, dass Jesus nur die Vollkommenheit Gottes in jeden Aspekt seines Bewusstseins hineinließ.

Maria wurde abverlangt, ihren Sohn Jesus im zarten Alter von fünf Jahren der Essener-Bruderschaft des Lichts beitreten zu lassen – keine leichte Aufgabe für eine Mutter.

Schon seit etwa ihrem vierten Lebensjahr hatte Maria sich diversen Initiationen unterzogen, um ihre Rolle erfüllen zu können. Maria war vor die Kommission für spirituelle Hierarchien und Karma getreten, um sich für die Stelle der Mutter des Messias zu bewerben, und dabei musste sie die Initation auf sich nehmen, die den Namen »Unbefleckte Empfängnis« trug. Diese Initiation bedeutete, dass sie lernen musste, sich lange Zeit auf eine Gedankenform zu konzentrieren, ohne sich ablenken zu lassen, und zwar konzentrierte sie sich darauf, das Licht für Jesus, den Herrn, zu halten – vor seiner Geburt und während seiner gesamten Inkarnation. Zusammen mit Maria fokussierten auch noch andere Meisterinnen und Meister für Jesus.

Damit Maria diese Konzentration bewahren konnte, musste sie Reinheit in ihrem Mental- und Emotionalkörper bewahren. Es wurde im Laufe von Marias Initiation versucht, ihre Konzentration ins Wanken zu bringen – in einem Stadium unterzogen sogar die Elohim sie einer Prüfung, ihrer größten. Bei all diesen Initiationen gelang es Maria, den Fokus zu wahren, während sie ihren täglichen Aufgaben als Mutter und Ehefrau nachging.

Während eines Großteils ihrer letzten Inkarnation war Maria in einem Zustand der »zuhörenden Gnade«. Die Zeilen des Gebets »Gegrüßet seist du, Maria, voll der Gnade …« beziehen sich auf diesen Bewusstseinszustand, den Maria sich bewahren musste. Gnade ist die Essenz des Heiligen Geistes –

der weibliche Aspekt Gottes –, die Fähigkeit, auf die stumme, kleine Stimme in seinem Innern zu hören und aus seinem Herzen heraus die Wahrheit zu erkennen. Maria musste diesen Zustand der »zuhörenden Gnade« bewahren, damit sie empfänglich sein würde für die Führung, die sie im Hinblick auf die Geburt Jesu erhielt.

Die Fähigkeit, sich gedanklich ganz fest auf etwas zu konzentrieren, ist ein Gebiet, das für viele eine große Herausforderung darstellt. Aus diesem Grund empfiehlt Maria, wir sollten immer eine bestimmte Zeit in Kontemplation verbringen sowie damit, zu lernen, wie sich etwas durch die Macht unserer Empfindungsnatur und Gedankenkraft aus dem Herzen heraus manifestieren lässt. Wird genug Zeit mit der Konzentration auf einen Gedanken verbracht, so entsteht eine dynamische Aufladung mit Energie, bis es zur physischen Manifestation kommt.

Maria lehrt im Elementalreich auf ihrem Spezialgebiet: konzentrierte Gedanken. Sie lehrt, sich auf eine bestimmte Gedankenform in der Natur zu konzentrieren, etwa den Gedanken an eine Blume oder einen Baum. Wie lange eine Form in der Natur am Leben ist, zeigt an, wie lange dieses Elemental in der Lage ist, seine Gedankenkraft zu fokussieren.

Der Rosenkranz Marias ist ein Hilfsmittel, das zur Verbesserung der Konzentration beiträgt. Mary Ma-Mc Christ hat einen »New-Age-Rosenkranz« gechannelt. Viele Menschen haben nach Konzentration auf diesen Rosenkranz Wunder erfahren, einfach aufgrund ihrer beständigen und fokussierten Konzentration.

Maria schlägt eine einfache Meditation vor, um sich für diesen Zustand der »zuhörenden Gnade« zu öffnen: Man konzentriere sich bewusst auf seinen Atem, atme das weiße Licht Christi ein und spreche die Affirmation: »Ich empfange die Vollkommenheit und Gnade Gottes durch das weiße Licht Christi und der himmlischen Vater-Mutter.« Beim Ausatmen spreche man die Affirmation: »Ich setze alle unvollkommene, im Ungleichgewicht befindliche Energie innerhalb meiner vier unteren Körper frei.«

Wir sind sicher, dass ihr an den nachfolgenden kurzen Ausführungen von ihr, die für ihre sehr einfachen Botschaften bekannt ist, eure Freude haben werdet.

Botschaften Marias

Gebet und Kontemplation

Ich möchte euch etwas über Gebet und Kontemplation wissen lassen, denn das ist ein wichtiger Aspekt, auf den viele verzichten. Gebet heißt, den Mutter-Vater-Schöpfer-Gott zu ehren, und Kontemplation heißt, euch selbst zu ehren.

Ihr seid nach dem Ebenbild des Schöpfers geschaffen worden, oder nicht? Und wie Schafe seid ihr aus der Herde des Hirten abgewandert und habt äonenlang diese Entdeckungsreise genossen. Ihr seid landein, landaus gezogen, über viele Weiden, bis ihr eines Tages erkanntet, dass ihr vielleicht zu weit gewandert wart. Da trat bei vielen ein Gefühl des Kummers, der Traurigkeit oder Leere, Gefühle der Verlorenheit, des Sich-verirrt-Habens an die Stelle der Freude. Aber ihr habt euren Hilferuf ausgesandt aus der Tiefe eures Herzens, mit der aufrichtigsten Sehnsucht, und dieser Ruf ist erhört worden. Wie der Wind uns das Blöken der Schafe zuträgt, so ist der Hirte gekommen, und Schaf und Hirte werden wieder zusammenkommen, denn ihr habt alle eure Heimreise begonnen.

Das Gebet ist eine Zeit der Dankbarkeit, eine Zeit, um Orientierung zu erbitten dafür, den richtigen Weg zu dieser Wiedervereinigung zu finden. Das Gebet kann auch eine Zeit großer Dankbarkeit sein, wo ihr bei jedem Schritt auf dem Nachhauseweg diese von Herzen empfundene Freude erfahrt und vielleicht dafür dankt, auf diesem Weg zu sein.

Kontemplation, meine Lieben, ist eine Zeit der Ruhe, die ihr in eurem eigenen Innern verbringt, die Zeit, in der ihr eure Entscheidungen fällt, welcher Weg für euch der richtige ist. Obwohl alles vorherbestimmt ist und sich lediglich der größere Plan entfaltet, habt ihr euren freien Willen, und es gibt viele Wege, die euch erlauben werden, wieder mit dem Gott in eurem Innern eins zu werden. Wir haben euch schon so oft zuvor ermutigt, täglich von der Stille zu kosten; manche würden dieses Erlebnis auch als Meditation bezeichnen. Genießt in eurer Zeit der Zurückgezogenheit und der Meditation eure Kontemplation, lernt, still dazusitzen und euch an eurer eigenen Gesellschaft zu erfreuen.

Je mehr ihr den inneren Urteilsgeist zum Schweigen bringt, desto mehr werdet ihr das Du abstreifen, als das ihr euch der Welt präsentiert, und desto eher kann das göttliche Du – das Du, das nach dem Ebenbild des Mutter-Vater-Schöpfer-Gottes geformt wurde, sich offenbaren. Je mehr ihr Hand in Hand mit eurer eigenen Göttlichkeit – dem wahren Aspekt eures Seins – durchs Leben wandelt, desto mehr werdet ihr eure Reise als etwas Freudiges erleben. So oft sitzt ihr da und verurteilt euch selbst, ihr Lieben, ist es nicht so? Ihr verurteilt euch für Dinge, an denen es euch mangelt, oder für eure Einschränkungen oder eure Überzeugungen als solche. Doch wir Wesen im Geiste sehen jeweils lediglich das weiße Licht leuchten, bei manchen heller als bei anderen, aber nichtsdestotrotz bei allen leuchtend.

Je mehr ihr lernt, den inneren Weg mit eurer göttlichen Natur zu gehen, desto sensibler werdet ihr füreinander werden, denn ihr werdet lernen, den Schmerz und das Leid der gesamten Menschheit zu spüren, und wenn ihr diesen Schmerz spürt, werdet ihr erkennend und in Liebe die Hand ausstrecken, um anderen den Weg zu leuchten, aus der Dunkelheit heraus, in der viele nun hausen, in das Licht hinein. Und ihr mögt diesen Schmerz zwar fühlen, aber er wird durch euch hindurchströmen, wenn ihr mit eurer Göttlichkeit dahinschreitet und eure Antennen auf die inneren Sphären Gottes ausrichtet. Ihr werdet sein wie der Heilige Gral – einfach ein Gefäß, und alles wird frei und wunderschön und ungehindert hindurchfließen. Deshalb, meine Lieben, wird es euch derzeit eingegeben, jeden Augenblick und die wunderbare Erfahrung, die jeder Augenblick in sich birgt, zu verstehen und zu genießen. Wenn ihr euch harmonisch auf den jeweiligen Moment einstimmt, seid ihr frei von Gedanken und Erwartungen, und der Größere Plan kann ungebremst und ungehindert durch euch strömen.

Das ist der größte Dienst, den ihr erweisen könnt: euch dafür zu entscheiden, eure Energien auf den Gott, den höchsten Lehrer auszurichten, der im Innern lebt, und ein reines Gefäß dafür zu sein, dass diese innere Führung und innere Unterweisung durch euch fließen kann. Während sie durch euch hindurchfließt, wird sie euch verändern, sie wird euch ehren und euch lieben und zu denen hingezogen werden, die in Not sind, damit auch sie geliebt und verwandelt und geehrt werden, und sie wird auch in ihnen den Funken der göttlichen Natur entfachen. Lasst also zu, dass diese Energie des Mutter-Vater-Schöpfer-Gottes euch durchströmt, dass sie in das Sein von anderen übergeht, wenn sie sich aus eigenem Wunsch öffnen dafür, und dabei ihren eigenen Funken zündet, worauf der Fluss durch sie hindurch freier dahinströmen wird.

Diese Energie ist wie ein Fluss, nur dass dieser Fluss ein Fluss von Liebe und Freude ist. Sie ist ein Fluss großen Mitgefühls, und Mitgefühl rührt von Einfühlungsvermögen. Daher, wirklich das Leid von allen zu verstehen. Denn auch ihr habt alle gelitten, aber ihr trefft die Wahl, das Leiden hinter euch zu lassen – die Freude anzunehmen und die Liebe anzunehmen. Seid ihr nicht alle gelehrt worden, wie ihr euch harmonisch auf die göttliche Energie einschwingen könnt, die im Innern strömt? Denn sie durchströmt jede Faser eures Seins, und der Lebensatem kann euch dafür aktivieren, dies zu erleben. Ihr Licht leuchtet hell in euch, wenn ihr aufmerksam darauf achtet.

Denkt daran, meine Kinder: Es gibt viele Samenkörner, die auf diesem Planeten ausgesät worden sind, und alle entwickeln sich entsprechend des vorhandenen Verlangens und der Aufmerksamkeit, die ihnen gewidmet wird. Manche liegen unfruchtbar im Erdreich und manche treiben prächtige Blüten. Für alle wird der Tag kommen, an dem sie voll erblühen in ihrer strahlenden Schönheit, und ebendiese Schönheit und Reinheit und Liebe allein werden die Veränderung anfachen, nach der es euch allen auf diesem Planeten verlangt.

Ich spüre Unruhe im Herzen einiger an diesem Abend, eine Mattigkeit der Seele. Alles, was ihr zu tun braucht, ist im Gebet zu BITTEN und bei eurer Kontemplation zu lauschen und euch selbst genug zu ehren, um euch die Zeit für diese beiden Dinge zu nehmen.

Gibt es Fragen heute Abend?

Fragen und Antworten

Frage: Maria, ich fühle mich von meinen Gefühlen abgeschnitten und habe Schwierigkeiten damit, mich mit meiner inneren Stimme in Fühlung zu bringen. Kannst du mir da helfen?

Maria: Verbringst du viel Zeit mit Gebet und Kontemplation, mein Kind?

Antwort: In neuerer Zeit ja, früher aber nicht.

Maria: Dich von deinen Gefühlen abzuschneiden, hat doch damit zu tun, dass du dich selbst zu wenig ehrst, oder? Du kannst von diesem Moment an für dich beschließen anzuerkennen, dass du große Ehre verdienst. Wenn du dich selbst nicht ehrst, wird es auch deine Umwelt nicht tun. Rufe in deinen Gebetszeiten die Energien Kuan Yins zu dir herab, damit sie dir helfen, deinen Emotionalkörper zu heilen und die Energieblockaden aufzulösen, die du in dir geschaffen hast.

Beginne dir dann, wenn du dasitzt und kontemplierst, das Leben vorzustellen, das du deinem inneren Wissen zufolge wirklich verdienst, denn so wirst du das Selbstvertrauen bekommen, das du brauchst, um die Gefühle frei fließen zu lassen. Hilft dir das weiter, mein liebes Kind? Du hast noch eine Frage?

Frage: Es geht um das gleiche Thema: Ich tue mich schwer damit zu unterscheiden, was von meinem Kopf kommt und was von meinem Herzen.

Maria: Der Kopf führt dich durchaus zum Herzen – das überrascht dich, oder? Dich selbst zu ehren, dazu gehört auch, alle

Aspekte von dir anzunehmen. Wenn du dasitzt und kontemplierst, kannst du deinen Geist gebrauchen – erlaube ihm, frei umherzuwandern, um sich ein Leben für dich auszumalen, das keine Grenzen oder Einschränkungen kennt. Denn wie oft habt ihr alle Tagträume, bremst euch dann aber? Die Grenzen, die ihr euch in eurem Leben auferlegt, hängen damit zusammen, dass ihr oft das Gefühl habt, Derartiges sei unerreichbar für euch. Wenn ihr »das Spiel spielt«, euch selbst zu gestatten, herumzuphantasieren, keine Grenzen zu kennen und eurem Geist so richtig zu erlauben, sich vorzustellen, das Leben ist genau so, wie ihr es euch wirklich wünscht, dann werdet ihr merken, wie eine höhere Vision dazukommt und die Reise für euch fortsetzt. Wie wir schon so oft gesagt haben, wird es große Freude in eurem Herzen entfachen, wenn diese Vision Wirklichkeit werden kann. Denn so wünscht der Geist eurer Seele sich durch euer Leben auszudrücken, und das wird geschehen, denn es wurde vorab festgelegt. Du blockierst diese Vision mit deinem Glauben an Begrenzungen oder deine Unzulänglichkeitsgefühle. Mache dir also deinen Geist zunutze, denn er wird dich an die Tür zu einer höheren Vision führen und die Freude in deinem Herzen entzünden. Du weißt, wenn du voller Freude bist, bist du »auf dem rechten Weg«, dem des von Gott vorgesehenen Daseinszwecks.

Geist und Vernunft gehen Hand in Hand, und die Vernunft wird dich in die Arme des Geistes übergeben, denn die Vernunft wurde im Geist geboren. Die Vernunft ist wie die Schafe, die zum Schäfer nach Hause zurückkehren. Zeiten der Kontemplation werden es dir ermöglichen, Frieden mit sämtlichen Aspekten deines Wesens zu schließen, dein Menschsein anzuerkennen und alle Teile deiner selbst ohne Selbstverurteilung zu lieben. Denke daran, dass die Liebe die einzige reale Macht ist, die bleibende Transformation bewirkt.

Unsere Essenz ist Liebe und Licht, und es sind eure Liebe und euer Licht, die uns dazu hinziehen, uns euch mitzuteilen. Lasst zu, dass dieses Licht scheinen und die Liebe durch euch strömen kann. Es gibt einen Damm in eurem Innern, der birst, um sich in allen Aspekten eures Lebens auszudrücken, sobald ihr den Wunsch danach habt und ihn anerkennt.

Liebe, Annahme und Mitgefühl

Meine lieben Lichtkinder, hier ist wieder Maria. Wie Raphael ganz richtig gesagt hat, seid ihr alle hell erstrahlende Leuchttürme, und wir wachen über euch mit Liebe und Stolz im Herzen. Ihr alle lernt derzeit die Lektion der Meisterung eurer selbst so gut, ihr lernt etwas über die Entscheidungsfreiheit, über die Macht, die ihr in jedem einzelnen Moment habt, in dem ihr das Leben auf dieser physischen Ebene erfahrt. Ihr lernt Losgelöstheit, inneren Abstand, nicht überstürzt zu reagieren, wenn bei euch »auf den Auslöser gedrückt« wird, und die größte Lektion von allen ist für euch dieses Jahr Mitgefühl.

Ihr beginnt bereits jetzt, hiermit zu arbeiten. Denn nicht alle haben das Verständnis, über das ihr verfügt, nicht alle haben das Wissen, das ihr habt, und dennoch seid ihr tagtäglich von vielen umgeben, die von euch nur eure Liebe und euer Mitgefühl brauchen.

Vielleicht könnten wir, die wir mit euch arbeiten, einen Arbeitsauftrag für euch festlegen – bewusst zu beschließen, während ihr an euren eigenen Themen, eurer eigenen Verarbeitung, eurer eigenen Entwicklung arbeitet, dass ihr daneben die Erfahrung bedingungsloser Liebe, der Annahme und des Mitgefühls für all diejenigen anstrebt, mit denen ihr in Berührung kommt. Das wäre eine große Ehre, die ihr euren Brüdern und Schwestern angedeihen lassen könntet: sie so zu lassen, wie sie sind. Von Herzen kommende Liebe. Und ist das nicht eigentlich die Bedeutung von Mitgefühl: in der Lage zu sein, ungeachtet deiner eigenen Mängel oder der Mängel aller sonstigen Individuen, denen du begegnen magst, annehmen und lieben zu können?

Viele von euch, die heute Abend hier sind, haben einen sehr langen Tag hinter sich, also werde ich euch gegenüber mein Mitgefühl walten lassen. Ich habe mich danach gesehnt, euch an etwas teilhaben zu lassen, meine Energien in dieses

Umfeld zu bringen. Wie ich bereits sagte, habe ich die Absicht, in dieser nächsten Phase den fürsorglichen Aspekt aller Wesen auf diesem Planeten zu harmonisieren. Denn die Frauen haben sich immer so gut auf das Umsorgen und die Rolle der Sorgenden und das Umsorgtwerden verstanden, haben dabei aber ihre eigenen Bedürfnisse geopfert, und die Männer sind umsorgt worden und haben das genossen.

Nun ist auf diesem Planeten eine Zeit gekommen, in der es für die Männer auf dem Plan steht, selbst Sorgende zu werden – im Hinblick auf sich selbst und gegenüber allen, mit denen sie in Berührung kommen. Die Frauen werden mit dieser Rolle fortfahren, immer mit weisem Verständnis und berührt von Mitgefühl, und zwar nicht nur Mitgefühl für andere, sondern auch Mitgefühl und Fürsorge gegenüber sich selbst.

Könnte jedes Wesen sich selbst mit Samthandschuhen anfassen, erfüllt von bedingungsloser Liebe und Annahme, so würde sein Wachstum grandios zunehmen, es würde intensiviert. Zugestehenkönnen, Demut, Sichergeben, was für kraftvolle Erfahrungen. Wenn ihr Erwartungen habt, schafft ihr Begrenzung. Ich kann mich also, meine Lieben, mit diesen Gedanken von euch verabschieden: jeden Bruder und jede Schwester, denen ihr begegnet, mit einem von Mitgefühl und Annehmenkönnen erfüllten Herzen, und Augen voller Liebe und Annehmenkönnen, zu betrachten und zu erspüren, wie sie dann auf euch reagieren.

Fragen und Antworten

Frage: Für mich ist der Punkt etwas verwirrend, dass wir selbst unsere eigene Wirklichkeit schaffen und dass Gott unsere Wirklichkeit erschafft. Ich habe einen Freund, der heftig unter Rückenschmerzen leidet. Einige Jahre lang hat er intensiv daran gearbeitet, zu guter Gesundheit zu kommen, und die Rückenschmerzen verschwanden. Dann hatte er einen Rückfall und seitdem sind die Rückenschmerzen wieder da, heftiger als je zuvor. Er hat das Gefühl, dass wir nur bis zu einem gewissen Grad unsere Wirklichkeit

erschaffen und dass der Rest für uns geschaffen wird – mich ver-
wirrt das: Erzeugen wir nun unsere ganze Wirklichkeit als Finger
und Hände Gottes? Oder erzeugen wir einen Teil unserer Wirk-
lichkeit, bevor wir auf diesen Planeten kommen, und das setzt uns
dann Grenzen, innerhalb derer wir arbeiten müssen? Oder wird
das von anderer Seite für uns getan? Ich bin nicht sicher, könntest
du das erklären?

Maria: Mein liebes Kind, bitte wisse, dass du Gott bist, dass
die Essenz Gottes in all ihrer Herrlichkeit jedem und jeder
Einzelnen von euch innewohnt. Ihr seid nur Schauspieler auf
einer Bühne, wenn ihr euch in der physischen Welt befindet –
das Skript, der Rohentwurf ist vor eurer Inkarnation geschrieben worden. Es ist etwas, worauf ihr euch eingelassen
habt, eine Rolle, die zu spielen ist. Ihr habt dem zugestimmt,
da eure Motivation darin liegt, zu hundert Prozent wieder in
die Erfahrung des Gottes einzugehen, der ihr seid. Deshalb
gibt es Lektionen zu lernen, ihr erschafft euch Situationen,
um diese Lektionen zu lernen.

Was den Mann mit den Rückenschmerzen angeht, so hat er
daraus gewisse Lektionen zu lernen, wenn er nichts mehr
daraus zu lernen hat, kann er seine Rückenschmerzen loslassen. Da sind außerdem die Lektionen für diejenigen, die von
seinem energetischen Feld beeinflusst werden – vielleicht
Lektionen in Geduld, vielleicht im Verständnis der Entscheidungsfreiheit.

Wie Raphael sagte, seid ihr alle so einzigartig, und ihr
werdet für euch selbst eine Wirklichkeit schaffen, die es euch
erlaubt, euch auf eure höchst einzigartige Weise zu entfalten, und doch innerhalb von Grenzen, wie du gesagt hast.
Denn der reine Motivationsfaktor, der dem Herzen und der
Seele der gesamten Schöpfung Gottes verschlüsselt eingegeben ist, ist die bewusste Wiedervereinigung mit dieser
Quelle.

Ihr könntet die Menschheit als einen Quecksilbersee sehen,
der oft von der Hauptmasse an Quecksilber getrennt ist, aber
wie mit magnetischer Kraft wieder dorthin zurückgezogen

wird. In Wahrheit sind wir alle eins – unsere Essenz ist dieselbe. Es ist das Individuum, das sich irgendwann auf dem Weg für die Trennung entschieden hat und sich dann daranmacht, die Lektionen zu lernen, die es kennen muss, damit keine Schleier der Täuschung mehr fortbestehen, die es von seinem Ursprung trennen.

Alles fließt entsprechend des göttlichen Plans, doch jedes Wesen hat das Recht, von seinem freien Willen Gebrauch zu machen, um den Dialog auszuschmücken, die Einzelheiten, die Kulisse für dieses Spiel des Lebens. Wir alle wissen, dass am Ende der Junge das Mädchen kriegt oder das Kind wieder mit dem Vater-Mutter-Schöpfer-Gott vereint ist. So steht es geschrieben und so wird es sein.

Eigenliebe

Ich möchte etwas an euch weitergeben darüber, achtsam mit sich selbst und anderen umzugehen, dass ihr, während ihr Stärke und Entschiedenheit und Konzentration lernt, auch lernt, euch selbst mit Liebe und Achtsamkeit zu behandeln. Viele von euch haben, so könnte man sagen, unrealistische Erwartungen an sich selbst.

Obwohl es wichtig ist, sich ein positives Denken zu bewahren, eine positive Perspektive, um die Wirklichkeit zu erschaffen, nach der es euch so sehr verlangt, solltet ihr euch auch in jedem Augenblick die Zeit nehmen, in Verbindung zu sein, die wahre Verbundenheit, die wahre Freude zu erfahren, die ihr in jedem Moment sucht. Denn ist euer Leben nicht eine Aneinanderreihung von Augenblicken? Jeder Augenblick ist mit dem vorherigen verknüpft und mit dem nächsten, und wenn ihr euch gestatten könnt, in jedem Moment die Erfahrung von Liebe und Freude zu erleben, dann wird sich genau das in eurem gesamten Leben spiegeln.

Ich denke, dass manche von euch so sehr daran gewöhnt sind, ständig mit uns zu kommunizieren, dass ihr, wenn ihr nichts von uns hört, vielleicht schon denkt, ihr seid aus dem Takt gekommen, von diesem Weg abgeraten. Wahrscheinlicher ist es aber, dass ihr unsere Botschaften nicht hört, wenn ihr auf Kurs seid, denn dann braucht ihr unsere ständigen Gedächtnisstützen und unsere ständige Inspiration nicht, ihr braucht sie nicht, wenn ihr ungezwungen vorwärts geht, wenn ihr auf diesem Weg nicht hüpft oder rennt. Es macht doch sicher mehr Sinn, oder, dass wir hier sind, um euch zu erinnern, um euch einen Stups zu geben, für den Fall, dass ihr einschlaft, hinterherhinkt oder ein wenig vom Weg abkommt?

Es ist höchst wichtig für euch, wie Sananda sagte, euren Fokus und eure entschiedene Ausrichtung zu bewahren und Stärke und Hingabe an den Tag zu legen, während ihr den von euch gewählten Weg beschreitet. Es wird oft Zeiten geben, die eine Menge Ablenkung bereithalten, während sich die Zukunft auf dieser geliebten Terra entfaltet. Es wird für manche viel Leid und viel Schmerz geben und vieles, was euch von eurem Weg ablenken kann.

Ihr wisst es, wenn ihr im Einklang mit dem göttlichen Geist seid; ihr erkennt es an der Qualität der Freude und daran, wie ihr jeden Moment erfahrt. Wenn ihr euch »im Fluss fühlt« und alles geschieht so wie von euch geplant und gewünscht, und da ist Liebe und Freude und Harmonie, dann wisst ihr, dass ihr im Einklang mit dem göttlichen Geist seid. Denn das ist alles, was der göttliche Geist euch wünscht – ihr seid die Kinder des göttlichen Geistes, und die Kinder des Göttlichen, und dieses Reich ist wahrhaftig ein Reich des Himmels. Ihr werdet also wissen, dass ihr im Einklang seid, wenn ihr euch wie im »Himmel« fühlt. Dann ist alles bestens, mehr als bestens, alles ist absolut perfekt.

Tut also einen Schritt nach dem anderen, setzt einen Fuß vor den anderen, lasst dabei euren Blick auf dem Licht ruhen, lasst dabei euer Herz auf die höchste Weisheit eingestimmt bleiben, lasst eure Ohren auf innere Führung ausgerichtet bleiben oder auf Führung durch die Menschen in eurer Umgebung, wenn ihr das braucht. Es ist nur eine Sache des Bittens darum, vergesst das nicht.

DER AUFGESTIEGENE MEISTER SANANDA

Genauso wie Mutter Maria die Energie Sophias, also der Göttlichen Mutter, überträgt, ist die Sananda-Energie die Energie allumfassender Liebe und der Sohn aus der heiligen Dreifaltigkeit. Sie steht für das Christusbewusstsein. Viele Menschen in spirituellen Gemeinschaften bringen die Sananda-Energie mit dem Leben Christi in Verbindung, aber dieses Bewusstsein ist viel zu umfassend, als dass es je ein einzelner Körper fassen könnte. Das Christusbewusstsein ist der Klebstoff, der alles Leben zusammenhält, es ist bedingungslose Liebe und existiert in allen Wesen. Ja, es stimmt, dass sich die Botschaft Jesu um universelle Liebe drehte, bedingungslose Liebe. Und ja, es stimmt, dass Jesus etwa von seinem dreißigsten bis dreiunddreißigsten Lebensjahr unter der Führung und Obhut von Maitreya stand, als er sich auf seine Kreuzigung und Wiederauferstehung vorbereitete. Der Name »Maitreya« stammt von »matri«, was auch universelle Liebe bedeutet.

In den frühen Tagen meiner Arbeit mit Sananda bestand einige Verwirrung darüber, in welchem Verhältnis Jesus und Sananda zueinander stehen, aber als ich diese göttlichen Meister stärker zu erfahren und mehr vom Ausmaß ihrer Kraft zu erahnen begann, trat bald sehr offensichtlich zutage, dass sie als kosmische Professoren agieren, die jeden Einzelnen von uns bei seinem Dienen beobachten und führen sowie uns ihre Gaben vermitteln, um uns für unsere Rolle als Botschafter des Göttlichen auf dem Planeten Erde vorzubereiten.

Durch Sananda erfuhr ich auch von der Notwendigkeit, frei vom Urteilfällen zu sein – über sich selbst und andere. Er lehrte mich etwas über die Beweglichkeit des Bewusstseins und den inneren Lehrer zu ehren, über Selbstverpflichtung und Dienen und unsere Rolle im göttlichen Plan. Sananda lehrte mich, wie wichtig persönliches Differenzierungsvermögen ist und dass wir alle unsere Gaben haben, an denen wir andere auf unsere einzigartige Weise teilhaben lassen können.

Durch ihn lernte ich auch, dass jeder unentwegt in unterschiedlichem Ausmaß Liebe oder Angst weitergibt und dass manchen Menschen die Rolle zufällt, auf dem Planeten eine bestimmte Meisterenergie zu verkörpern. Ich erfuhr etwas von anderen, die wie offene Radiosender sind, die auf vielen unterschiedlichen Frequenzen senden, alle von ihrer eigenen Wahrnehmung gefärbt – von daher die Notwendigkeit, unser kritisches Urteilsvermögen einzusetzen, wenn wir gechanneltes Material lesen oder hören.

Vor allem aber lehrte mich Sananda etwas darüber, welche Macht wir alle haben, unser persönliches Paradies zu erschaffen und ein Dasein in Freude zu führen, denn, wie er in unseren beiden gemeinsamen Jahren zu mir sagte: »Die Menschheit ist das Wunder des Ausdrucks Gottes.«

Botschaften von Sananda

Grenzenlose Liebe

Und so, meine Lieben vom Licht, merkt ihr, wie ihr in einem Energiestrahl reiner Liebe zueinander hingezogen werdet. Denjenigen, denen meine Gegenwart nicht vertraut ist, sei gesagt: Diese Energie, diese Schwingung, ist die von Sananda. Was ist das für eine Schwingung, die durch jede Faser eures Seins geht? Denn wenn ihr euer Herzzentrum öffnet, werdet ihr die Gegenwart des Christus, des Getauften, in euch spüren. Ihr werdet die Gegenwart dessen spüren, was ICH BIN, denn was ICH BIN, das seid auch ihr. Schließlich ist die Essenz, die alles miteinander verbindet, durch alle Universen von Zeit und Raum, die der LIEBE.

Nehmt euch doch einmal einen Moment Zeit, atmet tief ein, richtet eure Aufmerksamkeit auf euer Herz und spürt, wie die Liebe entfacht wird, während ihr einatmet. Spürt, wie sich euer Körper hebt, wenn ihr tief atmet, denn ihr alle seid Kanäle für die Liebesenergie, für das Christusbewusstsein. Ihr alle tragt das Geschenk der Meisterschaft in euch, und Meisterschaft, ihr Lieben, bedeutet zu wissen, dass ihr die freie Wahl habt, zu wissen, dass ihr innerhalb einer Ebene der Dualität lebt und dass es durchaus großes Leid gibt, ja, aber auch große, große Freude.

Es gibt Liebe und es gibt Angst, es gibt Licht und es gibt Dunkelheit, und dennoch versteht ihr als Meister, dass alles von dem Einen geschaffen wurde. Als Meister versteht ihr, dass ihr die Wahl habt – als bewusste, schöpferische Wesen –, in eure Gegenwart grenzenlose Liebe, grenzenlose Lebendigkeit, grenzenlose Freude zu ziehen, wenn ihr den Kampf und das Leiden satt habt, denn wir lesen die Gefühle in eurem Herzzentrum, und manche fühlen Schmerz, fühlen Ungewissheit, fühlen Sehnsucht und wissen nicht, was es ist, das ihnen Erfüllung schenken wird.

Ihr trefft die Entscheidung, ihr Lieben, und das nehmt ihr von dieser Zusammenkunft mit nach Hause, euch die Beobachtung zu gestatten, dass ihr die Wahl habt. Denjenigen unter euch, die das verstehen, sei gesagt: Seid euch in jedem wachen Moment darüber klar, dass ihr die Wahl habt. Es ist ein Geschenk, das den Wesen auf dieser Seinsebene gegeben wurde, um die Freiheit der Wahl, den freien Willen auszuüben, das auszusuchen, was ihr Herz zum Singen bringt. Sehr wenige stellen fest, dass ihr Herz durch Leiden, durch Schmerz Feuer fängt und singt, und doch bringt dieses Leiden und dieser Schmerz Lehren und Inspiration mit sich. Und wenn diese für euch darin liegen, dass ihr klar wisst, dass ihr kein Leiden und keinen Schmerz mehr wollt. Wir geben euch also dieses Geschenk der Freiheit, der Wahl, der Meisterschaft, und das kostbarste Geschenk von allen ist das Geschenk der Eigenliebe, denn wenn ihr euer Ich wirklich liebt, sämtliche Seiten eures Selbstausdrucks, dann werdet ihr wie ein Magnet große Liebe in euer energetisches Feld ziehen.

Denn Liebe kann nicht zu denen kommen, die sich der Liebe nicht würdig fühlen. Das Geheimnis liegt darin, euch selbst die Erlaubnis zu erteilen, Liebe zu empfangen, euch selbst die Erlaubnis zu geben, zuzulassen, dass Liebe in euer Energiefeld kommt, indem ihr darum bittet. Das universelle Gesetz befindet: Wer nicht bittet, dem wird auch nicht gegeben.

Das universelle Gesetz gebietet: Wenn ihr euch auf das konzentriert, was eurer Zielsetzung entspricht, so muss dem entsprochen werden, indem magnetisch entsprechende Energie in euer Feld gezogen wird, in eure Erfahrungswelt. Meine Lieben, wenn ihr euch selbst liebt, wenn ihr alles liebt, was ihr seid – eure körperliche Gestalt, die Tiefe und Bandbreite und Vielschichtigkeit eures Emotionalkörpers –, wenn ihr die kreative Kraft eures Geistes liebt und die Wirklichkeit beobachtet, den Beweis, dann wird worauf auch immer ihr euer Augenmerk richtet, Realität. Wenn ihr eure schöpferischen Fähigkeiten liebt, wenn ihr die Verbindungstür eures spirituellen Körpers liebt, die es euch ermöglicht, euch in die höheren Sphären jenseits der physischen Ebene zu bewegen, dann werdet ihr Einheit kennen. Dann werdet ihr das Gefühl haben, dass euch nichts fehlt. Dann werdet ihr Freiheit und Magie kennen lernen. Dann werdet ihr merken, wie sich andere Wesen in eurem Energiefeld bewegen, die zu lieben wissen, und ihr werdet ein Netz aus Licht um diesen Planeten bilden – mit solcher Kraft aufgeladen, dass das Geschenk, das ihr darbringen werdet, als Diener der Liebe und des Lichts, darin liegen wird, eure Energiefelder miteinander zu verbinden, als würdet ihr euch die Hände reichen, mit offenem Herzzentrum und in eure Meisterschaft unterweisend, mit einer Intention, denn Intentionen haben große Kraft. Ihr werdet Intentionen einsetzen und andere unterweisen, ihr werdet göttliche Gefäße sein, der Abendmahlskelch, auf dass die Flüssigkeit, die Schwingung göttlicher Liebe tausendfach ungehindert durch jede Faser eures Seins und durch euer Herz strömen kann, mit Kraft aufgeladen von jedem und jeder Einzelnen von euch, die lernen, ihr Ich voll und ganz zu lieben, und es wird die Schwingung der Massen verändern hin zu Einheit, zu Harmonie, zu Gleichgewicht.

Wenn sich diese Schwingung durch euren Körper bewegt, angezogen von dem, was eure Zellen sind, so wird diese Energie bedingungsloser Liebe eure Antennen noch feiner werden lassen, euch dazu bringen, euch weiter auszudehnen, euch erlauben, euch wirklich frei von den Beschränkungen des physischen Körpers zu bewegen, wirklich euer Engels-Ich in Erfahrung zu bringen, wirklich die Einheit in allem zu fühlen, die Vollkommenheit der kosmischen Kräfte zu sehen, in einem Zustand der Meditation zu sein, in dem ihr den Kosmos in jeder Zelle spürt. Wo ihr die Sterne im Innern seht, die Planetensysteme in euch, und ihr spürt den einenden Pulsschlag vom schöpferischen Herzen des Göttlichen.

Es gibt viele Geschenke, ihr wohnt inmitten einer Wirklichkeit, die voller Geschenke ist, wenn ihr euch dafür entscheidet. Bitte nun: »Liebes Herz …« Bitte dein Herz aus den Tiefen deiner Seele. Kannst du dir selbst gestatten, den derzeitigen Kummer loszulassen? Kannst du dir selbst gestatten, den derzeitigen Zweifel loszulassen? Die letzten Überbleibsel eines alten Zeitalters, eines alten Daseins, das von Zweifel und Angst und Kummer beherrscht war? Wir bewegen uns, wie ihr wisst, ins diamantene Zeitalter hinein, das eine verfeinerte Version des goldenen Zeitalters ist. Ihr seid auf dem Weg in ein Zeitalter reiner Intelligenz und reinen Gewahrseins. So wurde es prophezeit, denn das ist der göttliche Plan, der sich denen offenbart, die auf seinen Pulsschlag eingestimmt sind. In eurer Geschichte haben sich eure Schamanen, eure Hellseher, auf den universellen Geist eingestimmt und wurden Zeuge dessen, was sein würde und sein wird.

Ihr könnt euch mit Sicherheit mit solcher Leichtigkeit auf diese Energiebandbreite der Liebe und des Lichts verlagern, das neue Paradigma, wie es eurem Wollen und eurem Verlangen entspricht. Für manche ist das so, wie mit ihren beiden Füßen in zwei Welten zu stehen, einem alten Dasein und einem neuen. Eines ist vollkommen erfüllend, ein liebevolles Ehren seiner selbst. Das andere ist vielleicht ein Dasein, wo ihr euch weniger sicher fühltet, wer ihr wart, worin euer Part auf dieser Daseinsebene lag.

Wir bitten also darum, dass es sicher und einfach ist, so einfach, wie euch jetzt zu erlauben, frei von Leid zu sein, sich in das Gefühl der Freude im Herzen hineinzubegeben, von diesem Moment an danach zu streben, nur göttliche Vollkommenheit und Einheit zu kennen, denn das ist das höchste

Paradigma, das höchste Energiemuster, auf das ihr euch einschwingen könnt, während ihr noch in einer physischen Gestalt seid. Das ist das segensreichste Geschenk, das ihr euch selbst und anderen machen könnt. Die Erlaubnis.

Ihr werdet die Taktfrequenz, euer elektromagnetisches Feld, eure Signale ändern und ihr werdet merken, dass ihr dann wieder ein Spiegelbild der universellen Energien von allen habt, denen ihr begegnet, ihr werdet nur die göttliche Vollkommenheit sehen. Alles, was ihr in euer Energiefeld anzieht, werden Wesen sein, die euch lieben, da ihr euch selbst liebt. Wesen, die ihr lieben könnt, denn ihr liebt bedingungslos, wenn das Herz offen ist, wenn ihr die Absicht habt, dass das, was ihr mit anderen teilt, frei und bedingungslos mit Liebe fließen kann. Wir haben also geschaffen, wir alle …

Ihr Lieben, wir möchten euch bitten, dass vielleicht die ein, zwei von euch, die Fragen haben, dies jetzt tun. (Schweigen)

Das ist gut, denn ihr wisst, in der Stille liegen die Antworten auf eure Gebete, ihr seid euch bewusst, dass dies ein Anfang ist in diesem jetzigen Moment. Eine Erkundungsreise hin zur Liebe zum Selbst. Es werden verschiedene Gedanken in eurem Geist angeregt werden, manche mögen sagen, telepathisch eingepflanzt werden, um euch perfekt zu leiten. Es besteht eine energetische Gegenwart großer Liebe und Göttlichkeit, der ihr euch öffnen könnt und die ihr um Heilung in euch selbst bitten könnt, solltet ihr das wünschen. Hört auf euer Herz. Seid präsent in eurem Körper, denn dies ist eine Zeit dafür, die höchsten Energien in eurem Körper zu erden und zu erlauben, dass sie in den Planeten und in die Herzen anderer wandern können.

So, meine Lieben, wir sind in Gedanken und energetisch in eurer Gegenwart. Lasst es zu, dass diese Reise heilig ist, denn es ist ein göttlicher Raum, den ihr erschafft und aufrechterhaltet.

Die Elastizität des Bewusstseins

Ich möchte euch von vielen Geschichten berichten, aber vielleicht könnten wir anfangen, indem wir euch an der Freude teilhaben lassen, die die vielen Lichtwesen, die sich nun im Umfeld eurer Energie befinden, gerade erfahren. Denn die Meditation, die ihr heute Abend praktiziert habt, meine Lieben, hat buchstäblich einen Durchgang zu höheren Dimensionen freigesprengt.

Viele von euch erfahren nun die Kraft ihrer Gedanken und ihres Vermögens, zu erschaffen und zu manifestieren. Mit eurem Willen und eurer reinen Absicht gepaart, erreicht euer Gedanke im Handumdrehen große Dinge. Es gibt nun sozusagen einen bleibenden Verbindungsweg, der zu den höheren Energien der Raster des Christusbewusstseins führt. Ihr habt ihn gerade geschaffen, genauso wie ihr euren eigenen, individuellen Weg zu dem Raster geschaffen habt, von dem so oft die Rede ist.

Darf ich euch, die ihr ja so viele seid, nun wissen lassen, dass ihr damit einen großen Dienst erwiesen habt. Jeden Tag, den ihr eure Energien bewusst auf die Ausweitung dieser nun von euch hergestellten Verbindung abstimmt, werdet ihr der Menschheit dienen. Ihr werdet dazu beitragen, eure eigene Rückbindung an die Quelle zu beschleunigen, denn ihr werdet zulassen, dass diese Energien des kosmischen Christus frei in euch einströmen und unablässig eure Energiefelder neu ausrichten und harmonisieren, gemäß dem, wonach es euer Herz verlangt, und der Stärke eurer Entschlossenheit und eurem Verlangen nach Erleuchtung.

Denn geht es bei der Erleuchtung nicht darum, ein Lichtwesen zu sein? Ein erleuchtetes Wesen? Und dreht sich der Aufstieg in höhere Sphären, der euch allen so teuer ist und den ihr so sehr anstrebt, nicht darum, das Licht des Gottes in eurer atomaren und zellularen Struktur freizusetzen? Die dichten Schleier der Begrenzung und Illusion hinter sich zu lassen wie schwere Kleidungsstücke, die äonenlang auf euch gelastet haben.

Wir pflanzen in das geistige Auge von euch hier eine Vision ein, die sich vielleicht weitergeben lässt. Ihr alle könnt euch etwas unter Harpunen vorstellen, ja? Vielleicht können wir das für euch in einen höheren Kontext einbetten. Vielleicht könnt ihr visualisieren, wie die schöpferischen Energien des Mutter-Vater-Schöpfer-Gottes auf den unermesslich weiten Ozeanen des Lebens dahintreiben und dabei Milliarden von Lichtharpunen gleichzeitig durch die Zeitdimensionen losschicken. Wie ein riesenhafter Fischer auf See, der diese Harpunen schießt, bewegen sich diese Lichtlinien durch die Galaxien, die Universen.

An der Spitze jeder Harpune ist eine schöpferische Kraft. Eine »Missile«, bestehend aus einer Absicht, die sich durch die Ozeane in die physische Welt einpflanzt. Denn die Ozeane, in denen der Schöpfer wohnt, sind nur Ozeane von Energiefeldern. Es ist wie bei euren Wissenschaftlern, die, wie ihr sagen könntet, belehrend von einer kreativen Masse von Energie gesprochen haben, die ihre Feuerwaffen losschoss – der Urknall. Aber das ist nur ein Aspekt eines kleineren Bildes, das sich in diesem Quadranten eures Universums bot.

Nichtsdestotrotz schossen die Herrscher der Schöpfung die Energiestrahlen der schöpferischen Kraft los, und so konntet ihr merken, wie euer Bewusstsein eine physische Form annahm, als es sich jenseits der Dimensionen bewegte, sich verdichtend, um sich Lichtgewänder sammelnd und Gewänder aus Materie und Masse. Und die Türen sind immer da gewesen. Aber wie euch bewusst ist, haben durch eure Reisen auf dieser Ebene viele von euch diese Türen oder ihren Zugang zum Gott ICH BIN verschlossen, und ihr habt euch dabei weiter mit dichteren molekularen Strukturen umgeben, Gedanke und Form begrenzend.

All das war Teil eines »großen Plans« und, wie euch bewusst sein dürfte, ist nun eine Zeit gekommen, alle Sternenabkömmlinge und alle Lichtarbeiterinnen und Lichtarbeiter zu erwecken, die durch die Zeitdimensionen gereist sind und in vielen Formen Leben erfahren haben. Viele von euch sind durch die Sternenhaufen der plejadischen Energien gekommen, die arcturischen Energien und andere.

Ihr habt alle in vorherigen Inkarnationen, in vorherigen Energiesystemen, euren Aufstieg unternommen, nach dem es euch inständig verlangt. Vielleicht habt ihr es auf der bewussten Ebene vergessen, doch der Gott ICH BIN erinnert sich an alles und IST ALLES und regt sich nun in euch.

Meine Lieben, viele von euch sind ungeduldig. Es ist eine wundersame Reise und eine wundersame Zeit der Erweckung, an der ihr da gerade teilhaben könnt. Warum möchtet ihr nicht »stehen bleiben und an den Rosen riechen«, wenn ihr vom Garten des Lebens umgeben seid, der so wunderschön ist? Denn dieser Garten des Lebens wird so schön sein, wie die grenzenlose Natur eurer kreativen Kraft es beschließt.

Es gibt nämlich in der Tat einen groß angelegten Plan, denn schließlich seid ihr ja alle die Harpunen der Gotteskraft, die durch die Dimensionen der Zeit ausgeschickt werden, um sich in dieses Planetensystem einzugraben, tief in der Materie dieser Erde zu wurzeln. Und wenn ihr dann die Türen öffnet und das Licht des Gottes ICH BIN hereinfluten lasst, dient ihr damit diesem Planetensystem und ermöglicht es ihm, sich in die höheren Sphären zu begeben und den ihm gebührenden Platz zwischen allen galaktischen Systemen Gottes einzunehmen.

Es ist nicht an der Zeit, sich über die Energiefelder dieses Planeten hinauszubewegen, es ist eine Zeit, die Energiefelder dieses Planeten zu transformieren. Und wenn euer Dienst abgeschlossen ist, werdet ihr die Gelegenheit haben, euch entsprechend der Entscheidung eures ICH BIN in eine andere Daseinsdimension zu begeben. Denn dies ist nur ein Kapitel in eurer Entwicklung. Ihr habt euch für eine Rolle gemeldet und es ist Zeit, sich nicht nur auf die Reise auszurichten, sondern auch auf das Endergebnis der Reise und dann wieder auf die Freude des Reisens an sich, darauf, jeden Schritt auf dem Weg zu genießen.

Ihr werdet nicht schneller vorwärts kommen als diejenigen, die auf dieser Reise um euch sind, ihr seid alle auf dem Nachhauseweg, könnte man sagen. Es ist nicht mehr eine Zeit, in der diese Lichtwesen ihren Aufstieg unternehmen und die Energiefelder dieser Ebene hinter sich lassen, es ist eine Zeit, eure Brüder und Schwestern scharenweise neben euch hergehen zu lassen.

Euer bewusstes Gewahrsein verfügt über vollkommene Freiheit und Elastizität; ihr könnt die Stufenleiter hinauf- und herabwandern, durch die Tür hindurchgehen und auf der anderen Seite herauskommen. Ihr könnt die Dimensionen des Gottes ICH BIN erfahren, jenseits dieses Systems, jenseits aller Systeme, ihr könnt zu den Energien der Quelle zurückgelangen. Denn ihr seid keine begrenzten Wesen, ihr seid Lichtwesen. Ihr seid spirituelle Wesen, die sich auf dieser Daseinsebene inkarniert haben, aber ihr existiert in allen Dimensionen und Frequenzen, in denen sich der Gott ICH BIN ausdrückt.

Die Freiheit, die ihr sucht, ist also die Freiheit, das Bewusstsein wie ein Gummiband die Stufenleiter des Daseins hinauf- und hinabwandern zu lassen. Denn die Harpune des Mutter-Vater-Schöpfer-Gottes ist abgeschossen worden und hat sich auf dieser Ebene inkarniert. Aber ihr habt die Freiheit, euch durch euer bewusstes Gewahrsein, eine Verlagerung in eurer Wahrnehmung, über diese Ebene hinauszubewegen und die Wirklichkeit, die ihr euch wünscht, zu erschaffen, wo immer ihr wollt.

Diejenigen von euch, die sich nach einer Wiederaufnahme der Verbindung sehnen, sollten in ihrem Herzen prüfen, ob dieses Verlangen nach Wiederverbindung vielleicht auch der Wunsch nach Flucht ist. Wenn ihr den physischen Körper und euer Dasein auf dieser Ebene meistert, werdet ihr eure Bestimmung erkennen und nicht mehr entrinnen wollen, ihr werdet sozusagen an der Party teilnehmen wollen.

Wenn ihr die Freude im Ausdruck des Gottes ICH BIN nicht in jedem wachen Augenblick eurer Wirklichkeit und eures Daseins auf dieser Ebene verspürt, dann fahrt mit der Reise der Wiederausrichtung und des Offenwerdens für die höheren Lichtfrequenzen fort. Denn die Kraft im Licht des Gottes ICH BIN ist genau das, was die Disharmonie innerhalb der Energiefelder eurer sämtlichen Ausdrucksebenen auflösen wird.

Schließlich seid ihr schon äonenlang in die Dichte eurer molekularen Struktur gekleidet und durch die Schwerkraft der Materie auf dieser Ebene gebunden gewesen. Die Blume Menschheit geht auf und blüht und wird entsprechend der für sie entworfenen göttlichen Blaupause aktiviert.

Alle haben perfekte Rollen zu spielen und alle verbindet das Netz des Lebens. Wie wir euch schon oft zuvor wissen ließen, besteht der Überholstreifen zur spirituellen Erleuchtung und weiteren Evolution darin, aus Ego und Geist herauszutreten und hinein in die Kutte und das Gebaren des Dienstes an der Menschheit, erkennend, dass die Reise nach Hause derzeit von allen Kindern Gottes unternommen werden muss.

Statt also zu fragen: »Wann schaffe ich den Aufstieg?« und »Wann kann ich nach Hause?«, könntet ihr vielleicht auch fragen: »Was kann ich tun?«, »Wie kann ich dem göttlichen Willen dienen?«, »Was ist meine Rolle in diesem göttlichen Spiel des Lebens?«

Wir werden euch nun sagen, dass eure Rolle darin besteht, euer Herz von Freude und Dankbarkeit über das euch gegebene Leben und über die Chance, erfüllt sein zu lassen, an dem grandiosen Erwachen teilzuhaben, das derzeit stattfindet. Die Chance zu bekommen, eure individuelle Tür zu öffnen, die Durchgänge zu verbreitern, sodass aus dem dünnen Lichtfaden, der durch die Dimensionen fiel, ein breiter Streifen Licht wird.

Es sind euer Verlangen, eure Absicht, die Ausrichtung eurer Antennen, die es ermöglichen werden, dass das Licht der starke Laserstrahl werden kann, und während ihr nebeneinander steht und die göttliche Liebe und das göttliche Licht im Herzen aller aktiviert, werden all diese Lichtfäden, die sich ausdehnen und öffnen, einander umfangen, und so wird dieses goldene Zeitalter erschaffen, diese Zeit der Erleuchtung, wo euer Planet endlich aus dem Schlund der Finsternis hervortritt in das Licht des Christusbewusstseins.

Die Wiederkehr Christi ist die Aktivierung der Christusenergie im Herzen der gesamten Menschheit, das Umlegen des Lichtmantels, der Gewänder aus dem Licht, das ihr seid. Es geht um das Abstreifen der Schichten von Dunkelheit und

Begrenzung und Angst, von denen dieser Planet so lange umgeben gewesen ist, während er sich seinen Reisen, seiner Evolution und seinen Lernprozessen unterzog.

Je weiter ihr diese Lichtdrähte öffnet, desto mehr werdet ihr es dadurch ermöglichen, dass die höheren Energien hindurchsickern und diesen Planeten verwandeln. Der Zeitpunkt dieser Evolution und dieser Geburt hängt in gewissem Umfang von der Aufrichtigkeit und dem Verlangen im Herzen aller ab.

Wo nun Tausende von Lichtarbeitern und Lichtarbeiterinnen ihr Herz öffnen und die Kraft ihrer Energien und ihres geistigen Seins dazu nutzen, dem göttlichen Willen zu dienen, nähert sich euer Planet rapide dem Punkt, wo hier eine kritische Masse erreicht wird. Denn die Herzen der Menschen öffnen sich. Es spielt keine Rolle, ob alle intellektuell verstehen, was sich auf diesem Planeten abspielt, denn es geschieht ungeachtet dessen.

Alle Lichtarbeiter, die ihr Energiefeld für das höhere Licht öffnen, werden bei der Geburt dieses Neuen eine göttliche und ihnen vorherbestimmte Rolle spielen. Und wenn alles, was ihr tut, darin besteht, die Türen offen zu halten, so ist das der schönste Dienst, den ihr für den Mutter-Vater-Schöpfer-Gott und die Erfüllung des göttlichen Plans auf dieser Ebene leisten könnt.

Das Heraufdämmern dieses Zeitalters und die Energien, die sich durch die Aktivierung des Gottes ICH BIN im Herzen aller einstellen, weben gleichzeitig auch einen Faden der Einheit und Harmonie, wie ihn die Menschheit auf dieser Ebene so lange nicht mehr erlebt hat. Denn die Lichtwesen umgeben zwar diese Seinsebene, und die höheren Energien umhüllen sie nun, aber dennoch seid ihr diejenigen, die alle Türen öffnen müssen, damit diese Energie hindurchströmen kann.

Diese Energie kann wie ein leises Flüstern und zarter Nebel durch jede Zelle fließen und sie durchdringen; oder sie kann – bei euch allen, die ihr bewusst mit ihr arbeitet und die Türe zu den Rastern öffnet – so dahinbrausen, als öffneten sich Schleusentore.

Es gibt eine Ebene des Ausdrucks, die ihr nicht einmal ansatzweise verstehen könntet, wenn ihr die Türen zu der unermesslichen Weite eures Seins auftut und euren Ausdruck auf allen Ebenen zu erfahren beginnt, auf allen Dimensionen und Frequenzen zur Quelle.

Es ist eine Zeit zum Träumen, denn, wie viele eurer Eingeborenenvölker wissen, ist es das Träumen, das es euch erlauben wird, bewusst die vorherbestimmte Wirklichkeit zu erschaffen. Das Träumen von höheren Idealen und Zielen, wo alles harmoniert und reich an Ausdruck ist, in synchronistischer Ausrichtung auf den Gott ICH BIN:

Um diese Türen zu öffnen, bittet in eurer Meditation darum, dass eure göttliche Blaupause über euch gelagert und aktiviert wird, die Blaupause des Gottes ICH BIN, denn diese Blaupause wird euch euren göttlichen Dienst offenbaren. So, und hier ist heute Abend jemand mit einer Frage … sprich, mein Sohn.

Fragen und Antworten

Frage: Mich hat dieser Weg etwas verwirrt, da ich mich bislang an den Lehren aus dem »Kurs in Wundern« orientiert habe, aber das hier scheint etwas anders. Hierbei scheint es darum zu gehen, zu geschehen lassen, was geschieht, während es bei dem anderen darum geht, es willentlich entstehen zu lassen. Was von beidem würdest du vorschlagen?

Sananda: Die beiden gehen Hand in Hand, das Geschehenlassen ist einfach die harmonische Ausrichtung der niederen Körper auf den Gott ICH BIN, damit der Gott ICH BIN einströmen kann und sich voll und ganz durch die Energiefelder eures Ausdrucks auf dieser Ebene manifestieren kann. Und der Gott ICH BIN ist die Instanz, die die Realität eures Verlangens erzeugt, vorausgesetzt, es steht im Einklang mit dem göttlichen Willen.

Das Geschehenlassen, von dem hier die Rede ist, meine Lieben, ist kein Geschehenlassen, wie wenn ein Opfer, das von der Energie des Lebensflusses davongerissen wird, etwas über sich ergehen lässt, es bedeutet, es geschehen zu lassen, dass der Ausdruck des Gottes ICH BIN sich voll und ganz in jeder Zelle deines Seins verkörpert.

Denn dieser Aufstieg, nach dem ihr euch alle sehnt, ist die Herabkunft des Lichts in die physische Inkarnation und die Spiritualisierung aller Materie, auf dass ihr wirklich auf dieser Ebene den Himmel erschaffen könnt. Dieses Geschehenlassen liegt im Sichausrichten. Es ist kein Weg der Willfährigkeit, es ist ein Weg der Disziplin und engagierten Hingabe an den Gott ICH BIN.

Frage: Was schlägst du vor, wie wir uns am besten harmonisch hierauf ausrichten, denn was ich auch tue, manchmal muss ich offenbar durch so viel Reinigung und Schmerz hindurch?

Sananda: Jeden Aspekt deines Wesens zu lieben und zu ehren, wird dich in vollkommener Harmonie und damit in Einklang bringen. Wie heute Abend gesagt, gibt es viele von euch, die sich bereit erklärt haben, viel Lernen und großen Schmerz auf sich zu nehmen, damit sie in die Tiefe des Ganzen eintauchen können und auf der anderen Seite ihren Weg aus ihm herausfinden, denn es gibt viele Wege, die in diesem Wald des Lebens freizuräumen sind.

Manchmal kommt das, was ihr erfahrt, nicht durch mangelnden Einklang zustande, sondern entspringt einem Dienst, den ihr erweist, denn wenn ihr einen Weg freigeräumt habt, könnt ihr ihn anderen zeigen. Diese Welt, die ihr kennt, hat großes Leid erfahren und es gibt viele, die in den Sphären von Verwirrung und Verblendung gefangen sind, sie sehen kein Licht am Ende ihres Tunnels. Manchmal kann ein einfühlsames Wesen ihnen die Hand reichen und von größter Hilfe sein. Liebt und ehrt also alles, was sich vor euch zeigt, aber wenn ihr es erst einmal als Teil eures Seins akzeptiert habt, könnt ihr auch entscheiden, dass es für euer Dasein nicht mehr erforderlich ist, da ihr ja in eure unbegrenzte Natur Eingang findet.

Spürt eure Gefühle, versteht, was euch dienlich ist und was nicht mehr dienlich ist. Wenn das Fenster, durch das ihr das Leben betrachtet, Gefühle des Mangels auslöst oder der Ungewissheit, dann ist es vielleicht an der Zeit, das Fenster zu wechseln.

Auch hier gilt wieder: Alles ist Teil des Lernprozesses, der sich um die meisterliche Beherrschung der Erschaffung eurer Wirklichkeit dreht, in jedem einzelnen Augenblick. So einfach ist das. Ihr könnt euer Herz von Dankbarkeit erfüllt sein lassen oder von einem Gefühl des Mangels – bei beiden Erfahrungen steht es in eurer Macht, sie zu erzeugen.

Seid euch bewusst, dass ihr diesen Pfad aufgetan habt und dass es eine Leiter aus Licht gibt, die ihr besteigen könnt. Ihr könnt euer Bewusstsein von eurem »Festsitzen« oder begrenzten Ausdruck auf dieser Ebene hinwegbewegen und jederzeit, wenn ihr das möchtet, die unendliche Weite eures Seins in die Arme schließen.

Den inneren Lehrer ehren

Wir haben mit euch oft über die Macht der Liebe gesprochen, und Eigenliebe gehört mit zum Wichtigsten überhaupt, das die Menschheit derzeit in ihrer Entwicklung braucht. So viel von dem Chaos auf dieser Seinsebene ist durch einen Mangel an Eigenliebe hervorgerufen worden, durch mangelnde Anerkennung der wahren Essenz eures Seins. Nur in Anerkennung der wahren Essenz eures Seins könnt ihr die Essenz von allem erkennen.

Es kommt ein Punkt in der Entwicklung der gesamten Menschheit, wo ihr, um den Schritt in die wahre Meisterschaft zu tun, ausschließlich die Führung von innen suchen müsst. Nur durch Eigenliebe, durch ein Vertrauen auf eure innere Kraft, durch ein Vertrauen auf den inneren Lehrer, euer Gottselbst, werdet ihr bereit sein, auf die innere Führung zu hören. Wenn ihr dieses Vertrauen nicht habt, werdet ihr nicht hinhören. Wenn ihr dieses Vertrauen erwerbt, dann wird die innere Führung bereitwillig und frei aus eurem Innern hervorströmen, doch nur wenn ihr an einen Punkt gelangt, an dem ihr sie als gültig anerkennt. Wenn ihr euch liebt und ehrt, erkennt ihr auch, dass eure Gefühle, eure Intuition und die innere Stimme es ebenfalls wert sind, geehrt zu werden.

Wie sie hier sagte, hat Aufstieg einfach mit Licht zu tun. Es ist ein natürlicher Prozess, es gibt keine Regeln dafür und keinen festgelegten Weg, den ihr alle einschlagen müsst, denn ihr alle seid zu irgendeinem anderen Zeitpunkt aufgestiegen. Die Erinnerung daran wird tief in euch festgehalten und ihr werdet von neuem erweckt, um auf die für euch richtige Formel zu stoßen. Es ist, als hättet ihr alle einen individuellen Kuchen zu backen, und die Rezepte weichen alle leicht voneinander ab, aber ihr habt diesen Kuchen schon einmal gebacken. Ihr habt zwar vielleicht vorübergehend euer Rezept verloren, aber es fällt eurem inneren Wesen nicht schwer, das Ganze noch einmal von vorn zu kreieren. Man könnte sagen, dass es wie mit dem Fahrradfahren ist – man verlernt es nie.

Euer Augenmerk soll also, darum bitten wir euch, nicht auf dem liegen, was jemand anderes tut, nicht auf »Initiationen«. Nicht darauf, auf einem bestimmten Weg zu sein. Lasst zu, dass euer Augenmerk ganz einfach darauf liegt, diese Gott-Essenz in euch zu aktivieren, damit sie heller aufscheint, das Licht in euren Zellen zu aktivieren, die ganze Schlacke und Negativität aus Gedächtnis und Struktur eurer Zellen zu beseitigen und zuzulassen, dass all eure Zellen wieder von Licht erfüllt werden. Es gibt viele Techniken, die ihr dazu nutzen könnt. Lasst zu, dass euer inneres Wesen euch zu denen hinführt, die für euch in eurem Prozess den optimalen Nutzen haben werden.

Wir haben euch zuvor gebeten, dass ihr euch darauf konzentriert, sämtliche Bereiche eures Gehirns mit Licht zu erfüllen, denn der Mensch nutzt an diesem Punkt in seiner Evolution nur so wenig davon. Was er nicht nutzt, dazu kann er nur Zugang finden und das kann nur voll aktiviert werden, wenn er die Antennen seines Bewusstseins auf den Gott im Innern ausrichtet. Ein Teil eures Gehirns wird dazu verwendet werden, höheres Wissen, höhere Weisheit einzubringen. Weisheit, die auf anderen Frequenzen anzutreffen ist, auf die frei zuzugreifen die Mehrheit der Menschen noch nicht in der Lage ist.

Ihr seid im Begriff, das Heraufdämmern einer wunderbaren, schönen Ära zu erleben, einer neuen Zeit, meine Lieben – nichts, was davor da gewesen ist, lässt sich damit vergleichen. Durch diese Arbeit mit höheren Frequenzen wird es zu vielen Durchgaben kommen, in der Kunst, in der Musik, bei der Arbeit mit höheren Schwingungs- und Klangspektren, die eure Ohren derzeit nicht hören können, aber hören werden, wenn ihr eure Antennen stärker auf das Licht ausrichtet, denn mit dem Licht geht immer Klang einher. Außerdem werden viele hoch entwickelte Technologien, die von der höheren Lichtwissenschaft Gebrauch machen, auf eurem Planeten auftauchen, und in der Heilkunde wird es auch nicht anders sein. Ihr seid nur durch euren Glauben an die Begrenztheit von diesen Dingen abgetrennt – auch sind eure Frequenzen noch nicht ganz fein genug eingestellt, um die höheren Schwingungen und Energiebandbreiten auffangen zu können, auf denen dieses Wissen anzutreffen ist.

Lasst mich euch alle Folgendes fragen: Wie kann ein Meister den Schritt in wahre Meisterschaft vollziehen, wenn er gerne Lehrling bei einem anderen spielen möchte? Es ist an der Zeit, über euer Lehrlingsdasein bei euren Brüdern und Schwestern auf dieser Erdebene hinauszugelangen, und sogar über euren Lehrlingsstatus bei uns, denen aus den Sphären der Aufgestiegenen Meister, denn wir sind alle von der Essenz her gleich und die Schleier der Trennung sind nur da, solange ihr das zulasst oder möchtet oder braucht.

Spürt immer in eurem Herzen, was richtig für euch ist, denn ihr kennt euren Weg – vielleicht habt ihr ihn vergessen, aber er ist schon zuvor beschritten worden und ist dem inneren Lehrer sehr vertraut. Wenn ihr eure Sache nach euren eigenen Maßstäben gut gemacht habt, wird der innere Lehrer euch mit einem Aufwallen von Freude in eurem Herzen belohnen, einem Wissen, das in der Gegend eures Solarplexus angesiedelt ist.

Alles, was wir euch heute Abend also vermitteln wollten, war, die Führung zu wertschätzen, die in euch aufsteigt, anzuerkennen zu lernen, dass diese Führung sich in vielen Formen einstellt. Manche von euch hier empfangen vielleicht Botschaften, bei anderen stellt sich ein innerliches Wissen, ein Gefühl, einfach ein Empfinden ein, was richtig für euch ist. Wir fragen euch: Wie stark ist euer Verlangen, wenn ihr zulassen könnt, dass eure Reise zum Stillstand kommt wegen etwas, das ein anderer – nicht größer, nicht geringer als ihr – euch mitteilt? Ein Teil eurer Entwicklungsreise und der Prüfungen in dieser Lebensschule liegt darin, auf eure innere Führung vertrauen zu lernen, und es ist an der Zeit, dass ihr auch lernt, die Energie von allen zu lesen. Wenn ihr die Antennen mehr auf euer inneres Wissen ausrichtet, werdet ihr in der Lage sein, ein Gegenüber zu verstehen und wissen, ob ein Austausch mit ihm für euch Nutzen bringen wird oder nicht – einfach, indem ihr sein Energiefeld lest.

Worte können so beredt sein und viele Menschen sagen so wunderbare Sachen, aber die Schwingungsfrequenz anderer kann nicht maskieren oder verbergen, wer sie von ihrer Essenz her sind und worauf sie ausgerichtet sind. Nicht jedes Miteinander mit einzelnen Menschen wird euch erlauben, eure Antennen so perfekt auszurichten, wie ihr das könnt, doch alle, denen ihr begegnet, werden euch, wenn sie euch nicht inspirieren, doch etwas zu lehren haben. Euch lehren, nach innen zu gehen. Euch lehren, die Rückmeldung des inneren Lehrers zu suchen. Euch lehren zu spüren, was für euch der nächste Schritt auf eurem Weg ist. Zwar können alle inspirieren oder lehren, doch sucht danach nicht bei ihnen – strebt nur danach, nach innen zu gehen, um die Verbindung zu eurer eigenen Weisheit zu erlangen.

Strebt nur danach, zum höchsten Nutzen aller in Austausch zu treten, wenn ihr zusammenkommt; strebt danach, bedingungslos zu lieben, eure Energien harmonisch miteinander zu vermischen, der Energie eines anderen nicht euer Wissen überzustülpen, denn euer Wissen ist allein eures, und wisst, dass die andere Person ihr eigenes hat – genauso perfekt, genauso gültig.

Möchte jemand von euch heute Abend etwas zu mir sagen?

Fragen und Antworten

Frage: Über meiner Sehnsucht, Kontakt zu meinem höheren Selbst zu bekommen, merke ich, dass ich mich immer unwohler fühle mit meinem physischen Körper, weniger tolerant, ich verurteile meine physische Gestalt stärker. Zwar habe ich mehr von meinen inneren Qualitäten annehmen und lieben können, aber ich habe große Schwierigkeiten, die äußeren Eigenschaften anzunehmen. Was kannst du mir da vorschlagen?

Sananda: Vielleicht könntest du fünf Minuten am Tag einfach damit verbringen, dich und dein Spiegelbild anzusehen und dich auf die Gesamtheit deines Wesens zu konzentrieren, dir dabei deine Schönheit zu bestätigen, deine körperliche Schönheit, den Glanz deiner Haut, den Glanz deiner Seele, die aus dem Innern deiner Augen herausstrahlt. Einfach nur zu lernen, den physischen Ausdruck wertzuschätzen – dieses wunderschöne Gefährt, das den Funken Göttlichkeit beherbergt. Viele Individuen auf dieser Seinsebene haben allgemein anerkannte Normen im Hinblick auf den physischen Ausdruck von Wesen, wie ihn eure Gesellschaft als ideal betrachtet. Eigenliebe heißt, alle Seiten deines Wesens lieben zu lernen. Viele schauen nicht ehrlich in den Spiegel, weil ihnen die physische Gestalt nicht gefällt. Erinnere dich daran, dass das, worauf du dich konzentrierst, wächst, meine Liebe, und du hast reichlich Schönheit, oder etwa nicht? – Menschen gibt es nun einmal in allen Konturen und Größen.

Vertraue darauf, dass du, wenn du alle Aspekte deiner selbst perfekt in Einklang bringst, wenn du jede Saite deiner Gitarre stimmst, zu dem perfekten Wesen wirst, das Gott im Sinn gehabt hat – in allen Aspekten deines Lebens. Richte deinen Fokus auf Eigenliebe für das, was du zu diesem Zeitpunkt bist – liebe alle Seiten deines Wesens, denn die Energie Gottes wohnt in allen Zellen.

Du musst wissen, wenn du das Verlangen und die Zielsetzung hast, vollkommen im Einklang zu sein, dann werden sich automatisch die Energiefelder deiner sämtlichen Körper ändern. Es ist und kann ein einfacher Weg sein, kein Weg des

Kampfes und der Zurückweisung, sondern ein Weg der Liebe und des Annehmens. Denke dir einfach, mein Kind, dass so »mehr Gott« in all deine Zellen passt als vielleicht ein »dürrer« (*großes Gelächter*), also kannst du doppelt so schön und doppelt so liebevoll sein, doppelt so viel Licht in dir fassen.

Vielleicht könntest du dich so sehen. Vertraue einfach nur darauf, dass alles perfekt ausbalanciert werden wird, wenn du dich auf die innere Schönheit konzentrierst und ihr gestattest, aus jeder Zelle deines Seins hervorzufluten. Es wird die Resonanz einer jeden Zelle ändern und dabei Negativität und Toxisches auflösen – je mehr Licht du hereinlässt, desto mehr Heilung wird ganz natürlich auftreten.

Frage: Worüber du vorher gesprochen hast: Wie spreche ich meine starken Wünsche oder mein ICH BIN an? Stelle ich sie mir vor oder befehle ich oder wünsche ich?

Sananda: Nimm an, dass du bist, was du zu sein wünschst, und dann wirst du es sein – so einfach ist das. Verstehe, dass die Aussage ICH BIN, DER ICH BIN, die euch allen vor so langer Zeit gegeben wurde, bislang eines der machtvollsten Mantras ist, die ihr als Affirmation verwenden könnt, da es schon für sich genommen eine Aussage ist, aus der die volle Anerkennung des Gottes spricht, der du bist. Es ist eine Aussage der vollen Akzeptanz, dass er du ist und dass das, was du bist, vollkommen perfekt ist. ICH BIN, DER ICH BIN! Mit Liebe und Überzeugung gesagt – ICH BIN, was auch immer du bist. Ein strahlendes Wesen, ein freudiges, mit allen Reichtümern versehenes Wesen, ein Wesen voll großer Liebe und voller Licht. Gebiete das, und so wirst du sein. Das ist ein Schritt zur Selbstmeisterung. Denn erschaffen nicht alle Meister in Wahrheit allein durch die Kraft der Gedanken?

Frage: Ich möchte gern eine andere Frage stellen – sie ist mir ein bisschen peinlich, denn es geht darum, dass ich viel Energie in meinem Wurzelchakra spüre. Kannst du mir sagen, was da geschieht?

Sananda: Es ist einfach eine Wiederausrichtung – vielleicht kannst du bei dieser Wiederausrichtung helfen, indem du dir diese Energie als sich rasch drehende Kugel aus weißem Licht vorstellst und zulässt, dass sie sich zum nächsten Chakra hinaufbewegt, und sie dann umwandelst, indem du sie bis zum Kronenchakra hinaufbewegst und dann zu den höheren Chakras hinaus. Es gehört auch, mein Lieber, zur Aktivierung dessen, was du die Kundalini-Energien nennen kannst, die deine Wirbelsäule hinaufwandern muss und sich in höhere Energie verwandeln wird – setze dazu das weiße Licht ein, rufe dein ICH BIN hinzu, dass es bei diesem Prozess die Führung übernimmt. Wisse, dass alle Energien, die du innerhalb der physischen Struktur erlebst, umgewandelt werden können. Umwandeln ist viel nutzbringender als unterdrücken, oder?

Es spielt sich innerhalb der Energiefelder aller eine Menge Aktivierung ab – Aktivierung sowohl von existierenden kristallinen Strukturen als auch simple Wiederausrichtungsprozesse. Vielleicht möchtest du dein ICH BIN hinzurufen, damit dieser Prozess bequem verlaufen kann, stromlinienförmiger sozusagen, oder einfach schneller vonstatten geht, soweit das möglich ist. Vielleicht möchtest du auch dein ICH BIN anweisen, so viel flüssiges Licht in deine zellulare Struktur hineinzugießen, wie du an diesem Punkt annehmen kannst. Bitte darum, dass dies getan wird, während du arbeitest, Auto fährst, schläfst oder meditierst – in allem, was du tust, denn das wird dein Wachstum beschleunigen.

Innere Führung und entschiedenes Engagement

Ich möchte euch gerne etwas sagen zu Schwesterlichkeit, Brüderlichkeit, Einheit. Damit irgendetwas zu vollendeter Harmonie führen kann, muss eine völlige Harmonisierung sämtlicher Energien gegeben sein; jede Rolle will perfekt gespielt werden und jedes Teilchen muss perfekt zusammenpassen.

Es ist eine Zeit großer Kooperation unter den Menschen. Es ist eine Zeit, Hüllen abzustreifen, authentisch zu werden, zu lernen, sich miteinander auszutauschen von Seele zu Seele – über den Geist, über die Gefühle, über alle Zustände des Verurteilens hinaus. Es ist, wo ihr nun etwas von wahrer Liebe

begriffen habt, eine Zeit bedingungsloser Liebe und wechselseitigen Annehmens. Es ist auch eine Zeit dafür, völlig authentisch zu werden euch selbst gegenüber, denn um anderen gegenüber authentisch und ehrlich zu sein, müsst ihr zunächst
einmal authentisch und ehrlich euch selbst gegenüber sein.

Ich habe mit euch allen über die Freuden der Reise ins Innere gesprochen. Nur durch die innere Reise könnt ihr euer
wahres Ich kennen lernen, eure wahre Essenz. Nur indem ihr
das Licht in euch erkennt, könnt ihr wirklich das Licht in anderen erkennen. Es ist, als würde bald ein großer Ball auf der
geliebten Terra orchestriert. Er ist etwas, auf das ihr äonenlang, Leben für Leben, gewartet habt, immer in dem Wissen,
dass schließlich die Einladung ausgesprochen werde und das
große Ereignis seinen Lauf nehmen würde. So ist es vorherbestimmt und so wird es sein. Es ist, als hättet ihr ein ganzes
Leben damit verbracht, nach dem perfekten Kleid oder Kostüm für den Ball zu suchen, ein weiteres Leben mit dem Erlernen der Etikette, ein weiteres mit der Suche nach einer
Möglichkeit, dorthin zu gelangen, wieder ein anderes damit,
die richtige Begleitung zu finden, mit der ihr diesen fest-
lichen Anlass teilen möchtet. Es ist, als würde die gesamte
Menschheit individuell vorbereitet werden auf dieses große
Ereignis, ihre Rollen lernen, sich den Weg dorthin beschreiben lassen und sich schließlich wieder mit ihren Seelenfamili-
en zusammenfinden, damit sie diesen großen Anlass zusammen genießen könnten. Dieser Galaball, diese Erweckung ist
der Anfang des goldenen Zeitalters, er steht nun so unmittelbar bevor – spürt ihr das nicht? Könnt ihr das nicht mit jeder
Faser eures Seins spüren, während jede Zelle in euch aktiviert
wird und ihre Antennen auf die Lichtwesen ausrichtet, die
ihr in Wahrheit seid?

Eure frappierende Schönheit, eure göttliche Essenz wird
euch offenbart. Je mehr ihr nach ihr sucht, desto mehr werdet
ihr sie kennen lernen. Wenn ihr also Schmerz in eurem Leben
verspürt, so ist das lediglich der Prozess, entblößt zu werden.
Um überschüssigen Ballast loszuwerden, müsst ihr erkennen, was ihr nicht mehr braucht. Ihr bekommt also nun sehr

häufig den Spiegel vorgehalten, damit ihr eure Wahl treffen könnt. Wählt also weise, denn wie ihr diesen »Ball« erlebt, wird davon abhängen, was ihr für euch wählt. Vertraut auf eure schöpferischen Fähigkeiten und wisst, dass es keine Grenzen gibt, dass ihr alles entsprechend der höchsten Vollendung eurer Vision erschaffen könnt, dass ihr das Recht dazu habt, während ihr euch hinstellt und als das Gott-/Göttinwesen auftretet, das ihr seid, ja sogar fordern könnt, was auch immer ihr derzeit auf dieser Seinsebene zu erschaffen wünscht.

Begreift, dass letztlich eure Absicht allentscheidend ist, und wenn eure Intentionen im Einklang mit dem höchsten Willen sind, dann wird alles so geschaffen werden wie von euch erbeten. Ich will, dass ihr euch nun alle in eurem Herzen fragt, welcher Sache ihr euch in erster Linie verschrieben habt. Ist die Sache, der ihr euch verschrieben habt, im Einklang mit dem Willen Gottes oder entspringt dieses Engagement noch einem Verständnis des menschlichen Egos? Ist euer Antriebsimpuls und euer Augenmerk derzeit auf die Menschheit gerichtet oder noch immer auf eure eigenen Wünsche? Alles hat seine Gültigkeit, aber an alldem muss an irgendeinem Punkt eurer Entwicklung etwas geschehen. Wenn ihr aufrichtig dastehen könnt und in jeder Zelle eures Seins wisst, dass euer Engagement durch nichts ins Wanken zu bringen ist, dann habt ihr nur noch ein Verlangen, und das ist, dem höchsten Wohl aller und dem Mutter-Vater-Schöpfer-Gott zu dienen; wenn eure Intention und Hingabe so stark sind, dann steht es euch zu, für eure jetzigen Dienste auf diesem Planeten absolute Unterstützung von allen Legionen des Lichts zu erfahren. Sie hier hatte heute Morgen, ohne es zu wissen, einen Durchbruch im Hinblick darauf, zu verstehen, dass der Meister stets der beste Diener ist und dass die Macht in der Absicht liegt, und als Diener des Göttlichen habt ihr ein Recht darauf zu erwarten, dass das Göttliche für euch auf dieser physikalischen Ebene schon sorgen wird, denn es ist eure Intention, auf dieser physischen Ebene den göttlichen Willen, und nur ihn allein, manifest werden zu lassen.

Es ist an der Zeit, tief in euch zu gehen, euch wirklich anzusehen, welchen Dingen ihr euch derzeit verschreibt, selbst gut genug zu wissen, was euch nicht länger dienlich ist und woran ihr nicht länger festhalten müsst, während ihr euch auf dieser physischen Ebene bewegt. Zu lernen, wie wir euch schon zuvor wissen ließen, euch nicht auf den Mangel zu konzentrieren, sondern auf eure Träume und Visionen; sie mit der Kraft eures Verlangens aufzuladen und dem Wissen, dass auch ihr Schöpfer im umfassenden göttlichen Plan seid. Je mehr ihr eure Antennen auf euer Inneres ausrichtet, euch mit eurem göttlichen Daseinszweck in Einklang bringt und eure göttliche Bestimmung erkennt, zu desto mehr werdet ihr in der Lage sein – einfach, weil es keine Hindernisse geben wird. Es kann keine Hindernisse geben, wenn man im Meer göttlicher Liebe schwimmt. Der Unterschied ist so, wie mit eurem Kanu gegen eine Strömung zu paddeln, weil ihr euch nicht auf euer Inneres eingestimmt habt, oder mit der Strömung zu paddeln, was vollkommen mühelos ist. Es ist eine interessante Reise, oder? Den für euch richtigen Fluss zu finden, das abzustreifen, von dem ihr glaubt, dass es sich von eurem wahren Verständnis trennt.

Ihr habt viele Leben damit zugebracht, euch jeden Riss, jedes kleinste Details der Erleuchtung anzusehen. Der bewusste Geist hat dabei geschlafen, das Überbewusste hat euch geleitet und das Unterbewusste klopft an eure Tür, um euch zu wecken. Damit ihr wach werdet für die Erinnerungen an all die vielen Male des Daseins, all die Inkarnationen und alles Gelernte, was euch an diesen Punkt gebracht hat. Es ist nicht ohne Grund geschehen, meine Lieben. Es war so, damit ihr euch zu den einzigartigen Wesen entwickeln konntet, die ihr alle nun seid, sodass ihr auf eure einzigartige Weise eure Gott-Essenz zum Ausdruck bringen könnt.

Fragen und Antworten

Frage: Ich habe gerade eine Woche frei gehabt und es war ein so schönes Gefühl, zu meditieren und zu schweigen. Jetzt habe ich wieder angefangen zu arbeiten und frage mich, ob ich womöglich nichts an-

*deres tue, als den Körper von Menschen zu heilen. Vielleicht bin ich
ja auf dem Holzweg und muss noch etwas anderes tun?*

Sananda: Macht dir die Arbeit, die du tust, im Alltag Freude?

Antwort: Meistens ja.

Sananda: Vielleicht könntest du die Rolle, die du spielst, als
die von einem der vielen Gärtner im weiten Garten des Lebens sehen. Du stutzt vielleicht die Hecken, jemand anderes
sät, wieder jemand anderes begießt die Saat, ein anderer verteilt Dünger oder gräbt das Erdreich um. Wenn du einen
Stein in einen Teich wirfst, schaust du dann nach, wo er landet, oder verfolgst du die Wellen, die er erzeugt? Es spielt
sich derzeit eine Menge ab, meine Liebe, bei dem die einzelnen Lichtarbeiter und -arbeiterinnen nur ein Teil sind.

Die Einheit, von der ich gesprochen habe, wird dadurch entstehen, dass alle Lichtarbeiter sich an den Händen fassen und
lediglich eine kleine Rolle spielen. Ich habe von dem Netz aus
Licht gesprochen, das um den Planeten entsteht – du bist wie
ein Glied in einer Kette und wirst die Ergebnisse im Leben anderer Geschöpfe nicht immer von Anfang bis Ende sehen; richte dein Augenmerk also nicht auf die Vollendung ihrer Entwicklung, richte es auf deine Freude. Richte es auf die Freude,
die du erlebst, wenn du die göttliche Energie erfährst, während sie dich in jedem Augenblick durchströmt und sich durch
deine Hände, durch die Heilung des Körpers ausdrückt.

Die Heilung, die sich derzeit auf dem Planeten abspielt, ist
weit größer, als mit bloßem Auge zu erkennen. Es wird auf
energetischer Ebene so viel getan, dass ihr es vielleicht nicht
unmittelbar mitbekommt, auch hier ist es wieder so, dass
eine Saat gesät wird. Es ist wichtig, dass alle Lichtarbeiterinnen und Lichtarbeiter ihre Rolle übernehmen, aber noch
wichtiger ist es, dabei Freude zu erfahren. Denke daran, dass
deine Unzufriedenheitsgefühle nur Auslöser dafür sind,
nach innen zu schauen, auf die innere Eingebung zu hören,
denn vielleicht gibt es da tatsächlich auch noch etwas Weiteres für dich zu tun.

Ich muss betonen, dass es sehr wichtig ist, dass ihr lernt, euch für eure innere Führung zu öffnen. Methoden zu erlernen, euch auf die innere Führung einzustimmen, ist der klarste mögliche Weg, um zu bewirken, dass keine Verwirrung mehr besteht im Hinblick darauf, was für euch richtig ist.

Der Planet wird derzeit aus allen Richtungen von Gedankenformen jeder erdenklichen Herkunft bombardiert. Es wird euch auffallen, während immer mehr Menschen sich dafür öffnen, Kanal zu sein, während mehr und mehr Bücher gedruckt werden und mehr und mehr Techniken durchgegeben werden für diejenigen, die in die Arbeit in diesem Zeitalter des Lichts involviert sind – doch nur ihr selbst werdet wissen, was für euch richtig ist. Es ist eine Zeit der kritischen Unterscheidung und großen Stärke; sich nicht von dem Verständnis anderer den Weg verbauen lassen, sehr große Klarheit zu haben, was für euch im Innern richtig ist, denn die Unterschiede können subtil wirken. Sieh es so, als würden viele Straßen von einem zentralen Punkt in einem großen Kreis ausgehen. Am Anfang ist der Unterschied nicht sehr groß, aber wenn dieser Punkt expandiert, wird der Abstand zwischen ihnen viel größer. Während es zwar vielleicht den Anschein erweckt, dass euer Weg der gleiche sei wie ein anderer, und du lässt dich von einem anderen leiten, so kann es doch sein, dass dein Weg am Ende ganz anders ist, und es ist wichtig, dass die Lichtarbeiter die Rolle spielen, die ihnen zugedacht ist. Ihr werdet schließlich zum rechten Verständnis gelangen, aber wenn eure Konzentration schon jetzt offen wird für eure innere Führung, euer höheres Selbst, wird euch das »Zeit« und unnötige Erfahrungen ersparen, könnte man sagen. Während ihr auf der Ebene dieser dritten Dimension seid und euch durch die vierte zur fünften vorarbeitet, erfahrt ihr dennoch lineare Zeit.

Dienen

Willkommen, meine Geliebten vom Licht, hier ist Lord Sananda, der euch aufsucht. Könnt ihr nicht die Energien der höheren Reiche spüren, die euch umgeben? Denn was ihr durch die Kraft eures Willens und eurer Absicht geschaffen habt, ist ein Portal, ein Durchgang, der erlaubt, dass die Energien der höheren Lichtfrequenzen durch ihn einsickern.

Es ist, wie wenn ein Schleier durchlöchert wird und die Auswirkungen dessen, wenn diese Energien hindurchsickern können, sich mit den Kräuselungen in einem Teich vergleichen lassen, auf den ein Stein auftrifft. Diese Auswirkungen sind weit reichend und die Energien, mit denen ihr arbeitet, mögen vielen zwar vielleicht subtil vorkommen, aber dennoch sind sie höchst kraftvoll. Und wir spüren, wenn wir die Energiefelder all derer lesen, die gegenwärtig sind, dass ihr euch in eurem Herzen dem Dienen verpflichtet habt. Euch verpflichtet, dem göttlichen Willen zu dienen.

Der große Plan, der euch derzeit auf eurer Ebene offenbart wird, ist die Erleuchtung der Menschheit. Er liegt darin, dass all diese Ausdrucksformen des Schöpfers wirklich in allen Aspekten ihres Daseins die Fülle für sich annehmen. Zu erkennen, dass sie die Türen, dass sie die Durchgänge sind, die aufgetan werden können, um ihnen zu folgen und seine Freude daran zu haben, auch das wird es ermöglichen, die wahre, volle Strahlkraft des Gottes ICH BIN zu entdecken.

Euer Dienst dient eurer eigenen Entwicklung, eurer eigenen Erweckung. Denn wenn ihr eure inneren Türen öffnet und zulasst, dass das Strahlende Eine hervorstrahlt, so wird euer Leben verwandelt, und das Licht und die Liebe durchströmt jede Faser eures Seins und verwandelt auch die Menschheit. Die Kräuselwellen des Lichts und die Schwingungen der Liebe, die sich aus jeder Zelle eures Seins ergießen, sind subtil, und dennoch kraftvoll und weit reichend.

In eurem alltäglichen Dasein ist der wunderbarste Dienst, den ihr leisten könnt, der, in den Energiefluss eures Atems einzuströmen. Denn die Essenz, die euch am Leben erhält und euch atmet, ist die des Gottes ICH BIN und die Schwingung der Liebe. Also erlaubt euch die Entscheidung, sich in jedem einzelnen Augenblick dafür zu entscheiden, einfach die Energie der Liebe in alle Seiten eures Seins zu atmen, euch damit zu füllen, euch in dem Energiefeld dessen zu bewegen, womit ihr euch identifiziert. Denn die Energie allein, das Bewusstsein allein, das hervorströmt, wird den Dienst für euch verrichten.

Das Entfachen des Gottes im Innern, durch euren Atem, durch euer bewusstes Gewahrsein wird eure Energiefelder ändern und mit magnetischer Kraft alle diejenigen zu euch hinziehen, die euch inspirieren können; es wird euch erlauben, im Fluss der Synchronizität zu fließen, der jedes Atom der Lebenskraft in sämtlichen Universen durchdringt. Und ihr werdet, da ihr so gerne andere teilhaben lasst, zur rechten Zeit am rechten Ort sein.

Denn der Aufstieg ist dieses Mal ein planetarer Aufstieg und ihr seid alle Finger des Lichts, und die Portale, die ihr in den höheren Reichen erschafft, ermöglichen es, dass Fäden reinen Lichts hindurchdringen, ihren Zauber weben, als legte sich ein Netz um eure geliebte Terra. Es ist das Netz aus Licht, das den Planeten als Ganzes in seine höheren Sphären des ihm bestimmten Daseins versetzen und transformieren wird. Ihr seid die Verbindungspunkte dieser Lichtfäden, wie beim Netz eines Fischers. Jeder Knoten, aus dem dieses Netz geknüpft ist, ist das, was ihr seid, reine Lichtwesen, verbindend, sich vernetzend, durch eure Intention und euer Verlangen und eure Liebe, rund um diesen Planeten. Der stabilste Knoten ist dort, wo jede Zelle zu Licht verwandelt wurde, und der Kleber, der eure molekulare Struktur zusammenhält, um diesen Dienst zu verrichten, ist einfach die Liebe.

Ihr seid euch also alle der Voraussetzung bewusst, nicht nur einander zu haben und zu ehren, sondern auch alle Aspekte eures Seins zu lieben und zu ehren. Alle Facetten eures Seins dem Licht des Gottes ICH BIN zu übergeben. Euch bewusst als Freiwillige zu melden und zu verpflichten, von diesem Punkt der Liebe und des Lichts ausgehend zu dienen, euren inneren Lehrer, den Gott ICH BIN, einzuladen, euch in jedem wachen Augenblick zu unterweisen.

Denn wenn ihr euch diesen Energien öffnet, werdet ihr merken, wie ihr euer Leben in jedem Augenblick völlig im Einklang mit dem Willen Gottes lebt. Ihr merkt, wenn ihr euch dem euch eingeborenen Wissen öffnet, dass es nichts Neues gibt, was zu vermitteln wäre, da ihr alle Antworten in euch tragt. Das Zusammenkommen der Lichtwesen kann ein breiteres Portal ermöglichen – und ermöglicht es auch –, eine weitere Öffnung durch die Dimensionen, durch die die Energie des Christusbewusstseins strömen kann, um die Evolution auf diesem Planeten zu beschleunigen und zu ermöglichen, dass diese Evolution eine Evolution voller Freude und Gnade und Leichtigkeit wird.

Die Freude liegt in der Reise, im Nachhausekommen, in der Wiedervereinigung aller Herzen auf dieser Ebene.

Wir sehen also, wie das Licht eures Seins sich in sämtlichen Dimensionen bewegt, wie es innerhalb aller Ebenen existiert; ihr seid alle Funken des Göttlichen und ihr seid Werkzeuge des Göttlichen, die auf diesem Planeten eine Rolle zu spielen haben. Es ist eure Entwicklung, und sie muss von jedem und jeder Einzelnen von euch als Bindeglied in der Kette vollzogen werden. Ohne eure Erlaubnis und euer Verlangen, die Lichtportale für höhere Dimensionen zu öffnen, könnten wir euch nicht behilflich sein. Ihr seid nun alle intuitiv oder bewusst gewahr, dass ihr von wunderschönen, wundersamen Lichtwesen umgeben seid, die euresgleichen sind. Niemand ist allein auf seiner Reise; wir arbeiten alle zusammen.

Nehmt die Hand der Lichtwesen, und wenn ihr das Gefühl habt, ihr seid von der Finsternis eurer Negativität umfangen oder von euren Gefühlen des Eingeschränktseins, ruft also einfach dem Gott ICH BIN zu, er möge eure Hand nehmen und euch hindurchziehen. Es ist eine Involution, eine energetische Implosion, bei der eure Wahrnehmung durch ein Lichtportal gezogen wird, fort von dem Augenmerk auf der äußeren Welt in die inneren Gefilde der Schöneheit des Gottes ICH BIN.

Ihr habt einen Verbindungsfaden, eine Tür, durch die ihr jederzeit treten könnt, wenn ihr das wünscht. Ihr könnt durch diese Tür hindurchgehen und dort bleiben, was viele von euch nun gerade tun. Denn merkt ihr nicht, dass nun, wo ihr eine bewusste Wahrnehmung dieser Hilfe aus den höheren Sphären habt, wenn euer bewusster Geist schläft, ein anderer Aspekt eurer selbst aktiviert wird, und bleibt er nun nicht bewusst bei euch durch die Zeit des Tages hindurch, in der ihr wacht?

Dies geschieht durch die Öffnung der Tür zum Gott ICH BIN, der Schlüssel zur Tür ist das Verlangen eures Herzens, die Aufrichtigkeit eurer Absichten, und so verfügt ihr alle über den Schlüssel. Ihr habt allesamt den Schlüssel benutzt, um die Tür zu öffnen, aber manchmal bleibt ihr vor ihr stehen. Das dient eurem Lernen und eurer Wertschätzung des Gottes ICH BIN. Lasst also euer Herz frohlocken, denn eure Reise ist eine freudige, und ihr seid verbunden und arbeitet mit Sphären und Wesen des Lichts, die ihr vielleicht nicht seht, doch bei denen ihr spüren könnt, dass sie immer um euch sind.

Euer Planet hat Milliarden von Menschen und Milliarden von Lichtwesen, da die Dimensionen sich übereinander lagern, und euer Dienst besteht darin, diese Portale zu öffnen, damit sich diese Energien alle in die höheren Oktaven des Daseins transformieren können. Ihr seid die Lichtportale.

Wir werden uns noch weiter mit euch austauschen und laden euch ein, jeden Moment davon zu genießen, die Freude in eurem Herzen zu spüren, die in euch allen widerhallt. Ihr seid in einem gemeinsamen Ziel vereint, ihr seid in der Schwingung der Liebe und des Gottes ICH BIN in allen vereint.

Der große Plan

Seid still und wisset, dass ich nun unter euch bin, dass ihr die Energie eurer mächtigen ICH-BIN-Gegenwart herbeigerufen habt, den Funken des Göttlichen, das sich in allen Ausdrucksformen von Gottes Schöpfung findet.

Hier ist Lord Sananda, meine Kinder des Lichts. Seid still und erkennt die Kraft im Innern; dass es nun weder Größere noch Geringere gibt unter euch; dass es keinen Unterschied gibt zwischen euch allen und denen aus den Sphären der Aufgestiegenen Meister, denn in der Stille eures Seins liegen alle Weisheit und Liebe und alle Antworten, die ihr sucht.

Eure Zusammenkunft am heutigen Tag ist eine so machtvolle Vereinigung göttlicher und doch einzigartig individueller Energien, meine Lieben. Wir laden euch nun ein, »mit zur Party« zu kommen, damit der Tag von lebhafter Feierlaune erfüllt sein kann, wenn ihr den inneren Lehrer zum Vorschein kommen lasst, damit er euch zu eurem nächsten Schritt führt, um euch vielleicht zu inspirieren oder einen Schubs zu geben oder euch zu fordern; denn dies ist ein Beispiel dafür, wie all die wunderschönen Lichtarbeiter zusammenkommen können, ihre Individualität und Einzigartigkeit ehrend und doch zulassend, dass das Band, das alle verbindet, zum Vorschein kommen kann, und dieses Band ist göttliche Liebe.

Vernunft und Geist gehen Hand in Hand, meine Geliebten, aber vergesst nicht, dass der göttliche Geist die Geburtsstätte von euch allen war und dass eure Vernunft oder göttliche Intelligenz in der Essenz göttlicher Liebe geboren wurde. Eines ist nicht größer als das andere, und die beiden existieren einträchtig nebeneinander.

Es ist eine Zeit des Erschaffens, eine Zeit dafür, die Essenz dessen zu nehmen, was ist, und zu erlauben, dass es noch staunenswerter und noch harmonischer ist, und allein die Essenz von euch allen wird ermöglichen, dass dies erblühen kann. Ihr müsst die Lektion des Mitschöpfertums lernen, damit die Schöpfung wirklich in ihre wahre Herrlichkeit eintreten kann. Verstehen, dass ihr schöpferische Kraft seid, jeder und jede Einzelne von euch; euren Part im großen Plan erkennen, dem Plan, den der göttliche Wille für diesen Quadranten des Universums im Sinn gehabt hat.

Ihr alle habt euch zu einem wahrhaft wunderbaren Zweck inkarniert und eure Reise ist zwar eine Reise individueller Art gewesen, doch nun ist sie auch eine kollektive. Vielleicht möchtet ihr vor eurem geistigen Auge die Vision dessen erstehen lassen, was wir hier schon zuvor gezeigt haben, die Vision des größeren Plans, einem herrlichen Laubsägepuzzle, das vielleicht eine Landschaft mit Wolken und Bergen, mit Tälern und Ebenen und Blumenbeeten zeigt. Jeder und jede Einzelne von euch ist durch eine vorherige Vereinbarung dafür verantwortlich, einen Abschnitt dieses göttlichen Entwurfs zu erschaffen. Es gibt einige unter euch, die Wolkenmacher sind, und einige legen Blumenbeete an oder einen Berg. Alle sind einzigartig, alle haben ihre Gültigkeit, und aus ihnen allen setzt sich das Ganze zusammen. Es gibt kein Stück dieses Puzzles, das nicht gebraucht wird, das größer oder geringer wäre als ein anderes.

Eure Reise ist zweifacher Art: Zum einen dient sie dazu zu entdecken, worin euer Puzzlestück besteht, und zu ermöglichen, dass sich dieses in all seiner Pracht manifestieren kann, zum anderen ist sie dazu da, sich wie ein Instrument auf den Schöpfer zu stimmen und harmonisch mit ihm zusammenzuwirken, der das Puzzleteilchen mit euch zusammen erschaffen hat. Denn blühen Gottes Geschöpfe nicht alle üppiger auf, wenn sie mit Liebe überschüttet werden als mit Regeln, Vorschriften und Erwartungen?

Ihr seid im Begriff, Unterscheidungsvermögen zu entwickeln, viele haben diese Seite an sich bereits entwickelt. Lasst euch von euren Brüdern und Schwestern inspirieren, aber wendet euch immer nach innen und spürt in eurem eigenen Wesenskern nach, ob das, was man euch sagt, für euch richtig ist. Denn es gibt kein Richtig oder Falsch auf dieser Reise, es gibt nur das, was in eurem Herzen ein Echo findet, denn der innere Lehrer führt euch durch Empfindungen der Freude, und wenn euch freudig zumute ist, wisst ihr, dass ihr vollkommen auf den göttlichen Geist ausgerichtet seid.

Man könnte sagen, dass die natürlichen Attribute der göttlichen Energien Liebe und Freude sind, und diese beiden Faktoren sind wunderbare Indikatoren, an denen ihr ablesen könnt, ob ihr mit eurem inneren Lehrer im Einklang seid. Wisst, dass wir mit euch an diesem Punkt arbeiten, damit sich das Höchste entfalten kann, und dieser Prozess wird allein von dem Verlangen in eurem Herzen geleitet werden. Hier ist Sananda.

Tritt in die Schuhe des großen Baumeisters

Es ist eine Zeit der Verwandlung des geliebten Planeten. Wie ihr alle gespürt habt, hat viel Heilung, Änderung und Reinigung auf allen Ebenen der Schöpfung auf und in der geliebten Terra stattgefunden. Viele beobachten große Veränderungen, Veränderungen in sich selbst.

Ihr habt auf der zellularen Ebene eine Menge zu verarbeiten gehabt, oder? Viel Loslassen, viel »In-sich-Gehen«, könnte man sagen. Viele stellen die Rolle infrage, die sie spielen müssen, viele stellen das Leben infrage, das sie gewählt haben, die Entscheidungen, die sie getroffen haben und die sie an diesen Zeitpunkt geführt haben.

Wir können gut sagen, dass Zeit nur eine Illusion ist, aber in den höheren Lichtoktaven gibt es keine zeitlichen Beschränkungen. Viele der Lichtarbeiter haben in ihrer Meditation um eingehende Führung gebetet, um die Klarheit und Weisheit zu wissen, was für sie stimmt, welche Wahl die »richtige« ist. Sie hier hat die Einladung bekommen, die ich nun an euch ausspreche, in die Schuhe des großen Baumeisters zu treten, denn ein solcher Baumeister seid ihr in Wahrheit. Würdet ihr die Illusion der Zeit verstehen, so würdet ihr verstehen, dass ihr in eurer göttlichen Blaupause den Schlüssel zu all euren Antworten für das Jetzt, die Zukunft und die Vergangenheit tragt. Zwar ist da ein Element, das mit dem Ausräumen von Vergangenem zu tun hat, aber da ist auch eine Zeit, Zugang zu den Plänen für die Zukunft zu erlangen, die ihr in euch tragt. Nur ihr könnt das tun.

Ihr habt verstanden, dass euer Denken eure Erfahrungen auf dieser Ebene erzeugt und dass das vor euch liegende Leben durch eure Gedanken, eure Worte, eure Handlungen und eure Entscheidungen entstanden ist. So einfach ist die Zukunft. Legt das Fundament für eure Zukunft, für diese neue Welt, nach der ihr sucht: Für die Schönheit und Vollendung, die ihr in eurem Leben zu erschaffen wünscht, indem ihr auf die Blaupause in eurem Innern zugreift.

Wenn ihr meditiert, so bitte ich euch, nicht nur loszulassen und Dinge aus dem Weg zu räumen, sondern auch mit dem Aufbauen zu beginnen. Aufzubauen nach der Vision, die sich euch auftut. Solche Visionen sind die Visionen des höheren Geistes, des göttlichen Daseinszwecks, und ihr werdet sie an der spontanen Freisetzung von Freude in eurem Herzen erkennen, wenn ihr sie »seht«.

Ihr könnt euch also daranmachen zu phantasieren, eure Vorstellungskraft, eure Wünsche und eure Vision frei strömen zu lassen, motiviert von eurer Intention, die im höchsten Wohl der Menschheit und eures eigenen Daseins auf dem Planeten besteht. Die Vision, die die meiste Freude in eurem Herzen entfacht – das ist die Vision, die ihr verfolgen müsst, die für euch »richtig« ist, denn es ist eure Seele, die da mit euch spricht und kommuniziert.

Es ist an der Zeit, dass ihr alle versteht, dass ihr die Erschaffer dieses neuen Himmels hier auf der Erde seid. Ihr allein werdet das Heraufdämmern dieses neuen Zeitalters bewirken. Ihr allein werdet dieses neue Zeitalter gestalten und ihr werdet das vereint tun, indem ihr den höheren Plan anzapft, indem ihr Zugang findet zu eurem eigenen, einzigartigen Daseinszweck und zu eurer Rolle. Es ist eine Schöpfung, von der geschrieben steht, dass sie durch die Vereinigung aller Lichtarbeiter in der Menschheit zu dieser Zeit geschehen wird. Bevor es wirklich zur Vereinigung kommt, muss da auch, wie ihr schon gesagt habt, bedingungslose Liebe sein und ein Annehmen eurer wechselseitigen Entscheidungen, denn ihr alle habt ganz einzigartige Rollen zu spielen. Welche Entscheidungen ihr auch trefft – sie sind gültig, denn eure Erfahrungen sind dazu da, euch zu lehren, wie ihr die Verbindung herstellt, die Verbindung zu eurer Gott-Essenz, eure Antennen auszurichten auf das höhere Bewusstsein, das euch und alle Wesen auf diesem Planeten am Leben erhält. Ihr werdet merken, dass die Botschaften, die ihr erhaltet, während ihr euch für eure innere Führung öffnet, zwar einzigartig sind, aber gleichzeitig auch ein Stück des Laubsägepuzzles darstellen, durch das dieses neue Zeitalter erschaffen werden kann.

Fahrt also eure Antennen aus, dass ihr die Einheit erspüren könnt. Bittet darum, dass die Wesen, die die perfekte Resonanz aufweisen und mit denen ihr arbeiten und von denen ihr euch inspirieren lassen könnt, zu euch gebracht werden.

Erkennt, dass wir alle, unabhängig von irgendwelchen Etiketten, von einem gemeinsamen Ziel angetrieben werden. Unabhängig von unserer gewählten Rolle wird die Motivation auch von dem höheren Daseinszweck gelenkt, von einer unsichtbaren Hand, könnte man sagen, die für die Menschheit in dieser Zeit Regie führt beim Spiel des Lebens, auf dass alle Kreaturen auf diesem Planeten ihr volles Potenzial erfahren und begreifen, dass sie alle die Funken des Göttlichen sind, die sich auf einzigartige Weise ausdrücken.

Seht euch also als Schöpfungskräfte und wisst, dass eure Vision das Element ist, durch das Veränderungen in Gang kommen werden, die für die Vereinigung der Menschheit in der jetzigen Zeit notwendig sind. Ihr könnt also zwar in der Meditation und bei eurer Kontemplation um Führung bitten, aber strebt auch danach, dass euch durch eine Vision die euch bestimmte Rolle offenbart wird, denn ihr tragt sie alle in eurem Innern und ihr allein habt die Antworten für euch.

Die Transformation, die ihr alle anstrebt, wird nur durch euer Verlangen nach ihr zustande kommen. Sie wird entsprechend eurer Vision eintreten, die wie ein Videofilm in der Datenbank eurer göttlichen Blaupause archiviert ist. Diese Blaupause ist in verschlüsselter Form auf zellularer Ebene in jedem und jeder Einzelnen von euch eingegeben und wartet darauf, dass ihr herausfindet, welcher Art sie ist, und dann die »Play«-Taste drückt. Wir können euch inspirieren, aber wir können nicht für euch die Arbeit tun, ihr allein seid die großen Baumeister eures Zuhauses. Eure Blaupause jedoch wurde bereits vor eurer Inkarnation entworfen, damit sie euch dann, wenn nach göttlichem Ermessen die Zeit dazu gekommen ist, zugänglich gemacht wird, und so wird es sein.

Das Wunder der Ausdrucksformen Gottes

Hier ist Sananda. Fühlt euch energetisch in die Schwingung meines Seins ein und macht euch damit vertraut, denn wenn ihr in die Sphären der höheren Lichtdimensionen eintretet, gibt es keine Zeit. In dieser Zeitlosigkeit mögt ihr alles wissen, denn alles ist durch jenen Fluss der Energie miteinander verbunden, der ewig ist, der weder Anfang noch Ende kennt – ein Einssein, das sich individuell und doch in Verbindung ausdrückt.

Ist es nicht die Einheit, die ihr fühlt, wenn ihr euch eurem ICH BIN öffnet, wenn ihr euch dem Licht Gottes öffnet? Ist es nicht euer Verlangen nach dem Einssein, das euch erlaubt, euren Brüdern und Schwestern die Hände entgegenzustrecken, um die Menschen auf diesem Globus zu einen?

Denn euch treibt das Verlangen eures Herzens an, ein höheres Wissen um die Vollkommenheit, die sich manifestieren wird, wenn ihr wirklich verbunden seid. Was euch verbindet, ist Licht, das Licht der Gott-Essenz in euch. Erkennt, dass seine Schwingung Liebe ist, und wenn ihr euch Einheit wünscht, die von einem Punkt der Vollendung kommen soll, so öffnet euch mit jeder Faser eures Seins dem Licht, öffnet eure Herzen der Liebe und wisst, dass die Liebe die Kraft hat, alles zu verwandeln. Selbst eure düstersten Ängste, denn Angst und Dunkelheit wurden von dem Einen geschaffen, damit ihr wahrhaft das Licht erkennen und liebend umfangen könnt.

Alles ist also ein Kreis, eure Reise ist ein Kreis, denn von wo ihr begonnen habt, dorthin werdet ihr zurückkehren. Hört auf die Stimme in eurem Herzen, die Stimme des Gottes im Innern, denn sie kennt eure Reise und euren Weg. Selbst wenn ihr euch unsicher seid, habt ihr ihn nicht vergessen.

Durch euer Verlangen und euer Da-Sein habt ihr mit magnetischer Kraft eine Energiematrix der feinsten Frequenz auf diesem Planeten angezogen, und diese überlagert das Energiefeld, das ihr das Bewusstsein der breiten Masse nennen würdet. Während ihr euer Inneres auf den Gott in euch ausrichtet, bahnt ihr einen Weg durch den Nebel des Bewusstseins der breiten Masse und schließt euch an diese Lichtmatrix an, wie wenn man einen Stecker in die Steckdose steckt.

Während ihr euch auf dieses Lichtnetz stimmt und euch daran anschließt, schafft ihr auch eine Verbindung zum Einssein. Sie wird es jedem und jeder Einzelnen von euch ermöglichen, von einer Bewusstseinswarte aus zu agieren, die von vollkommener Verbundenheit mit allem gekennzeichnet ist, sodass ihr dem göttlichen Willen und Plan entsprechend diese höheren Lichtenergien durchdringen lassen und auf der Erde verankern könnt.

Eure Lektion besteht also dieses Mal darin, Zusammenarbeit zu erlernen, nach innen zu gehen und den Anschluss an das Einssein in euch zu finden, sodass ihr die Gezeiten des Massenbewusstseins durchbrecht und dieses goldene Zeitalter erschaffen könnt. Den Gott im Innern zu erkennen, sodass ihr den Gott in all euren Brüdern und Schwestern sehen könnt, unabhängig von ihrem Weg, unabhängig von ihrem Bewusstsein, unabhängig davon, wie sich ihre Existenz ausdrückt.

Der Meister ist in allen und versteckt sich sozusagen für einige in einer dunklen Ecke, aber es geht darum, dass jedes Individuum den Lichtschalter findet und sein eigenes Umfeld erhellt. Wie euch allen also deutlich ist, liegt eure Mission auf der Erde einfach darin, den Schritt in das Einssein eures Wesens zu tun, um den Ausdruck Gottes und die kreative Kraft in jedem Moment zu erfahren, in jeder Form von Leben, und im SEIN wird großes Tun liegen.

Wie ihr bereits erfahren habt, so bekommt, wenn ihr euch in den Energiefluss hineinbegebt, der euch alle verbindet, euer Selbstausdruck auf dieser Seinsebene große Mühelosigkeit, denn ihr werdet mit dem Fluss der universellen Struktur fließen, dem göttlichen Gesetz. Dem Gesetz der Gnade, dem Gesetz der Synchronizität. Wir laden euch also alle ein, in diesen Fluss hineinzutauchen und dabei alles an euch mitzunehmen, euer emotionales Gepäck – von dem ihr alle so gern redet –, eure Begrenzungen des geistigen Verstehens, und zu wissen und darauf zu vertrauen, dass, während ihr im Meer dieser Vollkommenheit schwimmt, alles aufgelöst werden wird, denn wenn das eure Intention ist, dann wird es so sein!

Wenn ihr Klarheit habt in eurer Vision dieses wunderschönen Zeitalters, wird es auch so geschaffen.

Fragen und Antworten

Frage: Hast du irgendwelche Anregungen, wie wir das wunderschöne Stück Land nutzen können, das wir besitzen, und worin sein Zweck liegt?

Sananda: Meditiert darauf, und das Land wird euch sein Wissen offenbaren. Zieht seine Geheimnisse in eurer Meditation aus der Erde und lasst zu, dass die Energien dieses Landes die Visionen in euch auslösen, eure Kanäle öffnen, und empfangt diese Visionen, indem ihr sie auch mit der Energie des Gottes im Innern in Einklang bringt. Vertraut darauf, und sie werden hervorströmen, ihr werdet sie in eurem Herzen kennen.

Frage: Sananda, ich würde gerne eine Frage über unsere Familie stellen. Zuerst einmal über die Kinder – gibt es etwas, das du uns sagen könntest, das uns dabei helfen könnte, sie großzuziehen? Ich wüsste außerdem gerne etwas mehr über das Wesen, das gerade dabei ist, auf die Welt zu kommen. Kann ich etwas Hilfe dabei haben, dieses Mal eine schmerzfreie Geburt zu erschaffen und in den Zellen verankerte Erinnerungen an Schmerzen bei der Geburt abzustreifen?

Sananda: Meine Liebe, wisse, dass du mit einem großen Dienstauftrag gesegnet worden bist, denn du trägst Sorge für große Lichtwesen, und wenn du dich noch voller in diese Aufgabe hineinbegeben würdest, so würdest du große Freude darin finden. Sie haben dich viel zu lehren, wie du richtig gespürt hast, über die Liebe, die innerhalb der Familienstruktur in ihrer reinsten Form existieren kann. Wenn du dich also vielleicht dem überantworten würdest und zulässt, dass dein ICH BIN vollkommen zum Vorschein kommen kann, um das Wachstum dieser Wesen zu beschleunigen, auf die viel Arbeit wartet, und auch erlaubst, dass dein ICH BIN andere Kanäle für dich eröffnet, durch die du andere Ebenen deines Seins ausdrücken kannst, so wirst du merken, was du alles umfängst und dass du in der Lage bist, dich sozusagen um deine »Brut« zu kümmern, und das auf eine einfache, weniger stressbeladene Weise.

Was die bevorstehende Entbindung angeht, rufe Kuan Yin an, denn sie ist die Göttin der Barmherzigkeit und des Mitgefühls. Vielleicht kannst du ihre Energien einladen, sich beim Geburtsvorgang in dir niederzulassen und dich dem eventuellen Schmerz überlassen und ihn in Licht und Liebe verwandeln. Das Gebären ist eine Prüfung für deine Meisterschaft, denn können Yogis nicht auf einem Nagelbett liegen und keinen Schmerz empfinden? Du hast das Vermögen, meine Liebe, die körperlichen Ausdrucksformen zu verwandeln, die im Laufe des Geburtsvorgangs auftreten mögen, und dich über sie zu erheben.

Das Wesen, dass durch dich kommt, hat euch viele Geheimnisse und Freuden zu offenbaren, und es ist hier nicht mein Ort, das zu tun. Heißt alle eure Kinder willkommen, meine Geliebten aus dem Licht, als wäre ein jedes von ihnen ein kostbares Geschenk aus den Sphären der Engel, denn obwohl sie kleine Päckchen sein mögen, sind sie unermessliche Wesen aus Licht, dazu bestimmt, einen Wandel auf diesem Planeten auszulösen. Liebe in den Herzen der Menschheit auszulösen, ihre Versorger etwas über Magie und Wunder zu lehren und über wahre Wertschätzung für die Geschenke, die sie bringen. Denn sie sind die Träger dieses neuen Zeitalters, und ihr mögt zwar die Saat säen, doch sie werden diese Vision so weit bringen, dass sie Früchte trägt.

Der größte Dienst, den ihr alle erweisen könnt, ist der, alle Aspekte eures Seins zu lieben und zu ehren, Freude in allem zu suchen, was ihr tut, euch auf euer ICH BIN auszurichten und das Wunder des Ausdrucks Gottes zu beobachten, wie es durch euch alle strömt. Wahre Magie wird sich durch völliges Im-Einklang-Sein einstellen.

Frage: Man hat mir gesagt, ich sei vor vielleicht fünfzigtausend Jahren aus der Zukunft gekommen. Ich bin schon immer neugierig gewesen, was genau das bedeutet. Ich habe Visionen dazu, was meine Rolle im Hinblick hierauf ist und auch dazu, wie ich quer durch die Zeiten in meinem Lichtkörper arbeite.

Sananda: Ihr müsst wissen, meine Lieben vom Licht, dass ihr alle aus der Zukunft gekommen seid und dass diejenigen, die gesagt haben, dass viele Außerirdische einfach zukünftige Menschen seien, die ihre Abstammungslinie rückwärts verfolgen, bis zu einem gewissen Grad Recht haben mit dieser Auffassung.

Sie hier hat bei ihrem Austausch mit einigen von euch kürzlich eine Vision erhalten, dass Gleichzeitigkeit einfach ein Seinszustand ist, in dem du oberhalb von drei Räumen stehst, die nebeneinander liegen, und wenn du in den Raum links hineinschaust, ist das die Vergangenheit, in der reges Treiben herrscht. Und wenn du in den Raum in der Mitte schaust, ist das dein gegenwärtiger zeitlicher Rahmen, und der Raum rechts ist deine Zukunft.

Von dieser Warte des Daseins aus betrachtet, existiert also alles zusammen, und »Zeit« spielt sich simultan ab. Wenn ihr im mittleren Raum, der als eure Gegenwart bekannt ist, geerdet seid oder fest verankert, habt ihr ein ahnungsweises Gefühl, dass ihr durch die Tür aus der Vergangenheit hereingekommen seid und auf die Tür zur Zukunft zugeht – so eure Vorstellung von linearer Zeit.

Ihr seid unermesslich umfassende Wesen, die auf allen Dimensionen existieren, und es gibt einen Aspekt von euch, der keine Zeit kennt und sich in allem und jedem ausdrückt, simultan. Es war ein Entschluss von vielen, als Teil eures Wachstums euer bewusstes Gewahrsein von einem zeitlich zurückliegenden Punkt weg- und diesem Zeitpunkt in der Erdevolution zuzuwenden. Ihr wolltet dienen und euer Licht hervortreten lassen, um bei der Transformation behilflich zu sein, die nun stattfindet. Beantwortet das deine Frage?

Antwort: Ich habe das Gefühl, dass ich eine Verbindung mit der Zukunft habe und Informationen aus der Zukunft hier einbringe und auch hierher zurückkomme, um dann Informationen von hier dorthin zu bringen, um irgendwie die Zukunft zu verändern. Kannst du hierauf näher eingehen?

Sananda: Nehmen wir einmal an, deine energetische Verbindung hat einen Weg durch den Äther geschaffen, dem du bei deiner Reise gefolgt bist. Du hast diesen Weg durch dein bewusstes Gewahrsein und deine Aufmerksamkeit verbreitert und gemerkt, dass du in dieser Dimension und Zeit stärker voll und ganz bewusst bist. Einfach nur dadurch, dass du deine bewusste Wahrnehmung an diesen Punkt gebracht hast, hast du in deine Energiefelder den Eindruck und das Wissen um deine Ausdrucksform auf dieser Ebene aufgesogen, und wenn du sozusagen »zurückkehrst« oder deine bewusste Wahrnehmung wieder darauf richtest, woher du gekommen bist, wirst du einen breiteren Rahmen, eine veränderte Energie zum Vorschein bringen, die sich in diesen Feldern verteilen wird.

Ein Da-SEIN in Freude

Wie ihr gerade entdeckt, gibt es innerhalb eines Augenblicks so viel Freude zu erleben, ihr stellt fest, dass jeder Augenblick jede Erfahrung in sich birgt, die ihr euch wünschen mögt. Erinnert euch daran, dass ihr die kreativen Wesen seid, denen es gelungen ist, durch Äonen hindurch alles zu manifestieren, was vor euch liegt (eine derart gigantische Aufgabe!) – beneidet von vielen aus anderen Sphären. Denn es gibt innerhalb der materiellen und physischen Seinsebene keine größeren Meister der Manifestation als die Wesen, die den Planeten bewohnen. Ihr solltet euch also alle einmal vor euch selbst verneigen, denn ihr seid gute Schöpfer gewesen!

Nun werdet ihr einfach dazu hingeführt zu erkennen, dass ALLES eure Schöpfung ist, dazu, eure schöpferischen Kräfte zu erkennen und zu begreifen, dass ihr dann, wenn in irgendeinem Augenblick die Dinge nicht so zu sein scheinen, wie ihr es euch aussuchen würdet oder wie es euch Vergnügen bereitet, und sie es euch nicht erlauben, Freude zum Ausdruck zu bringen, auch die Macht habt, sie zu ändern.

Man lernt viel in dieser Schule des Lebens, stimmt es? Wie wir euch schon zuvor sagten: Genauso wie ihr eure Lektionen lernt und euch das entsprechende Wissen aneignet, so wird auf dieses Lernen wie bei jeder Schule eine Phase der Prüfungen und der Tests folgen.

Es ist eine Zeit, in der ihr auf die Probe gestellt werdet – genauer gesagt, euer Glaube und euer Vertrauen. In dem Wissen, dass allein schon die Tatsache, dass nun ein Test vor euch liegt, bedeutet, dass ihr ohne entsprechende Übung nicht einmal in der Lage wäret, auch nur in dieser Prüfung zu sitzen. Ihr habt äonenlang studiert und gelernt und dabei oft immer wieder die gleiche Lektion gelernt, ihr seid immer wieder geprüft worden.

Es gibt keine bessere Vorbereitung als die Kunst des Seins, die Kunst, zu lernen, in jedem Augenblick zu sein, wirklich Freude zu erfahren, denn wenn ihr Freude erfahrt, wie wir euch schon so oft wissen ließen, seid ihr vollkommen im Einklang mit dem göttlichen Geist. Es ist eine Zeit, freudig zu sein, denn es findet eine große Feier statt, denn es herrsch reges Treiben und Vorbereiten.

Es gibt »hier Hereingeschneite«, wie ihr schon gesagt habt. Es gibt Wesen von anderen Sonnensystemen, die sich dafür entschieden haben, in jene Energiefelder zu inkarnieren, die ihr als Kinder seht, denn sie haben in dieser Zeit der Erdentwicklung viel zu lernen und wertzuschätzen und viel zu ihr beizutragen. Es gibt auch viele uralte Seelen, die seit Äonen innerhalb der Erdebene gearbeitet haben und nun vollendete Meisterschaft erlangen sowie die Erkenntnis und Wertschätzung dessen, was sie in Wahrheit sind. Es gibt viele junge Seelen, die mit ihrer Evolutionsrunde beginnen, ihre Unterweisung und ihr Lernen fortsetzen, inspiriert von den Menschen in ihrer Umgebung.

Es ist eine Zeit großer Einheit, wo der einende Faktor nicht mehr und nicht weniger als Liebe sein kann, wo der einende Faktor die von Herzen empfundene Freude und der wahre Ausdruck des Meisters im Innern sein wird. Die Wahl liegt also bei euch: Ihr könnt jeden Augenblick Freude und Harmonie erfahren oder Chaos, Ungewissheit und Angst.

Wie ich euch schon so oft wissen ließ und auch jetzt noch einmal sagen werde, besteht die größte Lektion für euch alle derzeit darin, euer Augenmerk auf die Entfaltung eurer eigenen Göttlichkeit zu richten; der unverstellteste Kanal für den Ausdruck des größeren Plans und des göttlichen Willens zu sein und in Vertrauen und Glauben auf der Erde zu wandeln, denn Zweifel sind eine übermächtige Erfahrung. Auch die begrenzten Überzeugungen, die sich seit vielen Leben in euch eingegraben haben, bergen große Kraft, ihr merkt also vielleicht bei diesem Übergang, dass ihr bei der Erfahrung einmal hier und einmal dort steht, wie ein hin- und herschwingendes Pendel – einmal zu Vertrauen und Glauben und Sich-im-Einklang-Fühlen und dann wieder zu Zweifel. Es ist ein natürlicher Reinigungsprozess und lediglich ein Übergang.

Richtet euer Augenmerk wieder auf die Freude, die sich in jedem Augenblick entfalten wird, wenn ihr lernt, in diesem Zustand des Da-SEINS zu verweilen. In diesem Zustand kann kein Zweifel existieren, und während ihr im Zustand des Zweifels seid, kann es keine Freude geben. Es erfordert große Disziplin, aber nicht mehr Disziplin, als ihr in euch habt, denn, um es noch einmal zu sagen, kein Initiant wird einer Prüfung unterzogen, für die er nicht bereit ist und die er nicht bestehen kann.

DIE ARCTURIER

In dem Text »The Prysm of Lyra« wird Arcturius als goldgelber Stern gesehen. Seine Energie wirkt auf die Menschheit emotional und spirituell heilend. Darüber hinaus ist er eine Energiepforte, die alle Menschen bei Geburt und Tod passieren. Er fungiert als Zwischenstation, mit deren Hilfe das nichtkörperliche Bewusstsein sich an die Körperlichkeit gewöhnen kann.

Zur Arcturius-/Sirius-Matrix heißt es: »Die kombinierten Energien von Arcturius und Sirius sorgen für ein Gleichgewicht, das physische, emotionale und spirituelle Heilung bewirkt. Diese Matrix wird seit Entstehung der Menschheit von dieser angezapft und findet sich in vielen archetypischen Vorstellungen« (wobei »Archetyp« für ein Entwicklungsmuster steht).

Lyssa Royal und Keith Priest fahren in diesem Buch fort: »Der arcturische Zweck hat viele Facetten. Eine Vorstellung ist die, dass die Arcturier Vorbildcharakter für die Menschheit haben. Sie stehen für das künftige Selbst eines Individuums oder einer Gesellschaft. Ihre Energie ist von Natur aus ein Magnet, der positives Potenzial und Integration aus den tiefsten Tiefen des Seins herauszieht. Sie halten der Erde den Spiegel vor, der ihr zeigt, in welche Richtung ihre Evolution führt. Hat die Menschheit erst einmal die Unkörperlichkeit erfahren, so liegt das ideale Ziel darin, ein Bewusstsein zu erreichen, das dem eines arcturischen Bewusstseins der breiten Masse nahe kommt. Die Arcturier erkennen, dass sie selbst eine Gruppenmatrix darstellen, die sich der Idee der Evolution des Bewusstseins verschrieben hat.«

Weiter heißt es in »The Prysm of Lyra«, dass sich die Arcturier sehr oft als Engel manifestieren und dass sie über ihre Interaktion mit inkarnierten Wesen etwas über Körperlichkeit lernen. Sie sind »von ihrer Natur her ätherisch. Ihre Energie lässt sich als Gegenwart spüren, als Aufsteigen von Kreativität oder bedingungsloser Liebe. Sie manifestieren sich entsprechend der Überzeugungen der Person, mit der sie in Kontakt treten«.

Ich kommuniziere seit Mitte 1993 telepathisch mit einem Wesen namens Arcturius. (Ich buchstabiere den Namen nach dem Klang, während andere »Arcturus« schreiben. Arcturus kennt man als einen der Elohim und auch als »Lord Arcturus«, den Herrscher über die Energiefelder des arcturischen Systems, vergleichbar mit dem Verhältnis von Sanat Kumara und dem Planeten Erde.) Unsere Kommunikation läuft hauptsächlich darüber, dass Er mich persönlich führt. Bei unseren energetischen Kontakten zeigt Er Sich mir immer als großes Wesen in langem Gewand, mit wallendem silbernem Haar und einem Bart. Als ich ihn fragte, ob das Seine wahre Gestalt sei, antwortete Er mir, Er manifestiere Sich in einer Gestalt, die der Person, an die Er Sich wende, entsprechend dessen, woran sie glaube, Wissen und Geborgenheit spende.

Dr. Norma Milanovich, Autorin von »We, the Arcturians«, bittet die Arcturier in ihrem Buch, sich selbst zu beschreiben. Sie stellen fest, dass sie kleinwüchsig seien, biegsam und von zerbrechlicher Zartheit, und dass sie alle aus freien Stücken ähnlich aussähen, um der Einheitlichkeit willen, denn »wir haben kleinliches Sichvergleichen hinter uns«. Sie sagen, ihre Haut sei grünlich getönt, sie hätten große, mandelförmige Augen, die Lichtfrequenzen wahrnehmen können. Sie hätten drei Finger und Beine, ihre Fortbewegung erfolge aber durch Gedankenkraft, eine Art Levitation. Sie leben von Licht oder sprudelnden Flüssigkeiten mit einer hohen Eigenschwingung und stabilen chemischen Zusammensetzung. Mehr über die Kultur der Arcturier kann man verstehen, wenn man Milanovichs Buch liest.

Detaillierte Hinweise zu den Arcturiern finden sich auch in Dr. Joshua David Stones Buch »Beyond Ascension« – auch dieses durchaus lesenswert. Dr. Stone sagt: »Die Arcturier lassen unter Nutzung ihrer hoch entwickelten Technologien immer ihre Lichtenergien hoher Frequenz durch unseren Körper rinnen, wenn wir dies anfordern … Sämtliche Zellen in meinem Körper fühlen sich dann an, als würde eine ganz wundervolle fließende Energie in sie eingespeist …

Später nannte ich das irgendwann scherzhaft die ›Nirwana-Maschine‹.«

Dr. Stone schreibt weiter, dass der Gebrauch, den er von der Technologie der Arcturier machte, wirkungsvoller gewesen sei als alles, was er jemals zuvor eingesetzt hatte, und dass sie so hoch entwickelt seien, dass selbst die spirituelle Hierarchie die Technologie der Arcturier benutze. Man müsse jedoch ihre Aufmerksamkeit anfordern und könne darum bitten, in ihre Lichtcomputer und ihr Lichtquotientaufbauprogramm aufgenommen zu werden. Ich persönlich habe das Gefühl, dass ihre Energien auch die kraftvollsten sind, wenn es darum geht, meine Schwingungen wieder auf eine feinere Frequenz zu justieren.

Die Arcturier haben etwas, das Dr. Stone als »Lichtsynthesekammer« bezeichnet, in ihr Raumschiff eingebaut. Zu ihr erhält man über seinen ätherischen oder physischen Körper Zugang, und dann senden sie ihre Energien dorthin, wo man gerade ist und wann immer man dies anfordert. Die Erfahrung, die Dr. Stone, seine Kolleginnen und Kollegen sowie ich selbst damit haben, ähnelt sich ziemlich: Wir haben das Gefühl, dass nur Licht, Liebe und Freude uns erfüllen und uns dabei offenbar weiter ausdehnen.

Dr. Stone rät, nach einer harmonischen Ausrichtung aller Körper zu rufen und alle Energien in sich selbst zu synthetisieren, indem wir die hoch entwickelte Technologie der Arcturier nutzen. Diese Arbeit kann sich nachts im Schlaf fortsetzen, und Dr. Stone berichtet, die Arcturier hätten eine »Mechanismus-Kammer«, die für Heilzwecke und zur Beseitigung von Blockaden im physischen, Emotional- und Mentalkörper sowie im spirituellen Körper verwendet würden.

Weitere Kammern und Technologien der Arcturier, zu denen wir auf Wunsch Zugang haben, sind: die »Liebes- und Freudekammer«, wenn wir das Gefühl haben, einen kleinen Energieschub in Sachen Liebe und Freude gebrauchen zu können; die »Informationsaustauschkammer« zum Sammeln von Wissen und zum Informationsaustausch; die »Prana-Wind-Reinigungskammer«, die »ätherische Verschleimun-

86

gen oder Abfallstoffe aus unseren ätherischen Meridianen, Chakras, Nadis, Venen, Arterien und Kapillaren« beseitigen. Unter Einsatz eines Energie-»Ventilators«, der sich im Uhrzeigersinn in konzentrischen Kreisen dreht, wird der gesamte Organismus gereinigt, doch nicht energetisiert.

Dr. Stone erwähnt noch eine weitere Technologie der Arcturier mit Namen »Rasterintegration«, bei der sie Licht hoher Frequenzen durch spezielle Rastersystemabschnitte im Körper rinnen lassen, um zu kräftigen, zu heilen und zu energetisieren. Bitte einfach hierum, nachdem du in der Lichtsynthesekammer gewesen bist oder währenddessen. Dr. Stone stellt auch fest, dass die Arcturier auf Anfrage zur Unterstützung des Abschlusses der siebten Initiation eine »elektronische Platine« im dritten Auge verankern, die Licht reflektiert, Zugang zu höherem Bewusstsein hat und im Grunde die Allgegenwart verstärkt. »Sie diente zur Verstärkung und Synthetisierung der oberen spirituellen Triade des höheren Geistes, der Intuition, und des spirituellen Willens mit Körper, Herz, Monade und kosmischem Herzen. Es hatte auch etwas damit zu tun, einen sechszackigen Stern zu verankern.« Dr. Stone erwähnt, dass Lord Arcturius gesagt habe, die elektronische Platine böte Unterstützung bei »Bilokation, der Entwicklung der Teleportation und der telepathischen Arbeit. Diese elektronische Platine schien dahingehend zu wirken, all die unterschiedlichen Facetten unseres Seins zu einem geeinten Ganzen zusammenzubringen«.

Außerdem wird in »Beyond Ascension« vorgeschlagen, um Verankerung und Programmierung von Lichthüllen (oder -paketen) von den höheren Universitäten des Sirius in deinem Unterbewusstsein und System der vier Körper zu bitten, damit der Lichtquotient weiter aufgebaut wird und du Unterstützung bei der Erfüllung deines Auftrags erhältst. Außerdem steht darin, es sei möglich, die Arcturier zu bitten, bei der Erschaffung deiner zwölf DNA-Stränge behilflich zu sein und sie vom ätherischen auf den physischen Körper zu übertragen.

Zu seinem Kapitel über »die Arcturier und ihre hoch entwickelten Lichttechnologien« berichtet Dr. Stone in »Beyond Ascension« zusammenfassend: »Es gibt nichts, was ich Ihnen mehr empfehlen kann, als die Arcturier in Ihren Meditationen und Gebeten anzurufen und sich ihre wundervoll hoch entwickelten Technologien zunutze zu machen. Die Arcturier, im Zusammenspiel mit der spirituellen Hierarchie und den Aufgestiegenen Meistern, sind ein unschlagbares Team. Sie haben in ihnen das Beste aus der spirituellen Welt und das Beste an außerirdischen Technologien. Es ist an der Zeit, dass die Welt vollständiger die Einheit der liebevollen und weisen außerirdischen Kräfte anerkennt, zusammen mit den spirituellen Kräften, die unseren Planeten beherrschen. Den Arcturiern ist es nicht erlaubt, unsere Einflusssphäre auch nur zu betreten, ohne von Sanat Kumara und der spirituellen Hierarchie die Erlaubnis dazu einzuholen. Sie arbeiten in Verbindung mit dem Ashtar-Kommando und sonstigen positiven außerirdischen Gruppierungen als ein Team zusammen, um die Menschheit zu erheben.«

Botschaften von Arcturius

Die Tür des Herzens

Seid gegrüßt, liebe Wesen des Lichts. Hier ist Arcturius, der sich zu euch gesellt. So ein einfaches Verständnis, oder? Dass man in sich die Macht hat, sich über die Dimensionen hinaus- beziehungsweise durch Dimensionen hindurchzubegeben, jenseits des Raumes, jenseits der Zeit.

Denn wir haben euch ja wissen lassen, dass euer inneres Wesen einen Ausdruck in allen Dimensionen kennt. Denn ihr seid verbunden, oder etwa nicht, mit der Quelle der Schöpfung, aus der alle Geschöpfe durch das Feuer, die Energie und die Liebe des Mutter-Vater-Schöpfer-Gottes geboren wurden. Ihr tragt in euch das Wissen, dass ihr nicht getrennt seid. Dass dieser Mutter-Vater-Schöpfer-Gott in euch wohnt, nicht außerhalb von euch.

Ihr habt eine flüchtige Ahnung des Verständnisses erlangt

– und manche verfügen über ein tieferes Wissen hierüber –, dass ihr Mitschöpfer seid, und im Miterschaffen entsteht die Schöpfung. Dass ihr dadurch, worauf ihr das Augenmerk richtet, die Erfahrung erschaffen könnt, nach der es euer Herz verlangt. Es ist eine einfache Sache, dass ihr euch, eurem physischen Körper, jeden Tag einfach ein Bad, eine Dusche mit dem inneren Licht gönnt, sodass ihr Licht werdet.

Begreift die unermessliche Weite des Bewusstseins. Des Bewusstseins, das ich bin, Arcturius, ist individualisiert, ja, es hat einen Hauch von Wissen, aber es ist das gleiche Bewusstsein, das jener Weite des Alles-was-ist innewohnt, das ebenfalls in ihr ist.

Es ist lange her, seit sich mein Bewusstsein mit eurem Sternensystem identifizierte. Es ist wie eine Seite meines Wesens, die über ein solches wacht, das mit den Energiestrahlen im Herzen aller in diesem System schwingt. Es ist eine Seite meines Bewusstseins, die durch das Licht des Gottes ICH BIN in euren Herzen zu eurer Gruppe hingezogen wurde. Denn ihr tragt in euch ein Verlangen danach, mehr von den arcturischen Energien zu verstehen.

Das Bewusstsein ist so beweglich und wird vom Geist regiert, der göttlichen Intelligenz, die ihm innewohnt. Die Fähigkeit, die ihr habt, in diesen Zustand des Allwissens hineinzugehen – dieser Aspekt ist es, den das Licht im Innern erwecken wird, um es euch einfach zu erlauben, euren Blickwinkel zu ändern, euer Augenmerk zu verlagern bei dieser Reise, die der erneuten Verbindung mit was auch immer ihr ersehnt dient. Wenn es euch danach verlangt, ein weiteres Mal auf dem Sirius-System zu sein, so habt einfach die Intention, dort zu sein.

Es ist, wie wenn ein Fischer seine Angel in die weiten Ozeane auswirft. Es ist der Haken, der Senker, der so viel weiter von der Küste entfernt landet, aber es ist die Intention des Fischers, seine Angel auszuwerfen, die diese Möglichkeit überhaupt erzeugt.

Und so ist es, wenn ihr euer Bewusstsein durch die Galaxien und Universen dieser Dimension hindurch zu einer anderen wandern lasst. Es ist eure Intention, eure Konzentration auf das, was ihr zu erreichen wünscht, wohin ihr zu gelangen wünscht. Es wird von daher einen Aspekt eures Bewusstseins geben, der ankommen wird. Dieser Aspekt ist wie der erwähnte Angelhaken, der Senker. Er hat das Gewicht, in dieses Meer von Energie einzutauchen, das dort anzutreffen ist, wo ihr ihn hinlenkt. Denn er verfügt über die Macht eurer Gedanken, eurer Konzentration, eurer Intention, die ihn quer durch Zeit und Raum sausen lassen.

Eure Reisen, eure interdimensionalen Wanderungen sind nichts anderes als das. Das Verlangen, die Erkenntnis, dass ihr eurer Essenz nach multidimensionale Wesen seid. Der Gedanke, das Wissen, wird eure Energie vorwärts treiben oder rückwärts, einfach nur durch euer Denken. Es ist euer Denken, das ihr zu disziplinieren lernt, nicht wahr? Denn ihr könnt denken, dass ihr begrenzt seid, oder ihr könnt denken, dass ihr unbegrenzt seid.

Unser Sternensystem ist ein System aufgestiegener Wesen. Sämtliche Geschöpfe, die sich auf und in den Energiefeldern bewegen, die als das Arcturische System bekannt sind, verstehen die Göttlichkeit im Innern. Sie verstehen die Macht des Geistes zu erschaffen und sie verstehen den Schaden, der entstand, als der Geist voller Unreinheiten war. Als der Geist sich durch Disziplin auf den schöpferischen Ausdruck des Mutter-Vater-Schöpfer-Gottes ausrichtete, begaben wir uns in den Zustand der Aufgestiegenen Meister.

Uns war deutlich, dass wir das Licht des göttlichen Wesens im Innern entzünden konnten, es in unserer zellularen Form wachsen und dabei eine neue Energiematrix erzeugen lassen – die ihr euren Lichtkörper nennt – und die molekular Struktur fester Formen in Licht ausflösen. Dies taten wir vor Äonen, und hierin liegt die Herausforderung für Wesen auf dieser Ebene an diesem Punkt eurer linearen Zeit.

Dies ist eine Reise, die ihr alle schon unternommen habt. Ihr tragt in euren Zellen die Erinnerung daran. Wo ihr Wesen wart, die aus dem Äther, aus den höheren Ebenen von der universellen Kraft genährt wurden. Bevor eure Basis sich von dem, was bei euch Silikon heißt, zu dem verwandelte, was ihr Kohlenstoff nennt. Und nun kehrt ihr den Prozess um, und wenn ihr den Prozess umkehrt, werdet ihr wieder die Reinheit der Energie der Silikonsubstanz.

Sie hat die gleiche Substanz wie eure Kristalle. Denn diese Wesen, die sich in diesen Energiestrahlen brechen, die Kristalle genannt werden, tragen eine grenzenlose Kraft in sich. Sie sind Energiekanäle. Sie erhellen große Städte, sie bringen die Energiestrahlen großer Städte vollkommen in Harmonie und Einklang mit den Gedankenformen der Massen individualisierter Funken Bewusstsein und Energie, die in den höheren Sphären wohnen, als Ausdruck und in Anerkennung der göttlichen Macht. Und der Schlüssel zur Tür der höheren Sphären ist einfach das Verlangen im Herzen.

Es ist interessant, euer planetares System zu beobachten, denn viele sind dabei, neue Formen von Energie zu erkunden, von der Fusion, der Fission, der Atomspaltung, zu dem Verlangen, euren Weltraum zu erkunden. Fahrzeuge aus Metall zu erschaffen. Wisst, dass jede Zivilisation, die mit Fahrzeugen aus Metall arbeitet, noch nicht die göttliche Energiematrix in ihrem Innern begriffen hat.

Denn es sind die Fahrzeuge aus Licht – was ihr eure Merkabahs nennt (und es ist auch die Gedankenkraft hinter euren Merkabahs, denn es war die göttliche Intelligenz, die Derartiges schuf), die euch, wenn ihr euch anschließt an die innere Energiematrix der Göttlichkeit, die Freiheit erlauben werden, Zugang zu allen Dimensionen zu erhalten und derart frei zwischen ihnen hin und her zu reisen.

Erst dann, wenn eure Wissenschaftler, eure Physiker beginnen, offen für das Göttliche in ihrem Innern zu werden, wird sie das befähigen, die Fahrzeuge aus Licht zu erschaffen, um jenseits der begrenzten Technologie zu gelangen, die sie derzeit ausloten.

Die Geschenke sind so einfach, doch ihr seid so lange in der physischen Ebene gefangen gewesen, dass ihr die Einfachheit vergessen habt. Ist euch nicht gesagt worden, dass die Kinder diejenigen sein werden, die diesen Himmel erschaffen und diesen Himmel erben? Es ist symbolisch zu verstehen, ihr Lieben. Symbolisch insofern, dass hier gesagt wird, dass die Menschheit die kindliche Unschuld in sich annimmt.

Einfachheit als den Schlüssel zu verstehen. Zu verstehen, dass Einfachheit Reinheit des Herzens ist, das Vermögen, einander bedingungslos zu lieben. Dass die höhere Lichtwissenschaft einfach die Fähigkeit ist, Energie durch deinen Körper zu bewegen, die Energie des Lichts und der Liebe, denn das allein wird euch Auftrieb geben, den Anschluss an die nächste Dimension ermöglichen.

Und ihr wisst in eurem Herzen, was das verheißt, denn ihr habt die Reise dorthin schon zuvor unternommen. Es bringt die Fähigkeit aller Wesen mit sich, in Ehre und Anerkennung des Lichts im eigenen Innern zu leben, unabhängig von der physischen Gestalt, in der sie sich ausdrücken.

Auf dem Arcturischen System sehen alle Wesen gleich aus. Uns verlangt es nicht nach einem Wiedererkennen auf dieser Ebene, denn wir schwingen uns auf die ausgestrahlte Energie ein, die Signale des Lichts und der Liebe, die aus dem Herzen im Innern ausstrahlen. Wir konzentrieren uns nicht auf eure physische Form, wir lesen einfach die Energiemuster des Lichts, die Tiefe der Liebe, die aus dem Herzzentrum kommt. Denn schließlich ist ja das Herz die Tür zu den höheren Dimensionen, nicht wahr?

Wie bei eurem System, befinden sich die Arcturier weiterhin in dem Prozess, sich wieder zur Vollkommenheit ihres Seins zu entwickeln. Nun, dieses System ist fünfdimensional. Es beginnt in eine höhere Oktave zu wandern, die fünfte, an die Grenze zur sechsten. Wir arbeiten frei mit Aufgestiegenen Meistern und den anderen Lichtwesen, die sich in allen sonstigen Ausdruckdimensionen bewegen.

Es besteht eine rege Kommunikation, auf telepathischem Wege und unter Nutzung der Sprachen des Lichts, denn die Sprachen des Lichts sind jenseits eurer telepathischen Eingebung von Gedanken. Die Sprachen des Lichts sind die Sprachen, die es euch ermöglichen, die Schwingung des Lichts zu erkennen, das von jeder individualisierten Seele ausgeht, von jedem individualisierten Bewusstsein.

Von der fünften Dimension bewegt sich das Bewusstsein durch die sechste und siebte aus einem individualisierten Zustand heraus und wird zu einem Massenbewusstsein, das einträchtig und harmonisch zusammenwirkt und jenseits der Individualisierung ist.

Euer Planetensystem – und auch das der dritten und vierten Dimension –, das sind bislang individuelle Bewusstseinseinheiten gewesen, die in einer begrenzten Form, dirigiert vom Ego und eurem niederen Geist, gefangen sind. Und während euch bewusst wird, dass ihr nicht nur eines seid, sondern Massen, lernt ihr mit der Harmonie eines Orchesters zu spielen. Ihr lernt euch einzustimmen auf eure wechselseitigen Energien, zusammenzuarbeiten und Energien zu harmonisieren. Denn da ist ein Lied zu singen, eine Melodie zu spielen auf dieser Erde. Der Text dieses Liedes, das Empfinden, von dem dieses Lied getragen ist, ist einfach eines der Harmonie, der Einheit.

Habt ihr noch nicht gewusst, dass alles, was ihr zu tun braucht, um euren Aufstieg voll und ganz anzunehmen, darin liegt, euer inneres Wesen zu instruieren, sich an die Kraft des einen konzentrierten Gedankens zu halten. Einfach mit eurem Herzen und eurer Seele und der kraftvollen Intention vor euch hin zu singen:

»ICH BIN ein Aufgestiegenes Wesen unendlichen Lichts und unendlicher Liebe«, und so werdet ihr dazu werden!

Es gibt im Kern nichts sonst, was ihr tun müsstet. Und dennoch macht es Spaß, diese Spiele zu spielen, während wir auf dem Weg sind. Es ist ein Prozess des Wiederentdeckens. Vielleicht gibt es ja ein, zwei unter euch, die etwas zu sagen wünschen, die Fragen stellen möchten, wir laden euch also ein, das zu tun, liebe Lichtwesen.

Fragen und Antworten

Frage: Meine Frage hat mit Urteilen und innerem Abstand zu tun. Wie löst man sich davon, über andere und über Dinge zu urteilen?

Arcturius: Indem man einfach den größeren Entwurf des Ganzen versteht. Sie hier hat auf der Reise durch ihr Leben verstanden, dass sie irgendwann einmal nicht jeden Ausdruck verstand, den das Leben für sie früher genommen hatte oder welche Zukunft ihr bevorstand. Und wenn sie nicht einmal die Geschichte ihrer eigenen Inkarnationen verstehen konnte, das karmische Spiel von Situationen des Ungleichgewichts, wie konnte sie da andere verurteilen – die ja in diesem Moment, am jetzigen Punkt, einfach nur eine Seite ihres Seins offenbarten? Ein Urteil ist etwas, womit man Vorkommnisse belegt, oder? Vom Verurteilen abzulassen, kommt durch Disziplin, durch ein Verstehen des größeren Entwurfs. Durch das Verständnis, dass jedes einzelne der Schauspiele des Lebens, die sich vor dir präsentieren, von weit größeren Kräften motiviert sind als jene, die du vielleicht beobachten konntest.

Außerdem ist da ja das Spiel des Karmas. Alles dreht sich um Energie – nicht um Urteil und Strafe. Jeder Ausdruck auf dieser Ebene dreht sich einfach nur um das Gleichgewicht der Energie im universellen kosmischen Energiepool. Wie kann man sich also gegenseitig verurteilen, wenn man nicht das Privileg genossen hat, die Verwandlung der Seele durch ihr Leben und die einzelnen vorherigen Inkarnationen zu beobachten? Kannst du damit etwas anfangen? *(Ja, danke.)*

Frage: Es geht um Bilokation und Teleportation: Welche Erfahrungen hast du damit?

Arcturius: Wesen wie ich nehmen keine physische Form an, also haben wir auch keinen Bedarf an Bilokation oder Teleportation, denn wir brauchen ja die molekulare Struktur nicht zu manipulieren. Wir haben das Vergnügen gehabt, in einer physischen Inkarnation zu sein, doch haben wir schon seit Äonen nicht mehr die Wahl getroffen, uns physisch zu inkarnieren. Unser Wesen, unsere Energiefelder werden durch die universellen Ausdrucksformen manipuliert, und zwar allein durch Gedanken, was ohne zeitliche Verzögerung geschieht.

Ein Aspekt meines Bewusstseins wohnt allen atomaren Strukturen, allem Raum und aller Zeit inne, denn wir haben verstanden, dass wir das Alles-was-ist sind, wir sind die Schöpfungsenergie. Wir können jedoch durch konzentrierte Gedanken Strahlen von Lichtenergie bündeln, die wir dann in eine Form projizieren und durch die wir Wissen in Wesen auslösen, die dies beobachten.

Im Arcturischen System kann man einen »Körper« annehmen, der ziemlich klein und feinstofflich ist, aber wenn wir uns in eure Sphären hineinmaterialisieren, können wir die Gestalt von Engeln annehmen, wenn das erforderlich ist, um eine Verbindung zu euch herzustellen. Doch zurück zur Frage.

Was euch Wesen anbelangt, so ist es um das Verständnis vieler so bestellt, dass euer Augenmerk statt auf ihrer multidimensionalen Natur auf ihrer physischen Form ruht. Erinnert ihr euch nun nicht ganz einfach daran, dass ihr die Fähigkeit besitzt, euch zu dematerialisieren, zu teleportieren, und dass ihr überhaupt nicht auf den physischen Körper begrenzt seid?

Wenn ihr eure Energiematrix ändert, und von daher euer Bewusstsein, und wenn ihr mehr von dem höheren Wissen eures unbegrenzten Wesens einbringt, werdet ihr es schaffen, frei vom physischen Körper zu kommen und zu gehen, ohne euch Gedanken um die physische Form machen zu müssen. Wenn euer Augenmerk auf den physischen Körper begrenzt ist, wird er euch einschränken.

Die Lektionen und das Wissen, die sich euch gerade erschließen, bestehen darin, dass ihr euch willentlich vom Physischen wegbewegen könnt, und so seid ihr Demonstrationsobjekt und Technik der Bewusstseinsverlagerung, und Letzteres ist eure Bilokation ja letztlich.

Die Lichtwesen auf dieser Ebene, die das Christusselbst im Innern verkörpert haben und es in den Vordergrund treten lassen, sind – einigen gegenüber – in einer Lehrerrolle und der Rolle, die Herzen von vielen entflammen zu lassen.

Viele beschließen, wenn sie die Fähigkeit begreifen, über die physische Form hinauszugelangen, dass sie kein Interesse an einem Spiel in diesen Erdsphären haben, denn es gibt nicht vieles auf dieser Erdebene, was ihr nicht schon in der einen oder anderen Inkarnation erfahren habt.

Viele praktizieren, wenn sie ihre Fähigkeit dazu begreifen, durch die Kraft des Geistes Bilokation – einfach nur, um Zugang zu den Türen von höheren Ausdrucksdimensionen zu finden. Um zu erkunden, was es ist, das sie vergessen haben. Das ist alles. Hat das deine Frage beantwortet? *(Ja, danke, mehr als beantwortet.)*

Frage: Ist es nur die Überzeugung, dass man ein Unterbewusstsein und unterbewusste Erinnerungen hat, die einen davon abhalten, die gewünschte Wirklichkeit durch Geisteskraft und positives Denken allein zu erschaffen, und gibt es etwas, was man tun kann, um das zu überwinden?

Arcturius: Gute Frage, mein Lieber. Viele von euch haben begriffen, dass ihr so etwas habt wie den so genannten inneren Saboteur, richtig? Dass, was ihr euch auch wünscht, da etwas ist, das euch bremst. Das ist das Unterbewusstsein, das wie eine Datenbank ist. Es speichert alle Erinnerungen aus vorherigen Inkarnationen.

Die Arbeit, die in euch gerade geleistet wird, muss sich unter anderem auf energetische Harmonisierung richten. Vorher habt ihr Inkarnation für Inkarnation das Kraftfeld negativer Energien der breiten Masse mit euch herumgetragen. Denn einige sind in ihrer begrenzten Form – schlafend – auf diesem Planeten gewesen und hatten das Gefühl, sie seien lediglich eine begrenzte Form. Und das Tausende von Inkarnationen lang. Ihr habt also auf der zellularen Ebene das Energiemuster dieses Massenbewusstseins gespeichert, wobei sich die Überzeugung verstärkt, dass ihr weniger seid als das, was ihr eurer Essenz nach in Wirklichkeit seid.

Ihr arbeitet also zwar mit dieser »neu gefundenen« Denkweise, aber diese neu gefundene Denkweise gilt nur für diesen jetzigen Moment, diesen neuen Punkt, aber ihr müsst euch noch von den Energiemustern der Zeit befreien, in der ihr dieses neu gefundene Denken noch nicht hattet.

Deshalb also bitten wir euch, immer eine gewisse Zeit in der Stille zu verbringen, dass ihr die Kraft der Energie des Gottes ICH BIN ins Spiel bringt, dass ihr euer Herz mit Liebe füllt. Denn Liebe hat eine machtvolle Kraft, die jedes Universum und jeden Ausdruck von Leben geschaffen hat. Die Macht der Liebe ist eine Kraft, die als unberechenbar und nicht zu unterschätzen gilt.

Je mehr ihr also das Licht, das der visuelle Aspekt des Gottes ICH BIN ist, und die Liebe, die die Schwingung des Gottes ICH BIN ist, in eure Zellstruktur hineinbringt, in euer Herz, und euer Sein davon durchfluten lasst, desto mehr wird es die Energiemuster der Begrenztheit, der Negativität und der einschränkenden Überzeugungen harmonisieren.

Ihr habt es also mit einem komplexen Paket zu tun, meine Lieben. Es heißt, energetisch mit Liebe und Licht zu arbeiten, und es heißt, mit der Kraft, der Macht der Intention zu arbeiten. Und bekommt die Intention und die Macht zu manifestieren nicht etwas wesentlich Unmittelbareres, wenn sie von der Kraft der Liebe in Gang gesetzt wird? Ja! Gibt es noch weitere Fragen?

Frage: Wenn man das Licht in sich hineinlenkt, muss die Intention dann konzentriert bleiben?

Arcturius: Das Licht ist unbegrenzt, das Licht ist die Kraft Gottes. Ich habe festgestellt, dass viele von euch, wenn sie mit ihrem Manifestieren beginnen, sich gerne noch an Einzelheiten festklammern möchten, wie die Manifestation aussehen wird. Ihr wollt die Kontrolle haben, oder?

Dies ist ein Prozess des Sichergebens, des Vertrauens. In deiner Meisterschaft brauchst du einfach nur die Klarheit deiner Ausrichtung, die Klarheit deiner Intention. Was möchtet ihr als Meister gerne auf dieser Ebene erschaffen? Überlegt es euch, und dann erwartet, dass es so sein wird!

Wenn deine Erwartung, dein Verlangen, einfach darin besteht, wieder für den Gott im Innern wach zu werden, das Licht und die Liebe Gottes in jede Zelle deines Seins zu bringen, dann befiehl es! Wie es auch getan wird, es wird getan! Und ein »Nebenprodukt« dessen, mein Lieber, ist das Zurückfinden zur inneren Harmonie auf die Weise, die dem Höchsten dient.

Frage: Kannst du uns etwas dazu sagen, was derzeit in Sachen Beziehungen geschieht für diejenigen, die schon seit einiger Zeit keine Beziehung mehr hatten?

Arcturius: Streben nicht alle nach Perfektion? Suchen nicht alle von euch in eurem Herzen den perfekten Gefährten, die perfekte Gefährtin, wenn ihr denn einen Partner möchtet? Und dennoch haben viele, während ihre Energiefelder nicht gerade perfekt ausbalanciert sind, den Partner, den ihr magnetisch in euer Energiefeld anzieht, als weniger als vollkommen kritisiert. Ihr könnt Vollkommenheit haben, wenn ihr Vollkommenheit seid.

Versteht, meine Lieben vom Licht, dass diese Idee mit eurem Seelengefährten für die meisten dieses Mal nicht »Vertragsbestandteil« ist. Versteht, dass dann, wenn Zwillingsflammen beide inkarniert sind, sie von ihren symbiotischen miteinander verwobenen Energiefeldern in Anspruch genommen sind, und dann bleibt ihnen kein Raum für ihre Arbeit auf dieser Seinsebene. Ihr habt euch als Freiwillige für eine ganz bestimmte Arbeit jetzt auf diesem Planeten gemeldet. Da wird euch keine Ablenkung hiervon in Form eurer Zwillingsflamme gegeben – im Allgemeinen zumindest.

Und macht euch im Hinblick auf Beziehungen klar, dass dann, wenn ihr allein seid in dieser physischen Inkarnation – obwohl das nicht zutrifft, denn ihr seid nie allein –, dies daran liegt, dass ihr Lektionen zu lernen habt, die singularer Natur sind. Und wenn ihr in einer Beziehung seid, so kommt damit ein energetisches Ungleichgewicht aus vorherigen Inkarnationen zum Abschluss.

Wie sie hier erzählt hat, ist dieses Leben für die Lichtarbeiter die letzte Inkarnation auf dieser Erdebene, so wie die Schwingung nun beschaffen ist. Und dies ist die Zeit, »Ordnung zu schaffen« im Hinblick auf bestehendes Ungleichgewicht aus Beziehungen früherer Inkarnationen. Und so reinkarniert ihr euch mit denen, die ihr schon zuvor gekannt habt, um die Differenzen auszuräumen, um das, was ihr miteinander teilt, wieder zu energetisieren und ins Gleichgewicht zu bringen.

Es geht also einfach nur darum, alles zu lieben und zu ehren, was ihr erlebt. Es liegt große Freude darin, auf dieser Ebene Single zu sein, oder etwa nicht? Es gibt so viel zu ehren und mit anderen zu teilen. Gleichzeitig kann es auch so viel Freude und Licht und Liebe geben, wenn ihr jemand anderen habt, der in physischer Form inkarniert ist und mit dem ihr Dinge teilen könnt.

Es geht darum, dem Prozess zu vertrauen. Wenn du den Gott ICH BIN im Innern erkennst und mit Ihm verschmilzt, verändert das dein Energiefeld. Und wenn der Gott ICH BIN durch deine physische Inkarnation mehr von Seiner vollendeten Natur ausdrückt, wirst du merken, wie du auf jeder Ebene mit magnetischer Kraft Vollendung in dein Leben ziehst.

Du wirst merken, wenn du große Liebe und großes Licht mit anderen teilen möchtest, dann kannst du dies denken, und es wird so sein. Aber frei vom karmischen Ungleichgewicht von Energien aus der Vergangenheit. Du wirst damit ein neues Kapitel aufschlagen.

Es gibt so viele Einschränkungen auf dieser Ebene im Hinblick auf eure Liebe, denn viele handeln von ihrem niederen Emotionalkörper ausgehend. Der niedere Emotionalkörper möchte besitzen, ist eifersüchtig, unsicher, will die Kontrolle haben. Und wenn du dich – durch die Veränderung deiner Schwingung dadurch, dass du das Licht und die Liebe einlässt – in einen höheren Ausdruckszustand deines höheren Emotionalkörpers bringst, findest du eine Liebe jenseits von Bedingungen, bei der ihr zusammenkommt und ausgehend vom Höchsten beieinander seid. Von Seele zu Seele.

Es ist ein Sichvermischen, ein In-Bewegung-Bringen, ein Fließen von Energie, das alle aus den höheren Sphären verstanden haben. Es geht darum, wie man mit den Gesetzen der Energie arbeitet. Sie ist der fließende Ausdruck des Lebens. Viele auf dieser Ebene mögen es, wenn Dinge stagnieren, sie wollen Dinge in einer festen Form bestehen lassen, sie in eine Schachtel stecken, besitzen. Wahre Freiheit kommt dann, wenn ihr geschehen lasst, damit sich alles aufgrund der Dynamik des energetischen Austauschs zwischen euch dafür entscheidet, zusammen zu sein. Nicht mehr, nicht weniger.

Frage: Erkläre doch einmal, was es damit auf sich hat, im Augenblick zu leben und dennoch Zukünftiges zu planen – ganz pragmatisch betrachtet, wie zum Beispiel, wenn man ein Flugticket nach Übersee bucht oder Ähnliches.

Arcturius: Wenn du im Augenblick bist, befindest du dich jenseits des Egos und des Geistes. Du bist im Raum der Stille und des Alles-was-ist. Aber es wird dennoch mit dir gesprochen werden, Liebes, du wirst dennoch Führung erhalten. Du wirst in der Lage sein, Zugang zum universellen Geist und deiner göttlichen Blaupause zu erhalten. Ideen und Wissen werden sich also von innen einstellen und vielleicht wirst du in dem Moment eine Eingebung vom Gott ICH BIN haben, dem Inneren Einen, dass es für dich dann und dann ansteht, irgendwohin zu reisen.

Du bist der Meister. Wenn es sich gut anfühlt in deinem Herzen, dann reist du hin und tust auf der physischen Ebene das, was getan werden muss, um die Reise in Gang zu bringen, die praktischen Dinge, denn du befindest dich ja auf einer physischen Ausdrucksebene.

Im Augenblick zu sein, dreht sich einfach darum, in einem Raum zu sein, der Reinheit in der inneren Führung erlaubt, dass der innere Lehrer klar zu euch sprechen kann, und dann lasst ihr solche Eingebungen auf dieser Ebene Gestalt annehmen.

Und wenn du dich somit in der »Zukunft« befindest und getan hast, was du auf dieser Seinsebene tun musstest, um dorthin zu kommen, werdet ihr merken, dass dort, wo du bist, die Vollkommenheit selbst ist – genauso wie dort, wo du einen Moment zuvor warst –, die Vollkommenheit selbst – genauso wie dort, wo du warst, als du diese Eingebung zum ersten Mal hattest –, die Vollkommenheit selbst.

Wenn du also in diesem Zustand der Allverbundenheit bist, so sind die hintereinander aufgereihten Momente unaufhörlich Momente der Magie. Und wenn du in sechs Monaten auf deiner Reise bist, wo wirst du dann sein? Im Augenblick.

Frage: Könntest du bitte für uns etwas näher auf die Bedeutung von »Aufstieg« eingehen, auf die Veränderungen, die wir durchleben?

Arcturius: Aufstieg ist der Seinszustand, der Zustand der Vollkommenheit, der einem die Freiheit erlaubt, sich durch jede Energiebandbreite jeder Dimension zu bewegen. Aufstieg ist das Annehmen der in sich vollkommenen Natur deines Selbst. Es geht auch hier wieder einmal darum, von Licht erfüllt zu sein, denn Licht ist der Aspekt des Gottes im Innern.

Es gibt viele Wesen, die unablässig herabsteigen. Genauso wie du von einer Dimension herabsteigst, steigst du zur nächsten auf. Es ist wie bei euch, aus dem Kindergarten herauszukommen, dann seinen Abschluss am Gymnasium zu machen und dann den an der Universität.

Und wenn ihr eure Abschlüsse hinter euch bringt, findet ihr euch in den Armen des Göttlichen als vollkommen geeintes Pünktchen Bewusstsein wieder. Und dieses ist nicht länger ein Punkt Bewusstsein, denn es hat sich in der Weite von Allem-was-ist verloren. Das ist euer Examensgeschenk. Ist das klar geworden? Die vierte Dimension ist die letzte Dimension, für die du einen Körper brauchst, die letzte, in der du dein Bewusstsein in einer körperlichen Form beherbergst. Wenn du dich in die Energiematrix der fünften Dimension bewegst, erschaffst du aus freien Stücken einen Körper, wenn du das willst. Und nachdem du von der dritten in die vierte gekommen bist, öffnet sich dir ungehindert die Tür.

Derzeit ruht dein Augenmerk auf deiner Gestalt in dieser Dimension und in deinem Bewusstsein existieren Türen und Zugänge zu anderen Dimensionen. Wenn du in der fünften Dimension bist, wird das genau umgekehrt sein. Der Fokus deines Bewusstseins wird dann in der fünften sein, mit rückwärtigem Zugang zur vierten und dritten, wenn es dein Herz und deine Verträge und dein Dienst dir eingeben. Denn jede Dimension hat diese vertraglichen Vereinbarungen mit dem Göttlichen. Und wenn du in der fünften bist, wirst du beginnen, Zugang zu den höheren Dimensionen zu erlangen, den ihr auch jetzt haben könnt, meine Lieben. Denn von den Aufgestiegenen Meistern wohnen viele auf der siebten Dimension und nutzen den Zugang zurück durch die unterschiedlichen Wirklichkeiten und stimmen sich dabei auf die massenhaft existierende Wirklichkeit ein, die die einzelnen Dimensionen erzeugen.

Die Massenwirklichkeit dieser Dimension ist eine Wirklichkeit, die von Getrenntheit geprägt ist, mit begrenzten Wesen, die be- und verurteilen und in Disharmonie leben. Sie verändert sich, während die höheren Energien und das Verlangen im Herzen aller ein Dasein nach einer neuen Rezeptur hindurchkommen lässt.

In der fünften Dimension nimmt alles unverzüglich Gestalt an, durch die Gedankenkraft. Du denkst, und das Gedachte stellt sich ein. Wenn du Tempel aufsuchen möchtest, ist sofort ein Tempel zur Stelle. Sobald du ihn dir denkst, nimmt er Gestalt an. Damit keiner Schaden nimmt, damit alles um des Höchsten willen geschieht, muss hier Disziplin im Denken bestehen, ein allumfassendes Anerkennen der Harmonie, das Wissen um den Gott ICH BIN, wie Er Sich in allen Geschöpfen ausdrückt. Auf dieser Seinsebene nimmt man bei Bedarf Körper an, wenn es erforderlich ist, wenn man es wünscht. So etwas wie Bilokation gibt es hier nicht, da Dematerialisierung für alle einfach nur Gedanke ist und ohne zeitliche Verzögerung eintritt.

Es findet sich eine Energie vollendeter bedingungsloser Liebe, und doch gibt es Abwechslung. Man trägt dem Verlangen Rechnung, jedes Wesen in jedem Augenblick den Gott ICH BIN liebend umfangen zu sehen.

Und auf der sechsten geht es weiter damit, immer reinere Punkte des Ausdrucks schöpferischer Energien zu werden. Hat das weitergeholfen? *(Ja, danke.)*

Frage: Kannst du ein wenig den Unterschied zwischen körperlichem Tod, begleitet von einem Aufstieg in höhere Sphären, und dem Aufstieg in höhere Sphären mit diesem Körper erklären?

Arcturius: Wie man so sagt: Das ist die Natur. Das Sterben ist wirklich ein »alter Hut«, etwas, woher wir gekommen sind auf unserer Ausdrucksebene. Denn wir wissen, dass wir den Körper geschaffen haben, damit wir ihn nach Belieben entschaffen oder wiederschaffen können. Ihr seid dazu gelangt, so sehr an der physischen Form auf dieser Ebene zu kleben, weil ihr die unbegrenzte Natur eurer göttlichen Essenz nicht erkennt oder das Vermögen eurer göttlichen Essenz.

Würdet ihr das erkennen, so könntet ihr nach Belieben einen Körper annehmen und ihn nach Belieben wieder fallen lassen. Wenn ihr blond und ein skandinavischer Typ sein wolltet, so könntet ihr es euch so erschaffen. Wenn ihr groß und negroid sein wolltet, so könntet ihr auch das erzeugen. Einfach nur zum Vergnügen, wie wenn man andere Kleidung anzieht.

Es rührt von Begrenztheit her, dass man so eng und so verbissen an der physischen Form haftet. Der Geburtsvorgang ist auf dieser Ebene viel schwieriger als der Vorgang des Sterbens. Ein karmisches Nachspiel – nichts anderes ist der Tod, als Vertrag verstanden.

Man mag wach genug sein, um die Unsterblichkeit der Seele zu verstehen, wie eure Buddhisten. Viele Buddhisten haben die Einstellung, dass der physische Körper unmaßgeblich sei, da die Seele ewig ist. Aber wenn man wirklich seine Meisterschaft akzeptiert, kann man dann nicht die Energiefelder der physischen Form, die diesen Aspekt eures Bewusstseins beherbergen, während man im Dienst ist, so lange aufrechterhalten, bis man seinen Dienst beendet hat?

Ihr könnt euch nach dem Tod immer noch auf eine Frequenz höherer Dimensionen begeben und den Aufstieg dorthin unternehmen. Denn was auf dieser Ebene gerade geschieht, ist, dass sich energetisch genügend Kraft aufbaut, um die ganze Energiematrix in die nächste Ebene zu schießen. Die nicht Inkarnierten, die Bindungen an diese Ebene haben, wie auch die Inkarnierten. Doch der Aufstieg in eine höhere Ebene ist einfach Meisterung des Jetzt. Zu verstehen, dass es dann, wenn dein Vertrag vorsieht, dass du eine Zeit lang hier bist, an dir ist, deine physische Form in einem Topzustand zu halten und dann, wenn der Vertrag abgelaufen ist, den physischen Körper ins Licht zu bringen. Dieses Erinnerungsmuster, seine Energiematrix, in den ätherischen Sphären zu speichern, damit du dieses »Gewand«, diese molekulare visionäre Vorstellung nehmen und bei Bedarf nach Belieben einsetzen kannst.

Die heilige Maria, die vielen erscheint, ist ein Wesen aus schimmerndem Licht, aus Energiefeldern goldenen Lichts. Sie arbeitet mit den Engelswesen, ist die Mutter der Engelswesen. Und dennoch hat sie den Abdruck, das Bild ihrer vorherigen Inkarnation auf dieser Ebene beibehalten, denn das ist das Bild, das, wenn sie sich in das Gewand dieser molekularen Bildwelt kleidet, im Herzen etwas auslöst.

Käme sie als kleines grünes Monster, haarig, mit roten Augen, so würden die Leute nicht sagen: »Oh, das ist die Muttergottes« (großes Gelächter), aber wenn sie in ihrem blauen Gewand und mit ihrem engelsgleichen Gesicht kommt, dann sagen sie: »Oh, heilige Maria, ja, ich erkenne dich wieder.«

So ist es auch mit dem, den ihr als Lord Sananda kennt, ihr Lieben. Das Bewusstsein des Einen umfasst so unermesslich viel. Es ist nicht Sananda, der als Jesus inkarnierte – nur ein Aspekt von Sananda –, und Sananda hielt die Schwingung auf der höchsten, feinsten Frequenz aufrecht, damit das Individuum, das unter dem Namen Jesus bekannt wurde, von allen aus den Sphären der Aufgestiegenen Meister als heiliger Kelch verwendet werden konnte, um zur damaligen Zeit eurer Seinsebene ein bestimmtes Gepräge zu geben, die Botschaft zu übermitteln.

Dieses Wesen jedoch hatte sein eigenes individuelles Bewusstsein, setzte seine eigene Evolution fort, stand dabei aber einfach nur im Dienste der größeren Sache – am Leben erhalten von diesem Funken Lord Sanandas. Und wenn dieses Eine ein Bild hervorbringt, bringt es das Bild des Christus, des Jesus hervor, denn dieses löst das Wissen im Herzen aus.

Frage: Ich habe noch eine weitere Frage, bitte. Während wir derzeit die Veränderungen durchleben – die meisten von uns bringen mehr Licht in ihren Körper –, erleben wir manchmal Bereiche, die damit in Konflikt kommen, vielleicht Ängste des Egos. Kannst du uns ein paar praktische Ratschläge geben, was wir in solchen Fällen tun können, um den Verstand davon abzuhalten, in Konflikt zu geraten und vielleicht diese Seite von uns selbst zu beschwichtigen?

Arcturius: Es einfach zulassen, Kind des Lichts. Du hast großen Schmerz erfahren, oder? Dieser Körper hat ein Erinnerungsvermögen an großes Leiden und an Schmerz. Viele Körper befinden sich im Zustand eines verängstigten Kindes. Es ist nicht der physische Körper, Liebes, es ist das Energiefeld, das vom Emotionalkörper überlagert wird.

Aber der Emotionalkörper versteht und fühlt jede Erfahrung in jeder Inkarnation voll und ganz. Er ist vom Geist geleitet worden, der Hand in Hand mit dem Ego gearbeitet hat. Er bewegt sich in eine Energiematrix, wo er die Kontrolle abgeben muss – wo der niedere Geist sich in den höheren, göttlichen Ausdruck seiner selbst begeben muss.

Der Emotionalkörper und das Ego sind also etwas unsicher, was sich da abspielt, als würde ihre Macht, ihre Stellung, jetzt irgendwie von einer Besatzungsmacht eingenommen. Liebe also einfach jeden Aspekt deiner selbst – und wenn diese Ängste aufsteigen, kannst du sie einfach mit deinem höheren Wissen programmieren: »Ich tue meine Schritte in Sicherheit, in Freude, in Harmonie; sicher tue ich nun den Schritt ins Unbekannte«, wissend, dass das Unbekannte auch Bekanntes ist, nur vielleicht noch nicht in deiner bewussten Datenbank gespeicherter Erinnerungen, nur vielleicht noch nicht freigegeben.

Es ist eine Frage davon, sich mit Liebe zu seiner Macht zu verhelfen. Wenn diese Ängste aufsteigen, nehmt sie fürs Erste zur Kenntnis. Wisst, dass ihr dabei die Gelegenheit erhaltet, über die Angst hinauszugehen, der Angst entgegenzuwirken durch das Wissen, dass ihr unermesslich umfassende, unbegrenzte liebevolle Wesen seid, dass ihr sicher in eurer eigenen Göttlichkeit wandeln könnt, nachdem ihr erwacht seid.

Frage: Kannst du ein wenig zu der Beziehung zwischen dem Tier- und Pflanzenreich und dem Menschen beziehungsweise unserer Rolle dort erklären?

Arcturius: An welchem Punkt, zeitlich gesehen? Vielleicht eine trickreiche Frage, Liebes. Ihr Lieben, begreift, dass damals vor Milliarden von Jahren, als die Menschheit, die menschenartigen Wesen sich auf dieser Ausdrucksebene inkarnierten, es so war, als hättet ihr vom Mutter-Vater-Schöpfer-Gott das unglaublichste Paradies erhalten.

Denn dieser Erdenplanet, Mutter Gaia, war üppig mit allem versehen, was sich die Phantasie ausmalen mochte, das Beste allen schöpferischen Ausdrucks, das auf anderen Planetensystemen geschaffen worden war, entfaltete sich auf dieser Ebene, in seine Ganzheit gebracht – eure Formen von Leben, eure Tiere, eure Vögel, die Ausdrucksformen der Natur, sie alle waren hier. Die Ausdrucksform Mensch, als dieser einen Körper annahm und sich auf dieser Ebene energetisierte – wobei das eine recht komplizierte und hier nicht relevante Geschichte ist –, erhielt die Rolle des Hüters all dieser Schönheit des Ausdrucks. In Anerkennung dessen, dass jede Kreatur in sich einen Funken enthält, die euren innersten Kern und den eurer Brüder, eurer Schwestern durchpulst – unterschiedliche Form, aber dennoch eure Brüder, eure Schwestern. Vielleicht haben sie nicht die Vielschichtigkeit all der Körper, die ihr habt, aber sie haben nichtsdestoweniger die Lebenskraft.

Es war eine wunderbare Zeit – ihr habt das vergessen. Die Tiere wirken auf intuitiven Ebenen des verbundenen Existierens, denn sie sind so glücklich in der Reinheit ihres Ausdrucks, stimmt das nicht? Die Zwietracht mit dem Tierreich ging von der Menschheit aus, die im Namen des Überlebens Tiere missbraucht und zu Tierversuchen eingesetzt, ihnen Böses angetan, sie gemordet und abgeschlachtet hat. Doch wenn ihr die wahre Essenz der Energie begreifen würdet, die euch erhält, so würdet ihr an derart barbarischen Reisen nicht teilnehmen.

Wir verurteilen nicht, ihr Lieben. Was sich auf dieser Seinsebene entfaltet hat, war ebenfalls Teil der göttlichen Vollkommenheit, denn da ihr euch in eurem bewussten Verständnis von eurer Göttlichkeit wegbewegt habt, könnt ihr diese Göttlichkeit nun mit tief empfundener Freude in die Arme schließen, nachdem ihr sie so lange nicht gefühlt habt. Alles ist Vollkommenheit.

Die Verbundenheit, die ihr mit diesen Wesen habt, ist einfach ein tiefes Wissen, dass sie eine Seite haben, die sich, wenn ihr eure Antennen genau auf sie ausrichtet, ihr Lieben, in Wesen bei euch einblenden kann, um euch so zu erlauben, vollkommener in eurem Ausdruck zu sein.

Es findet ein wechselseitiger Energieaustausch statt. Euer liebendes Annehmen heilt die Energiematrix des Leidens aus früheren Zeiten und diese Wesen übertragen ferner einen Aspekt ihrer Schwingungsfrequenz auf euer Energiefeld.

So, ihr Lieben aus dem Licht – unsere Botschaft ist vielleicht einfach gewesen, wir haben uns wiederholt, denn dieser Ausdruck eurer wahren Essenz ist so einfach wie kraftvoll, seine Essenz ist Liebe. Es ist die Essenz der Liebe, die die molekulare Struktur allen Ausdrucks harmonisch zusammenhaften lässt. Sie zeigt sich als großes Licht. Die Dunkelheit kann vom Licht geliebt werden und es wird ohnehin alles von dem Einen geschaffen.

Liebt und ehrt alle, liebe Kinder des Lichts. Seht den Funken Göttlichkeit in allem. Das nächste Mal, wenn ihr euch dabei ertappt, dass ihr eure Mitgeschöpfe verurteilt, über sie urteilt oder euch über sie ärgert, sprengt diesen Rahmen und haltet Ausschau nach dem Funken des göttlichen Ausdrucks in ihren Augen und in ihrer Seele und in ihrem Herzen, und wenn jeder Einzelne sieht, dass ihr ihn mit den Augen bedingungsloser Liebe anseht, so wird auch er diese Liebe widerspiegeln.

Und versteht ihr nicht, dass die Essenz der Liebe mit weit größerer Macht Veränderung auf dieser Seinsebene bewirken wird als euer Verurteilen? Wir lieben und ehren das Licht des Gottes in euch allen. Hier ist Arcturius, ihr Lieben.

Die Magie des Zauberers

Seid gegrüßt, meine Lieben aus dem Licht, hier ist die Energie des Arcturiers. Wir sind die Meister der Lichttechnologie, aber wir sind auch Zauberer. Einige sind mit meinen Energien vertraut. Euch fällt vielleicht auf, dass wir, im weiteren Sinn des Wortes, eine Schwingung verankern. Denn die Klangwellen, die beim Sprechen auf allen Ebenen der Schöpfung gebraucht werden, sind die kreative Kraft der Schwingung und des Klangs. Es ist die Wahrheit, dass am Anfang das Wort war, und das Wort schuf alles, das Wort war die Schwingung, der Klang der schöpferischen Kraft, wie sich diese ausdehnte, durch alle Universen pulsierte und sie erschuf, während es sich ausdehnte.

Es ist interessant, ihr Lieben, denn eure Gruppierung sucht in ihrem tiefsten Herzen kollektiv Magie. Ist es nicht Magie, die ihr in eurem Leben auf dieser Seinsebene sucht? Und während ihr die Energien von Camelot, die Energien der Zauberer, die Energien Merlins in eure Gegenwart ruft, waren wir euch zu Diensten, legten eine andere Schwingung über die Magie und Zauberkunst, die vor Äonen auf diese Ebene herabgekommen war. Denn der Merlin, den ihr kennt, war ein multidimensionales Geschöpf. Dieser Merlin war sich, während er sich in einer physischen Form befand, bewusst, dass die Form nichts als einen Funken göttliches Bewusstsein enthielt, dass die Form nicht begrenzt war, dass die Form nur ein Aspekt des Ausdrucks war, der sich auf einer Ebene der Wirklichkeit manifestierte.

Die Magie des Merlin kam einfach zustande, weil dieses Wesen auf alle Ebenen des Gewahrseins gleichzeitig gestimmt war. Darin liegt die Magie, die Magie, nach der ihr sucht. Und nun beobachten wir auf dieser Ebene, in eurer dritt-/viertdimensionalen Wirklichkeit, das Erwachen von vielen und ihre Suche nach Magie.

Ihr macht das durch, was wir als Entwicklungsstadien bezeichnen könnten, eine Wiederentdeckung des Zauberers in eurem Innern, denn ihr seid Meisteralchemisten. Denn seht euch doch um und seht euch an, was ihr erschaffen habt – der Zauberer im Innern ist der, der es beobachtet. Deshalb, ihr Lieben, sind viele von euch so lange schon dazu hingeführt worden, zu meditieren. Denn die Meditationspraxis ist genau das, was euch den inneren Abstand ermöglicht, in eurem

Leben, während es sich erweitert und entwickelt und ändert um euch herum und ihr zum Zuschauer werdet.

Sie ist eine Kunst, die es zu entwickeln gilt, diese Losgelöstheit, denn Losgelöstheit befreit die unbegrenzte Natur eures Seins, befreit den Zuschauer in euch. Der Zuschauer, der Zeuge in euch, ihr Lieben, das ist der Zauberer. Und es ist der Zauberer im Innern, der Zauberer in allen, der das einende Band abgeben wird, der ein neues Muster etablieren wird, ein neues Paradigma für euer goldenes Zeitalter. Denn es ist eine Zeit, in der die Magie auf diese Seinsebene zurückkehren soll.

Denn wie die Meister euch so oft wissen ließen, seid ihr ein Orchester, und ihr alle haltet einen bestimmten Ton, eine Resonanz. Diese sind Spiegel eurer Einzigartigkeit, und das »Eine«, von dem wir so oft gesprochen haben, das den Ton hält, ist der Zeuge im Innern, der Lehrer im Innern. Und es sind die Freude und Leidenschaft im Herzen, die es euch ermöglichen zu wissen, wann diese Töne, die ihr produziert, »schräg« sind oder nicht. Denn wenn Leidenschaft in eurem Herzen ist, dann ist Magie in eurem Leben. Wenn Freude in eurem Herzen ist, ist Liebe in eurem Leben.

Spürt ihr die Freude beim Beobachten des Lebens, beim Dankbarsein für die Inkarnation, die euch gegeben ist? Denn es ist eine Zeit der Magie und ihr beginnt zu begreifen, dass ihr schöpferische Wesen seid. Viele haben verstanden, dass ihr unermesslich weite, unbegrenzte, multidimensionale Wesen seid. Ihr habt die inneren Türen zur Unermesslichkeit dessen aufgetan, was ihr seid. Indem die Magie dann euer höheres Bewusstsein, das reine Bewusstsein, zulässt, einlädt und anlockt, manifestiert sie sich nun durch euch in eurem Leben auf dieser Ebene.

Das ist der Schlüssel, ihr Lieben, die geheimnisvolle Zutat: nach innen zu gehen, jede Faser seines Seins auf den Herzschlag des Mutter-Vater-Schöpfer-Gottes auszurichten, wie wir das bei euren Zusammenkünften schon so oft sagten. Denn ihr seid göttliche Wesen und ihr pulsiert in einem Rhythmus. Ihr alle tragt eine individuelle Frequenz und dennoch seid ihr vereint durch die schöpferische Kraft, die die Einzigartigkeit aller Töne schuf.

Wir verwenden hier Begriffe aus der Musik und Begriffe, die mit dem Licht zusammenhängen. Denn das Licht ist der visuelle Aspekt der schöpferischen Kraft, und die Musik ihr Takt. Alles, was ihr auf dieser Daseinsebene beobachtet, ist einfach eine Widerspiegelung des Lichts, denn es ist die schöpferische Kraft, die sich zu dichten molekularen Strukturen angeordnet hat, die euch euren Körper verleihen, die euch euren Geist verleihen. Doch der Geist, ihr Lieben, ist voll von gedanklichem Gefasel, als hättet ihr keine Kontrolle über das Denken, von daher habt ihr keine Kontrolle darüber, wie ihr das Leben erfahrt. Und dennoch bitten wir euch: Stellt euch, wenn ihr mit geschlossenen Augen dasitzt, vor, dass ihr das Gewand und den Umhang, den spitzen Hut mit Mond und Sternen tragt, die Merlins Bekleidung ausmachen, denn in der Essenz ist es ja auch so.

In der Essenz ist jeder und jede Einzelne von euch ein Meisteralchemist, und was ist Alchemie, ihr Lieben? Sie ist die Fähigkeit, unedles Metall in Gold zu verwandeln – ist sie, aber wie deuten wir das? Die Niedrigkeit und Grobheit, das Spiegelbild, das sich euch zeigt, wenn ihr die Menschheit beobachtet – das ist die wahre Verwandlung. Dass die Menschheit derzeit aufgerufen wird, ihr volles Potenzial zu entfalten, und ihr als die Lichtarbeiter seid hier, um ein Beispiel zu geben. Denn wenn ihr die Alchemie im Innern findet, die Fähigkeit, euer Leben zu Gold zu verwandeln, zu leben, was ihr predigt, wie ihr oft sagt, dann werdet ihr euren Lebenszweck erfüllen. Eure Lektion, euer Lernen, eure Herausforderung liegen also darin, euer Leben in Gold zu verwandeln, sodass es so hell funkelt, auf dass es das Gold im Herzen des anderen auffunkeln lässt und das Verlangen, Zeuge der Magie zu werden.

Wir haben euch oft wissen lassen, dass alles in Schichten übereinander lagert, oder? Dass jede Dimension von anderen überlagert ist, aber in diesem Raum hier habt ihr einen dritt-/viertdimensionalen Frequenztakt. Das Physische ist sehr dicht, aber ihr habt auch einen fünf-, sechs- und siebendimensionalen Energietakt, sie alle in jedem Atom anzutreffen, in jeder Zelle, die hier jetzt gegenwärtig ist. Und es ist die Energie der höheren Oktaven, die höheren Takte, die die Magie mit sich bringen, denn das sind die Energien, die am meisten auf das universelle Gesetz eingeschwungen sind, und das universelle Gesetz der Gnade bringt die Magie. Je feiner eure Frequenzen ausgerichtet sind, desto näher und desto mehr in Resonanz sind eure Frequenzen zum Mutter-Vater-Schöpfer-Gott, desto mehr werdet ihr dieses Gesetz in eurer Wirklichkeit ausgedrückt finden. Denn ihr könnt, ihr Lieben, als schöpferische Wesen jede Wirklichkeit erschaffen, nach der es euer Herz verlangt, es ist ganz einfach, und dennoch ist die Magie dann zur Stelle, wenn ihr euch mit dem Herzschlag dessen in Einklang bringt, was euch geschaffen hat. Ihr seid hier, um Magie kennen zu lernen.

Ihr habt diese Inkarnation gewählt, um eine Zeit zum Abschluss zu bringen, in die ihr vor Äonen eingetreten seid. Ihr alle hattet schon eine Inkarnation in den Zeiten Merlins – von daher habt ihr die Energie des Zauberers angezogen. Denn was euer Herz von neuem zu kennen verlangt, ist einfach Magie, und da alles durch alle Ebenen des Daseins hier überlagert ist, könnt ihr euch auf die Magie einschwingen, die stets präsent ist, oder ihr könnt euch auf den Mangel einschwingen, oder die Dichte, oder das Fehlen von Magie, denn alles existiert parallel hier, harmonisch und von dem Einen geschaffen. Es ist einfach, ihr Lieben. Wir bitten euch, dass ihr euch selbst so vorstellt, wie ihr wart: mit dem Umhang und Hut von Merlin, dem Zauberer, dass ihr euch an das kosmische Schaltpult angeschlossen seht.

Es gibt noch eine weitere Programmierung, die ihr vornehmen könnt, ihr Lieben, denn es ist so einfach, als würdet ihr ein Computerprogramm neu schreiben und starten, sodass es in einer Endlosschlaufe immer weiterläuft und für euch das Spiegelbild dessen zieht, was ihr einprogrammiert habt, bis ihr es feiner ausarbeitet, neu ausrichtet, ganz wie es euer Herz begehrt.

Diese Reise, ihr Lieben, ist also einfach. Ihr seid hier inkarniert, ihr sucht Magie, also könnt ihr welche einprogrammieren. Als schöpferische Wesen entscheidet ihr euch einfach, in der Wirklichkeit eures Wachbewusstseins nicht weniger als das zu akzeptieren. Denn wenn ihr Brillanz sucht, so will es das universelle Gesetz, muss diese Brillanz sich euch offenbaren. Das Gleiche gilt, wenn ihr Magie sucht, dasselbe gilt, wenn ihr Vollkommenheit sucht. Der Test, ihr Lieben, die Herausforderung, liegt darin, simultan als kollektives Gruppenbewusstsein auf eine Weise zu erschaffen, die dem Ganzen nutzt. Und wenn ihr eure Programmierung abgeschlossen habt, was dann? Es ist nicht einfach eine Sache des Sichentspannens, des Genießens und, wie ihr sagen würdet, eine Frage davon, »loszulassen und Gott gewähren zu lassen«.

Und dennoch, ihr Lieben, habt ihr so lange innerhalb der Wirklichkeit der Begrenztheit agiert, dass es eine Übergangszeit geben mag, in der ihr wachsam auf euer Denken achten müsst, denn eure Gedanken erschaffen unentwegt, und während eure Programmierung vorgenommen worden ist, bewegt ihr euch einfach von einem Paradigma zu einem anderen, also müsst ihr bewusst auf Gedanken des Mangels, der Einschränkungen achten, die sich auf der Leinwand des Geistes präsentieren. Ihr könnt euch vorstellen, wenn ein Gedanke hereinkommt und ihr da in der Robe von Merlin, dem Zauberer, steht, dass ihr, falls dieser Gedanke Einschränkung bringt, euren Zauberstab schwenkt und ihn in unbegrenztes Denken verwandelt, denn das unbegrenzte Denken ist das, was die Magie mit sich bringen wird, die euer Herz sucht.

Die Energien der Meister des Lichts haben sich heute Abend gesammelt, um bei eurer Gruppe zu sein, ihr Lieben, denn wir sind Zauberer, wir sehen den Zauber in allem von Gott Geschaffenen. Denn wir sehen keine Brechung und Aufspaltung des Lichts, wir sehen die Reinheit der Lichtquelle. Am Anfang, als das Schöpferische Eine sich ausdehnte, kam es rein aus dem Licht. Als dieses Licht sich durch alle Ausdrucksformen hindurch aufspaltete, fandet ihr euch in einer physischen Form wieder, nicht wahr? Ihr habt also auf der zellularen Ebene ein Muster, die Dinge noch immer als aufgespalten zu sehen, statt Ganzheit zu erblicken, doch die Ganzheit, ihr Lieben, wird in Erscheinung treten, wenn ihr danach sucht.

Erteilt euch, statt euch zu wünschen, zu dem zu werden, was ihr bereits seid, die Erlaubnis zu sein, einfach zu wissen, dass das Göttliche in euch das Göttliche in allen ist, sodass ihr, wenn ihr in die Augen und Herzen eurer Brüder und Schwestern blickt, göttliche Vollkommenheit zu erblicken sucht. Denn wenn ihr die göttliche Vollkommenheit in allem sucht, was ist, so muss sie offenbart werden, und so wird die Ganzheit auf diesem Planeten zur Realität und verbindet Zersplittertes durch die Intention des kollektiven Pulsschlags der Meister, die ihr seid.

Seid ihr Initianten, ihr Lieben? Seid ihr Lehrlinge oder seid ihr Meister? Der Weg dazu, zum Merlin zu werden, der Weg dazu, zum Zauberer zu werden, liegt darin, so zu tun, als wäret ihr es. Denn indem ihr so tut als ob, erteilt ihr euch auf allen Ausdrucksebenen die Erlaubnis dazu, und so muss es geschehen, denn so will es das universelle Gesetz. Unsere Botschaft, ihr Lieben, ist also simpel. Einfach »die Magie von innerhalb deines Seins zu suchen«, einfach »die Magie überall um dich herum zu suchen«, und ihr werdet merken, dass sie sich euch offenbart, während ihr sie sucht. So werdet ihr als die im Erwachen Begriffenen wieder die Magie der Zeiten Merlins auf eure Daseinsebene bringen (denn sie existiert bereits, ist aber noch nicht offenbart), und das ist, ihr Lieben, das wirkungsvollste Aphrodisiakum, denn es gibt nicht einen, in dessen Brust ein menschliches Herz schlägt, der nicht Magie sucht. Magie ist der gemeinsame Schlüssel – ihr merkt in eurem Austausch untereinander, dass ihr unterschiedliche Etiketten verwendet, um euer Verständnis von Göttlichkeit auszudrücken, und dennoch gilt das gemeinsame Vergnügen und Verlangen einfach der Magie, oder nicht? Hier ist Arcturius.

Magisches Schaffen und das Paradigma des Einsseins

Bis zu diesem Punkt in eurer Evolution, insbesondere in dieser westlichen Kultur, in der ihr euch befindet, ist euch nicht beigebracht worden, die Stille zu ehren.

Und dennoch, ihr Lieben, ist es gerade die Stille, die es eurem Innersten erlaubt, die Teile des Gehirns zu aktivieren, die in dieser Inkarnation bislang nicht bewusst genutzt wurden. Ihr könnt euren Geist mit intellektuellem Wissen füllen, und dennoch geht es einfach darum, eure Speicherkapazität für Daten zu erhöhen. Um Zugang zu den höheren Sphären zu erlangen, euren höheren Körpern – den Energiefeldern, die von eurer physischen Form beherbergt werden und die dennoch grenzenlos expandieren –, muss man sich in ein anderes Niveau der bewussten Wahrnehmung bewegen.

Es sind gerade eure Zeiten der Kontemplation und der Stille, die es ermöglichen, dass der schlafende Riese im Innern erwacht – denn die höheren Aspekte eures göttlichen Selbst sind gigantisch im Vergleich zu dem Du, das ihr bislang gekannt habt, dem Du, aus dem heraus ihr bis dato in dieser Inkarnation agiert habt.

Wie habt ihr euch also in der Stille gefühlt? Wie unruhig war euer Geist? Denn die Stille, ihr Lieben, ist der erste Schritt auf einer inneren Reise, die nicht nur den schlafenden Riesen im Innern wecken wird, sondern euch auch erlauben wird, die Türen zu finden, durch die ihr das Göttliche erfahren könnt, und Zugang zu dem zu gewinnen, was ihr sucht.

Denn alle wollen doch mehr wissen, oder? Was hofft ihr oder glaubt ihr, in der Stille zu entdecken? Da ist ein Teil von euch selbst, an den ihr euch intuitiv wieder anbinden wollt. Wie wir bereits sagten, gab es einmal eine Zeit, wo die Größe dessen, was ihr seid, voll entfaltet war, voll wirksam, noch in physischer Form und dennoch der inneren Türen bewusst, sodass ihr frei kommen und gehen konntet, indem ihr eure Wahrnehmung, euer Bewusstsein, in andere Dimensionen der Wirklichkeit wandern ließet.

Und dennoch seid ihr wieder eingeschlafen. Und dieses Einschlafen, ihr Lieben, war einfach ein Teil eurer vorab abgesteckten Reise. Denn die Energien von Mutter Erde sind recht dicht und die Lektionen, die ihr durch wiederholte Inkarnationen auf dem Planeten gelernt habt, waren Lektionen der Begrenztheit, Lektionen, bei denen es darum ging, innerhalb sehr dichter molekularer Strukturen materialisieren und manifestieren zu lernen. Ihr habt durch euer Dasein dort eurem Bogen also einen weiteren Köcher hinzugefügt. Wenn ihr euch vielleicht vorstellen könntet, dass ihr alle »Raumfahrtkadetten« wart, dass ihr euch als Freiwillige für eine Mission gemeldet habt, um innerhalb des Energiefelds der Erde zu Diensten zu sein – als Teil eurer eigenen Entwicklung –, damit ihr die Gesetze der Begrenztheit und Manifestation kennen lernt. Denn dies sind die Geschenke, die dieser Planet zu geben hat, und ihr seid der Meister.

Zum Gestimmtwerden, ihr Lieben: gestimmt werden worauf? Wenn ihr die Gitarre wäret, würden wir euch auf den perfekten Ton stimmen, damit die gespielte Musik optimale Harmonien ergibt. Denn eure Herausforderung und Chance in einer menschlichen Form liegt darin, euch so zu stimmen, dass ihr euch voll und ganz der unermesslichen Weite eures Innersten bewusst seid, der Einheit von allem, der Magie der Schöpfung.

Wir möchten euch in diesen Ausführungen etwas zur Magie der Kreativität sagen. Denn die Kreativität, die ihr auf dieser physischen Ebene erkundet habt, ist offensichtlich, denn sie liefert euch physische Phänomene. Ihr erschafft Musik, ihr erschafft Städte, ihr erschafft Kunst, ihr erschafft Gesundheit oder einen schlechten Gesundheitszustand, ihr erschafft Krieg, ihr erschafft Frieden. Und dennoch ist all diese schöpferische Kraft, für die die Menschheit als Kanal dient, einfach ein gröberer Ausdruck einer feineren Bandbreite von Magie. Diese Kreativität, die ihr auf ihrem höchsten Ton auszudrücken sucht, ist das Göttliche in Aktion. Und dennoch müsst ihr, um das Göttliche Eine in Aktion ausdrücken zu können, mit dem Takt des Göttlichen in Einklang sein.

Intuitiv versteht ihr, denn so hat eure Erfahrung vor eurer Inkarnation auf der Erdebene ausgesehen – als ihr die Magie des Einsseins kanntet, wo ihr durch Gedanken erschaffen konntet, wo ihr euch in Klangspektren bewegt habt, die Farben hatten, in Farbspektren, die Klang hatten, wo ihr keine Trennung kanntet, wo ihr die Meister der Licht- und Klangtechnologie wart. Deshalb sind, wie wir schon zuvor sagten, die Energien der Arcturier bei euch. Denn wir sind die Meister der Lichttechnologie. Und eines der kraftvollsten Werkzeuge, das ihr verwenden könnt, um ein Menschenwesen zu stimmen, ist das Licht. Das Licht ist schließlich ja der visuelle Aspekt des Göttlichen Einen im Innern.

Dieser Gott, den ihr sucht, ist in Wirklichkeit überall, in allem, in jedem Atom innerhalb eurer Form, in jedem Molekül, im Raum zwischen den Räumen, in den Räumen aller Schöpfung, und er ist de facto der Ursprung alles Geschaffenen. Und er trägt eine Bewusstseinsenergie, die in ihrer Reinheit Licht ist. Und wenn diese Schwingung heruntergeschaltet wird, zersplittert sie in Fragmente, wird zu Farben. Und sie verdichtet sich weiter durch die Klangschwingung, die sie trägt, denn der Klang bricht die Farbe, es ist der Klang, der die Schwingung verlangsamt und zu dichteren molekularen Strukturen in dieser dritt-/viertdimensionalen Wirklichkeit werden lässt.

Wie stimmt man sich ein auf den Herzschlag des Göttlichen? Warum sollte man eine solche Erfahrung suchen? Sie wird intuitiv gesucht, sodass ihr wieder Magie in euer Leben bringen könnt. Damit ihr eure grenzenlose Natur kennen lernen könnt. Es ist einfach der Ruf des Göttlichen Einen im Innern, das sich euch wieder vorzustellen sucht, das euch wieder wach werden lassen will für eure Größe, damit ihr wieder zum Lichtnetz verbindet und dem Planeten in seiner Evolution erlaubt, den Grundton ertönen zu lassen, der für den Planeten Erde reserviert ist. Es ist der Ton »a«, der Farbton Blau – die beiden sind vorherbestimmte Schwingung und die Farbe, die im goldenen Zeitalter auftreten und es eurem Planeten erlauben werden, das bevorstehende Jahrtausend in seiner vollen Herrlichkeit zu genießen.

Ihr könnt nicht zu der Party kommen, ihr Lieben, wenn ihr euch nicht darauf einrichtet, euren Spaß zu haben! Und die Erde befindet sich in unterschiedlichen Stadien, denn einige feiern bereits Party. Doch der Planet und seine Bewohner sind kurz davor, erst so richtig in Fahrt zu kommen, Party zu feiern, eine neue Daseinsweise zu feiern. Und die Einladung geht an diejenigen, die ihre Größe und das Göttliche Eine in ihrem Innern suchen. Die Einladung oder das Codewort, das an der Tür abgefragt wird, wird denen gegeben, die voll und ganz mitmachen, denen mit einem leichten Herzen, die Magie suchen, die Freude und bedingungslose Liebe zum Ausdruck bringen. Und dennoch, ihr Lieben, laufen derzeit viele Partys gleichzeitig, denn ihr alle kennt wahrscheinlich Geschöpfe, die die Party der Hölle besuchen. Auf ihrer Party gibt es viel Kummer und Leid, Angst und Dunkelheit, doch die Einladung ergeht an alle. Eure Schwingung spiegelt die Party, auf der ihr euch wieder findet.

Diese Kreativität, ihr Lieben, die ihr in eurem eigenen Leben und um euch herum auf dieser Ebene beobachtet habt, ist, wie wir gesagt haben, ein Splitter, ein Bruchstück der höheren Macht, die sich durch alle Universen und durch viele Planetensysteme ausdrückt. Und der Schlüssel, der den Zugang zur totalen Macht der schöpferischen Kraft gewährt, liegt im Herzen. Er liegt in den Türen zu anderen Sphären im Innern, die in der Stille erkundet werden können.

Denn wenn ihr Klangschwingungen benutzt, wie etwa euer Mantra »Om«, und viele weitere Töne, wenn ihr bewusst die Energie des Lichts hinzuruft und das Licht in euren Zellen freisetzt und aktiviert, so stimmt ihr euch selbst. Und während ihr euch stimmt, werdet ihr merken, wie eure Schwingung sich zu einem anderen Punkt des Ausdrucks hinbewegt, den wir Gleichzeitigkeit nennen. Denn jenseits der dritten und vierten Dimension verlangsamt sich die Schwingungsfrequenz der Zeit, und gleichzeitig wird sie beschleunigt.

Es hat etwas in sich Widersprüchliches, aber was geschehen ist, ist, dass die Trennung oder die Schwingung dessen, was ihr als Zeit kennt, bei dem angekommen ist, was wir das ewige Jetzt nennen, dass sie also die Illusion vermittelt, Vergangenheit, Gegenwart und Zukunft existierten parallel.

Diejenigen von euch also, ihr Lieben, die ihre Mission in dieser Inkarnation suchen, bitten wir, ihre Energiefelder unter Verwendung von Licht und Klang, der inneren Stille, ihrer Affirmationen, ihrer Programmierungen und Intention zu stimmen. Das wird euch den Zugang zu euren künftigen Wirklichkeiten ermöglichen. Denn wisst, dass wenn Vergangenheit, Gegenwart und Zukunft in anderen Energiefrequenzen nebeneinanderher existieren, dann erfüllt ihr ja bereits eure Mission in eurem Leben. Doch seid ihr euch nicht bewusst, wie ihr das, was morgen ist, durch eure Ausrichtung im Heute erschaffen könnt, und dennoch verfügt ihr über die Brücke, die den Zugang in die Zukunft ermöglicht. Unsere Worte bedürfen vielleicht manchmal etwas eingehenderer Klärung, denn in unserem Schwingungszustand sehen wir die Dinge quasi in Schichten. Wir sehen Dinge gleichzeitig. Wir müssen stärker in eine lineare Sprache übersetzen, damit ihr es einfacher aufnehmen könnt.

Nehmen wir einmal an, viele haben das Verständnis, dass Vergangenheit, Gegenwart und Zukunft gleichzeitig nebeneinanderher existieren. Können wir uns dann mit dem Verständnis anfreunden, dass ihr bereits dabei seid, eure Mission zu erfüllen? Denn wir lesen in eurem Herzen, dass bei vielen ein großes Verlangen besteht, zu wissen, was sie auf dieser Ebene in dieser physischen Inkarnation tun sollten.

Wenn Vergangenheit, Gegenwart und Zukunft aufgrund der Schwingungsfrequenz der Zeit, die in einer anderen Energiebandbreite gegeben ist, gleichzeitig im ewigen Jetzt existiert, dann haben wir als unbegrenzte Wesen mit Sicherheit die Fähigkeit, eine Tür aufzutun, damit die Zukunft in den Jetztmoment einfließt. Das sorgt dafür, dass das Leben einfach bleibt.

Hierzu gibt es drei Schlüssel. Der erste Schlüssel ist die Freude im Herzen. Der zweite ist die Vorstellungskraft. Der dritte Schlüssel ist eure Intention. Wir bitten euch, dass ihr euch in den Zeiten der Stille die Erlaubnis erteilt, das Schöpferische Eine zu sein, eure Vorstellungskraft zu nutzen – in dem Verständnis, dass es wirklich die Fähigkeit ist, die Gott euch gegeben hat, euch mit eurer Phantasie in die höheren Sphären zu begeben; es ist ein großes Geschenk. Dazusitzen und zu meditieren und Kontemplation zu üben und euch vorzustellen, ob ihr irgendetwas tun könntet mit diesem Leben, das stärker dem Wohle aller dienen würde – das ist nämlich unsere Regel: Anderen Formen von Leben darf dabei kein Schaden zugefügt werden, denn das ist der göttliche Plan.

Wenn ihr euch vorstellen könntet, ihr wäret in der Lage, zu tun, was auch immer euer Herz begehrt, ohne zuzulassen, dass der niedere Geist diese Vorstellungsarbeit blockiert. Wenn ihr oft denkt: »Wenn ich doch nur das Geld hätte, dann würde ich das und das tun« oder »Wenn ich doch nur nicht vierzig Stunden in der Woche in einem dieser normalen Ganztagsjobs arbeiten müsste, um meine Brötchen zu verdienen, dann würde ich das und das tun« oder »Wenn ich doch bloß keine Familie zu ernähren hätte, dann würde ich das und das tun« … und immer so weiter … so habt ihr einen kreativen Gedanken, und dann setzt ihr einen Bremsklotz davor.

Wir bitten euch also, dass ihr euch gestattet, euch einfach nur vorzustellen, wie das wäre, wenn ihr alles haben oder alles schaffen könntet, was dem Wohl des Gesamten dient und dem Wohl eures Lebens im Dienst an der großen vorrangigen Sache, was wäre das dann? UND BLOCKIERT ES NICHT! Denn der erste Schritt ist der, die Phantasie ruhig durchbrennen zu lassen, ohne sie zu blockieren, ohne zu rationalisieren und zu sagen: »Ach nein, das könnte ich aber nicht, ich habe ja gar nicht das Geld dazu.« Und wenn dann das Herz singt, wenn ihr eine wilde Phantasiererei in den Äther losgeschickt habt, und ihr habt in eurem Herzen eine Reaktion gespürt, die große Freude oder Leidenschaft oder Begeisterung hervorrief, dann ist das der erste Schlüssel, das erste Anzeichen dafür, dass ihr im Einklang mit eurer göttlichen Blaupause seid.

Freude ist der innere Lehrer, der euch zu verstehen gibt,

dass ihr im Einklang mit eurer göttlichen Blaupause seid. Und jedes einzelne Wesen, das inkarniert ist, ist hier, um die Größe dessen zu kennen, was es ist, und um seinen Part im göttlichen Orchester zu spielen. Denn jeder und jede Einzelne von euch ist Träger eines bestimmten Tones. Jeder und jede Einzelne von euch hat eine Rolle zu spielen, eine Erfahrung auszukosten.

Wir bitten euch also, wenn ihr eure Mission herausfinden möchtet, anstatt euch hinzusetzen und zu meditieren und um Führung zu bitten, in die Schule des Schöpferischen Einen zu treten und es nun zu erschaffen, indem ihr auf die Zukunft zugreift, wie sie bereits existiert. Und eure Vorstellungskraft ist das, was es euch erlauben wird, die Brücke in die zukünftige Zeit zu bauen, denn alles, was ihr euch vorstellen könnt und was das Herz anfeuert und dem Herzen Freude bringt, ist etwas, das ihr in der zukünftigen Zeit bereits tut.

Es ist also an der Zeit, den kreativen Mantel, den Mantel Merlins anzuziehen, denn wir haben ja schon zuvor über die Magie und die Rückkehr der Merlin-Energien gesprochen, die erneute Erschaffung Camelots. Wir bitten darum, ihr Lieben, dass ihr wissen sollt, wenn ihr mit universellen Kräften arbeitet, ist es nicht wichtig, wie das erfolgt, sondern was erfolgt. Es ist nicht wichtig, Aufmerksamkeit auf die Einzelheiten zu verwenden, sondern die Aufmerksamkeit soll sich auf die Klarheit der Vision richten.

Denn ihr seid es, die Lichtarbeiter, die durch ihr Vermögen, eine reine und klare Vision zu haben, die Energiematrix dieses goldenen Zeitalters anlegten – eine Vision für das Leben auf dieser Ebene, für die gesamte Menschheit, die euch ein Einssein erlaubt. Die es euch erlaubt, auf eine Weise zu agieren, die alles ehrt und auf Integrität basiert. Wo ihr die Einzigartigkeit von allen ehrt in dem Wissen, dass im göttlichen Orchester nicht jeder ein Klavier ist. Denn schließlich wäre das ja reichlich langweilig, oder? Schließlich besteht ein Orchester aus einem kollektiven und gleichzeitig differenzierten Klang, und jedes einzelne Wesen bringt einen anderen Ton ein, um im Leben eine Sinfonie zu erschaffen – ihr bringt Geschenke mit.

Ihr könnt die Programmierung vornehmen, ihr könnt das Göttliche Eine im Innern bitten, denn wer nicht bittet, dem wird nicht gegeben, und das wisst ihr doch nur allzu gut. Ihr könnt das Göttliche Eine in euch bitten, die Türen zu öffnen, es zu ermöglichen, dass all eure Begabungen und Talente aus vorherigen Inkarnationen voll und ganz in diesem jetzigen Moment präsent sein mögen, um euch mit weiteren Kräften auszustatten, damit ihr eure Rolle in der göttlichen Blaupause erfüllen könnt. Ihr könnt bitten, dass in den Zeiten, in denen ihr euch eurer Phantasie überlasst, das innere Eine auf vollendet machtvolle Weise die Freude im Herzen hervorbrechen lassen möge, sobald ihr auf der rechten Spur seid, sobald ihr wirklich Zugang zur Zukunft gehabt habt, wie sie sich derzeit in diesem höchsten Paradigma des Möglichen abspielt.

Denn seid euch bewusst, ihr Lieben, dass unentwegt parallele Wirklichkeiten geschaffen werden. Es wird also eine Parallelwirklichkeit geschaffen und bei dieser zieht Gleiches Gleiches an – ihr projiziert alle ähnliche Gedankenformen. Seid euch von daher bewusst, wie wir schon so oft gesagt haben, dass die Qualität eures Denkens die Qualität eures Lebens bewirkt. Und seid euch bei der Erschaffung von Paradigmen, bei der Erzeugung von Magie bewusst, was genau ihr erschaffen wollt. Denn mit Sicherheit werdet ihr merken, wenn die Energien auf Mutter Erde und um euch zunehmen, dass das, worauf ihr euer Augenmerk richtet, eure Realität werden wird – garantiert.

Ihr könnt das Spiel auf viele Weisen spielen. Ihr könnt verstehen, dass ihr durch Einflussnahme auf die Gesetze der Energie und durch eure kreativen Fähigkeiten jedes Paradigma erschaffen könnt. Ihr fokussiert eure Wünsche schnell, denn es besteht derzeit viel Unterstützung für eine sofortige Manifestation auf eurer Ebene. Oder ihr könnt einfach beschließen, den freien Willen dem göttlichen Willen unterzuordnen, Teil des höchsten Plans zu sein – des göttlichen Plans, euch so zu stimmen, wie es dem umfassenderen Entwurf entspricht, der einen Wirklichkeit, die alles Erschaffen von Leben regiert.

Und diese eine Wirklichkeit wird euch durch die Freude zugänglich, die ihr in eurem Herzen verspürt, wenn ihr eure Phantasie schweifen lasst, sie in vollen Zügen erschaffen lasst. Denn wenn ihr euch etwas vorstellt, beginnt ihr die Gehirnzentren zu aktivieren, in denen das höhere Bewusstsein untergebracht ist und die den kollektiven Traum für die Menschheit an diesem Punkt ihrer Entwicklung in sich tragen.

Wir sind Zeuge bei der Erschaffung einer ganzen Menge von Paradigmen – Paradigmen des Mangels und der Angst, der Sorge, man müsste wegen Veränderungen des Photonengürtels Vorräte anlegen. Paradigmen der Besorgnis wegen massenhafter Landungen von Außerirdischen, Invasionen von anderen Sternen … viele Paradigmen. Ihr könnt einfach erschaffen, was ihr zu erschaffen wünscht, wie beim Drehen eures Videos. Und wir stellen fest, dass diejenigen, die das Paradigma des Einsseins erschaffen, Menschen sind, die jetzt »leben, was sie predigen«, sie sind diejenigen, die nun das Licht so hell aus ihrem Innern ausstrahlen, das Leben in so vollen Zügen leben, in Freude und unter Nutzung ihres höchsten, maximalen Potenzials.

Denn genau dieses Paradigma des Einsseins ermöglicht es einem Menschen, das höchste, maximale Potenzial zu erfahren, ob ihr euch in einer physischen Inkarnation befindet oder nicht, und doch habt ihr den Körper zum Geschenk erhalten, wie schon von uns gesagt. Schließlich seid ihr als Teil des kollektiven Ganzen da, im Dienst eurer Brüder und Schwestern, indem ihr der höchsten Sache dient.

Welches Paradigma wünscht ihr auf diesem Planeten zu erschaffen? Erschafft zuerst einmal in eurem eigenen Leben. Kümmert euch nicht um die Einzelheiten. Dies ist keine Soloreise mehr, ihr Lieben, es dreht sich nicht um euch als individualisierte Punkte des Bewusstseins, die sich exakt stimmen, sodass es zu ihrem physischen Aufstieg in höhere Sphären kommt und sie über die Erdebene hinausgelangen.

Es geht darum, dass ihr die herabgestiegenen Meister seid, wie wir oft gesagt haben, und in eurer gemeinsamen Arbeit als Meister seid ihr im Begriff, zum Wohl des Ganzen eine andere Realität zu erschaffen. Das ist das Paradigma der Einheit, der Vereinigung. Es ist ein wundersames, magisches, kreatives Spiel. Und die wahre Kreativität wird durch euch strömen, wenn ihr harmonisch gestimmt seid – die wahren schöpferischen Kräfte, die Kräfte der göttlichen Energie, des universellen Geistes. Denn wenn ihr entsprechend auf einer Wellenlänge seid, kommt euer niederer Geist mit dem höheren Geist in Einklang, ihr zapft den universellen Geist an, der Gottes Plan, den Plan für die gesamte Schöpfung, in sich trägt.

Es gibt viele Hilfsmittel dafür, euch auf eine Wellenlänge zu bringen – das wirkungsvollste ist eure Intention, denn eure Intention trägt die Basisprogrammierung eures Geistes in sich. Und wenn ihr euch den höheren Geist zunutze macht und ihn anzapft, dann kann die höhere Vision angelegt werden. Und wenn ihr das höchste Empfinden anzapft, das bedingungsloser Liebe, dann wird diese Emotion die Vision von der ätherischen auf die physische Dimension bringen und dort erden.

Fragen und Antworten

Frage: Jemand fragt, was es mit einem Schmerz in seinem Herzchakra und in seinen Schultern auf sich hat.

Arcturius: Deine Hauptsorge sind also körperliche Beschwerden in deinem Herzen, Beschwerden in deinen Schultern. Doch dein emotionales Erleben ist mittlerweile mehr darauf ausgerichtet, dass dir froh zumute ist und dass das Leben ziemliche Magie hat. Also reden wir hier vielleicht über deinen Emotionalkörper, der dich durch deine Sorge über das, was körperlich geschieht, von deiner Freude und der Magie ablenkt? Du hast viele Hilfsmittel und Techniken ausprobiert, um Heilung zu finden. Nutzt du die Lichtenergie? Verspürt irgendjemand nie Schmerzen hier und da? Ja, sogar Gesunde erwischt schon einmal eine Grippeepidemie.

Wenn ihr euren physischen Körper als Matrix aus frei fließender Energie sehen könntet, mit Myriaden von Flüssen, die sich den Weg durch die Berge bahnen und frei in die Meere fließen, und diese Flüsse würden eingedämmt – was geschieht dann mit dem Leben jenseits der Dämme? Es verkümmert und trocknet aus. Ihr tragt die emotionalen Erinnerungsmuster aus Tausenden von Inkarnationen mit euch herum, sie sind in eurer Zellstruktur. Und in diesen Inkarnationen habt ihr Erinnerungen ausgeprägt, die auf emotionalen Erfahrungen basieren – sie sind zu euren Zellen geworden.

Diese Erinnerungen und Emotionen sind wie Dämme, die den Energiefluss der Flüsse beschneiden. Ihr habt also viele Dämme. Die Mauern dieser Dämme können groß oder klein sein, stabil und zerbrechlich, während die Energien in euch freigesetzt werden und während ihr Energiesignale aussendet, die entsprechende Frequenzen aus eurer Umgebung anziehen. Verstehe also, wie wir dir sagen, Liebes, dass es in dir ein Aufwallen von Energie aus deinem Innern gibt, eine Energie vom Göttlichen Einen, von den Türen zu den inneren Dimensionen. Und dies spiegelt sich auch auf einer körperlichen Ebene in den Energien, die es mit magnetischer Kraft zu eurem Planeten hinzieht. Wenn es keine Dämme gäbe, ihr Lieben, keine Blockierungen, dann würden die Energien, die da freigesetzt und harmonisiert werden, frei und unproblematisch durch den physischen Körper strömen und der Körper wäre frei von Schmerzen, nicht wahr? Diese Dämme, Mauern oder Blockaden durch emotionale Erinnerungen – wenn auf diese die höheren, feineren Frequenzen auftreffen, kommt es zu einem Kurzschluss wie im Stromkreis, und der bewirkt Schmerz.

Es hat viele Leben gegeben, wo du dieses Energiezentrum, dein Herz, verschlossen hast, oder? Das Zentrum, das am stärksten aktiviert und harmonisiert wird, das Zentrum, das die meisten Blockaden aufweist, ist dein Herzchakra. Der Prozess hat also lange Zeit gedauert. Kannst du dir dreißigtausend Jahre blockierter Energie oder weniger vorstellen, die sich um dein Herz verhärtet hat? Was sind zwei, drei Jahre, die es dich bewusst nach Freiheit verlangt hat? Es ist bislang noch eine Frage davon, die Blockaden in deinen Energiefeldern zu durchbrechen? Während die Blockaden gelöst werden, durchbrochen werden, verspürst du in diesem Zentrum energetisch ein Unbehagen. Die Aktivierung in deinen Schultern, das ist eine triadische Formation auf den heiligen geometrischen Mustern, über die ihr verfügt. Von dem Punkt an der Schädelbasis zum Punkt in eurem Herzzentrum und euren Schulterblättern habt ihr zwei Dreiecke, die Diamantform.

Es ist vielleicht auch nicht die Reaktivierung, die sich ebenfalls so abspielt, sondern es ist so etwas wie das Sichherauslösen der Merkabah, wenn wir davon ausgehen, dass die Merkabah bei euch durch das Herz-/Kehlzentrum verläuft, der Davidsstern, und dabei auseinander gezogen wird, um in ein heiliges geometrisches Muster des Diamantzeitalters einzuklinken. Denn versteht, dass es ein neues Zeitalter gibt, das über das goldene Zeitalter gelagert wird, um die Fortsetzung der Zyklen von Jahrtausenden zu stoppen sowie den Aufstieg und Niedergang der großen Zeiten eures menschlichen Zyklus. Es ist das siebte goldene Zeitalter, und dennoch wird es durch eine Parallelwirklichkeit namens diamantenes Zeitalter zum Abschluss gebracht, es schichtet sich über das goldene Zeitalter. Es kommt zu einer Veränderung der DNA in eurem Körper, denn jede Zelle basiert auf heiligen geometrischen Mustern, und die Blume des Lebens bildet zwar die Grundlage, aber ihr werdet vielleicht merken, dass es auf einer anderen Ebene Diamantmuster gibt. Also habt ihr, so eigenartig das klingt, ein Diamantmuster, das in der Energiematrix eures Körpers aktiviert wird, von eurer Schädelbasis zu eurem Herzzentrum und hoch zu euren Schulterblättern. Wenn ihr diese Schmerzen empfindet, könnt ihr einfach darum bitten, dass die Energie, die durch euren Körper wandert, ein, zwei, Schwingungsstufen an Intensität heruntergeschraubt wird, damit die Aktivierung nicht so intensiv oder körperlich unbequem ist.

Schließlich seid ihr die Meister im Erschaffen von Wirklichkeit. Ihr erlebt Lichtstrahlen, die eure Energiefelder harmonisieren, einfach deshalb, weil ihr sie eingeladen habt, bei diesem Erweckungsprozess behilflich zu sein. Diese Wesen – die

Schutzengel, die ihr eingesetzt habt, die Lichtwesen aus anderen Sphären – sind vielleicht das, was ihr Verwandte nennen würdet, und sie sind hier, um mit euch so zu arbeiten wie von euch befohlen. Aber ihr seid die Herren. Nicht allein erhaltet ihr die Chance, nach dem meisterlichen Plan Wirklichkeit zu erschaffen, sondern ihr könnt auch eine Wirklichkeit von physischem Vergnügen oder Schmerz erschaffen, während der Prozess stattfindet, oder etwa nicht? Vielleicht kannst du diese Energie des Unbehagens dem Göttlichen Einen übergeben und visualisieren, wie sie sich einfach in Energie reiner Liebe verwandelt. Denn Liebe ist eine sehr machtvolle verwandelnde Kraft. Stell dir vor, dass du an das göttliche Schaltpult angeschlossen wirst und wie die Energien, die durch deinen Körper strömen, das frei und leicht tun, und lass dabei einfach zu, dass die Energie der Liebe und Seligkeit und Magie durch deine Adern und deinen Kreislauf strömen kann. Es ist eine Prüfung für dich, denn du bist ein Wesen, das große Fähigkeiten sein Eigen nannte, Schmerz in Behagen zu verwandeln. Du hast die Fähigkeit, die Energiemuster in deinem Körper umzuschalten, und du wirst vor eine Prüfung gestellt, damit du das, was sich in deinem Körper abspielt, in eine andere Energieebene umwandelst, die eine Schwingung der Heilung und der Freude mit sich bringt statt Leiden und Schmerz. Du hast diese Situation geschaffen, weil sich in deinem Körper eine Harmonisierung abspielt, um die du durch dein Verlangen nach Freiheit des Ausdrucks gebeten hast, und diese Freiheit des Ausdrucks ist das Verlangen, dass deine Gaben, die du aus vielen Leben mitgebracht hast, nun voll und ganz manifest werden. Es ist Zeit, dein Bild von dir selbst wieder in das der Göttin zurückzuverwandeln, der Priesterin, die über das Allerheiligste herrschte, die vollkommene Macht über alle Energiefelder des Körpers hatte. Zeit, dem zu vertrauen und zu wissen, dass du diese Gaben hast. Und du wirst nun gebeten, das in deinem eigenen Körper zu demonstrieren.

Alle ihr Wesen merkt, wenn ihr eure Antennen entsprechend ausrichtet, dass ihr dadurch Zugang zu vielen Dimensionen bekommt. Wie wir gesagt haben, ist es, als würde man Impulse über eine offene Konferenzleitung schicken. Aber wenn ihr einfach anfragt und fordert, dass nur Energien der reinsten, höchsten Frequenzen in euer Gravitationsfeld kommen, dann wird es so sein. Wenn ihr andere Energien aufnehmt, dann wandelt sie um auf ein höheres Niveau oder schickt sie einfach mit Licht und Liebe dorthin zurück, woher sie gekommen sind. Ihr braucht nicht alle Energien anzunehmen, die es in euer Feld zieht; es ist euch gestattet, sie abprallen zu lassen und zurückzuschicken. Das ist die Lektion, die ihr gelernt habt, denn ihr seid ein gutes Stück weitergekommen. Du vermagst weit mehr als vielleicht zu der Zeit, als der Schmerz in deinem Herzen ursprünglich einmal anfing. Denn es ist, als würde ein harter Panzer geknackt, der deine Fähigkeit blockiert, Liebe frei und leicht von deinem Herzzentrum ausströmen zu lassen. Und dennoch hat eine Menge Lernen stattgefunden, und das wird weitergehen, denn das ist es, wonach es dich verlangt. Wir bitten einfach darum, dass du der Meister bist, der du bist.

Frage: Da hat jemand eine Frage zur Merlin-Energie und der arcturischen Energie.

Arcturius: Die Energien der Arcturier bringen eine Ebene der Magie mit sich. Denn es war die Lichtenergie, die die Spezies innerhalb des Arcturischen Systems auf magische Weise verwandelte. Wir sind also dazu gelangt, die Magie zu ehren, wir sind dazu gelangt, die Kraft der Kreativität zu ehren und zu verstehen. Und ist Kreativität nicht Magie? Ist es nicht Magie, zu sehen, wie ein Künstler eine leere Leinwand zur Hand nimmt oder ein Stück Stoff auf einen Keilrahmen spannt, um eine Leinwand zu schaffen, oder wie ein Musiker ein leeres Blatt Papier nimmt und Noten aufschreibt und dann auf einem Instrument aus dem Nichts solche Melodien spielt? Dass der Künstler etwas auf die Leinwand malt, das noch nie zuvor da war und dann mit einem Mal existiert? Das ist es, was die Menschheit auf dieser Ebene getan hat – ihr habt eine Welt der Form erschaffen, ihr habt eine Welt der Begrenztheit erschaffen, ihr habt eine Welt erschaffen, auf der große Magie anzutreffen ist. Doch das Ausmaß der Magie ist einfach nur ein Spiegelbild des Bewusstseins der breiten Masse. Wenn ihr also nicht viel Magie seht, so liegt es daran, dass die reinsten Strahlen Bewusstsein noch nicht durch die physischen Behausungen strömen.

Die Zeit, die als Merlins Zeit bekannt ist, war eine Zeit der Vision, der Träume von Menschen, sich aus einem Zeitalter der Dunkelheit herauszubewegen und in ein Zeitalter des Lichts zu gelangen. Und dennoch kam das vom Verlangen im Herzen aller Wesen, auf eine Weise behandelt zu werden, die von Einheit und Harmonie geprägt war und alle ehrte. Und es ist das Wiederauftauchen der kollektiven Herzen der Menschheit auf dieser Ebene, die wieder Einheit, Harmonie, Gleichgewicht und ein gleichgestelltes und alle ehrendes Dasein für alle suchen, stimmt es? Scheint es also nicht sinnvoll, dass euch die Wiederkehr Merlins auf die Schwelle gelegt wird? Die Energie Merlins, des Zauberers, sollte aktiviert werden und von eurem Herzen ausströmen, denn das Verlangen ist das gleiche. Ihr seid also Zeugen der Wiederkehr einer Ebene von Magie. Denn das ist es, was ihr sucht in eurem Leben – wieder Magie kennen zu lernen, frei zu sein, sich vollends auszudrücken, grenzenlose Wesen zu sein, vollkommen zu lieben. Darauf ruht das Augenmerk der Lichtwesen, die ihr Lichtarbeiter nennt. Vielleicht hat sich die Masse noch nicht auf diesen Takt eingependelt, denn viele spielen noch das Spiel mit dem niederen Geist des Überlebenskampfes, das Spiel des Fragens und Suchens nach dem perfekten Partner, dem richtigen Job, dem Spiel des Geldverdienens, der Suche nach Annehmlichkeiten im Rahmen der äußeren Wirklichkeit. Aber diese Menschen werden das Spiel leid werden, wenn sie sehen, dass das, wonach sie suchen, die Magie ist, die sich durch das Leben der Lichtarbeiter manifestiert, während sie dieses magische Zeitalter so durchleben, wie es ihr Herz ersehnt.

Ihr erdet diese Ebene von Magie, oder etwa nicht? Ihr erinnert euch an eure Zeiten an den Höfen Camelots. Jeder Lichtarbeiter, jede Lichtarbeiterin war damals inkarniert. Jeder

Lichtarbeiter erdet einen Grundton aus jeder Phase der Erdgeschichte, in der Größe anzutreffen war. Jeder Lichtarbeiter war zur Zeit von Atlantis inkarniert, als mit der Magie des Heilens, dem Umgang mit telepathischen Fähigkeiten, mit den Energien von Kristallen gearbeitet wurde. Und das kam in anderen zeitlichen Zusammenhängen wieder zum Vorschein, einschließlich eurer Vorstellung von Merlin und Camelot. Es war ein Paradigma, eine Energie der Wirklichkeit, die von wenigen geschaffen war, doch von vielen genossen wurde, und dazu kommt es jetzt noch einmal.

Frage: Ich möchte etwas zu der Kristallkugel fragen, die Jasmuheen auf dem Tisch hat. Was bedeutet die wirbelnde grüne Energie, die aus ihr herauskommt? Sie erinnert mich an einen Apfel. Könntest du mir sagen, was es damit auf sich hat?

Arcturius: Du musst wissen, dass physische Objekte Erdungspunkte für die Energie sind. Die Kraft dieser Energie wird von der Intention dessen dominiert, in dessen Besitz sich das physische Objekt befindet. Dieser Kristall wird an diesem Punkt kollektiv durch das Bewusstsein der Gruppe auf eine bestimmte Frequenz gestimmt und durch die direkte Intention und Anweisung von Jasmuheen. (Jasmuheen ist ein eigenartiger Name, er entspricht in der Schwingung der Art und Weise, wie der Arcturier seine Ausführungen vorträgt, auch von Akzenten her, der Schwingungsgrundlage.) Wir erden eine Schwingung wie einen Laserstrahl aus Energie in die kristalline Struktur. Der erste Grundton, der angelegt wird, ist die Energie des fünften Strahls, des Strahls der Heilung. Und so werdet ihr euch durch eure spirituellen Augen so einstimmen, dass ihr einen grünen Energiestrudel seht, denn die erste Voraussetzung für Veränderung ist zu heilen, harmonisch auszurichten, zur Ganzheit und Vollendung zu bringen. Ihr werdet merken, dass es im Laufe der Zeit viele Energien geben wird, die durch die kristalline Struktur dieses Objekts überlagert werden, sodass es den reinsten Lichtstrahl in sich fassen kann. Denn es ist das Licht, das sich zu Farbe bricht, Farbe trägt Ton und Schwingung.

Das Wissen, dass dieses Objekt die Merlin-Energie in sich trägt, reaktiviert in euch Erinnerungen an Zeiten aus dieser Ära und schenkt somit weitere Kraft. Es geht nicht nur um das Leben auf dieser Seinsebene – es gibt viele Formen von Leben in vielen Universen, innerhalb eurer Zellen sind Multiuniversen. Wenn ihr eure Schwingung auf andere Energiefrequenzen einpendelt, werdet ihr auf andere Wirklichkeiten stoßen, die große Herrlichkeit, großartige Formen des Ausdrucks beherbergen. Das Leben ist eine Myriade von Farben, Tönen, Schwingungen – viel mehr als eure drittdimensionale Wirklichkeit von Schulen, beruflicher Laufbahn und Geliebten. Viel, viel mehr. Wenn ihr euch auf euer Herz einstimmt und eurem Herzen die Führung überlasst, werdet ihr so, wie es eurer Blaupause entspricht, auf die einzelnen Noten stoßen. Es kann eine magische Reise sein.

Frage: Wie würde man sich vorstellen, wie es ist, eins mit dem Schöpfer zu sein, oder wie würdest du es dir vorstellen?

Arcturius: Wisse, dass du es bereits bist, Liebes. Wie bauen wir die Brücke zwischen dem intellektuellen Verstehen und einem in den Zellen verankerten Wissen – ist das deine Frage? Teil der Reise des Arcturischen Systems war die Entdeckung der Göttlichkeit und der Einheit und insofern die Vollendung des Aufstiegs der Arcturier zu einer höheren Energiebandbreite, die man auch die fünftdimensionale Wirklichkeit nennt. Zu dieser Reise gehörte ein vielfältiger Prozess. Das Wirkungsvollste für unsere Frequenz war die Nutzung der Lichttechnologie, also suchten wir nach dem Licht im Innern.

Auf einer Bewusstseinsebene bist du dir bewusst, dass die Einheit in allem ist. Du verstehst Derartiges verstandesmäßig. Du musst, wie wir entdeckt haben, eine Brücke schaffen vom intellektuellen zum zellularen Wissen – sodass das, was in deinem elektromagnetischen Feld aus deinem Körper herauspulsiert, ein breiteres Spektrum ist, statt in deinem Schöpfungsvermögen einen Strahl konzentrierter Intention vom Geist zu haben, wurde es auf die Ebene der Zellen gebracht, und der ganze Körper und das gesamte Sein sandten so eine pulsierende Schwingung aus. Das ist der Unterschied zwischen der Kraft des kreativen positiven Denkens und dem zellularen Wissen. Viele verstehen alles, was wir euch mitteilen, intellektuell. Aber wenn ihr es auf der zellularen Ebene wüsstet und danach leben würdet, würde euer Leben zur göttlichen Vollkommenheit werden, zur Einheit, es gäbe keine Trennung mehr. Also bitten wir euch, das, was ihr intellektuell wisst, entsprechend zu leben. Und das geschieht durch Konzentration. Also konzentriert ihr euch auf die Beobachtung einer dritt-/viertdimensionalen physischen Wirklichkeit, indem ihr die Programmierung vornehmt, dass alles, was ihr zu beobachten entscheidet, göttliche Vollkommenheit und Einheit ist. Jeder wache Augenblick eures bewussten Denkens, der Programmierungsablauf, das Suchen, der Fokus, die Intention, die Integrität, die Intensität, alles dient immer der vollen Erkenntnis der göttlichen Vollkommenheit um euch und in euch.

Dann werdet ihr das Einssein spüren. Dann wird es in eine zellulare Ebene wandern, eure Zellen werden es speichern. Denn alles, ihr Lieben, offenbart sich in Schichten. Nehmen wir einmal an, ihr fahrt mit dem Bus. Und nehmen wir einmal an, da ist eine ganz merkwürdig aussehende Person im Bus, eine Person, die in eurer Kultur nicht als attraktiv durchginge. Ihr seid gut darin, einander zu beurteilen – sei es, weil jemand ein Blumenmuster oder Karos trägt oder zu grelle und aufdringliche Farben oder weil diese Person verschiedenfarbige Socken anhat oder sich nicht die Haare gekämmt oder die Zähne geputzt hat.

Ihr würdet auf einer Ebene ein Bild des Durcheinanders sehen und etwas, das für das Auge der Modebewussteren unter euch nicht gerade anziehend wäre! Richtig? Diese Tendenz ist da, sie ist Realität. Aber wenn ihr eure Programmierung vorgenommen habt, nur nach göttlicher Vollkommenheit zu suchen, dann wird die Schicht dieser Art verschwinden, denn du wirst länger dabei verweilen. Und dann wirst du eine andere Schicht sehen – vielleicht jemanden, der ein besonderer Freigeist ist, der sich gerne bunt anzieht, damit andere zum Nachdenken angeregt werden.

Vielleicht auch etwas anderes. Und dann wird sich diese Ebene verlagern. Dann, ihr Lieben, werdet ihr eine andere Ebene sehen und dann wieder eine andere, und ihr seht das Herz der Person und die Seele, die aus ihren Augen scheint. Und dann schließlich kommt ihr an einen Punkt, wo ihr das Göttliche Eine in diesem Wesen seht, in seinen Zellen, in seinem Herzen. Es ist die Intention, die alle Schleier und jede andere Schicht abschälen wird, die nicht Vollkommenheit ist, bis sich dir die pure Vollkommenheit offenbaren muss, und die Vollkommenheit ist das Einssein von allem.

Konzentriere deinen Geist, Liebes, sodass du die Intention festlegst, die göttliche Vollkommenheit in allem zu erkennen. Du hast dann zwar vielleicht einen Gedanken, der kategorisierend ist oder beurteilend, und du ehrst ihn, aber dann lässt du ihn los und gehst einen Schritt weiter. Es ist nicht nur die Meditation, bei der ihr euch vor der äußeren Welt verschließt – sie ist eine Schwingung in einer ganzen Bandbreite von Grundtönen.

Wenn man im Zustand der Meisterschaft ist, wenn man vollkommen in Harmonie ist, spielt es keine Rolle, dass man sich in einer physischen Inkarnation auf dem Planeten Erde in Krieg und Chaos befindet, denn man erlebt göttliche Vollkommenheit. Du programmierst dich entsprechend, göttliche Vollkommenheit zu sehen. Und das universelle Gesetz besagt, dass das, worauf du dein Augenmerk richtest, deine Wirklichkeit wird. So will es das Gesetz der Energie. Die Herausforderung liegt also darin, sich in allen Lebenslagen als das Herrliche zu erleben, das du in der Meditation erlebst, sodass es wirklich keinen Unterschied macht, ob du von den Armen des Göttlichen umfangen und zu einer höheren Ebene aufgestiegen bist oder ob du dich in einer physischen Inkarnation in einer vollen Einkaufszone befindest, denn dein Erleben wird das eines Herabgestiegenen in physischer Form sein, der bereits den Aufstieg vollzogen hat. Es ist eine Herausforderung für euch und dennoch liegt in euch eine so tiefe Erfahrung der Wahrheit verankert. Der nächste Teil eurer Reise liegt darin, sich frei durch die Welt zu bewegen und dabei diese tiefe Erfahrung der Wahrheit auf der Ebene der Zellen aufrechtzuerhalten.

Frage: Hier eine Frage, die mir schon lange eine Menge abverlangt. Gott hat uns mit Emotionen geschaffen – er hat uns Wut, Trauer, Mitgefühl gegeben. Wenn wir das haben, hat Gott es dann auch?

Arcturius: Gehen wir einmal von dem Verständnis aus, das die Grundlage für viele Lehren abgibt und von dem stammt, was von den Aufgestiegenen Meistern vor einem Jahrhundert an Alice Bailey und die Theosophische Gesellschaft gechannelt wurde. Nehmen wir einmal an, es gab einen Punkt in der Schöpfung, wo die schöpferische Kraft sich ausdehnte – eure Wissenschaft nennt das die Urknalltheorie. Nehmen wir an, dass diese Ausdehnung an diesem Punkt in der Schöpfung individuelle Funken von Bewusstsein hervorschießen ließ – Feuerzungen. Nehmen wir einmal an, dass diese, je weiter sie sich von den ursprünglichen Energien entfernten, umso kraftloser wurden, und dennoch waren sie immer mit der ursprünglichen Energiequelle verbunden. Nehmen wir einmal an, es ist, wie wenn sich ein Gummiband dehnt – dass ihr dann, wenn ihr euch in einer physischen Inkarnation und dichten molekularen Struktur wieder gefunden habt, die maximale Dehnbarkeit des Gummibandes erreicht habt. Nehmen wir einmal an, ihr habt mit eurer Reise heimwärts begonnen, diesem Teil des Wiedereingehens in die Einheit und das Bewusstsein, dass alles Einheit ist, dem Teil der gleichen Schwingung, so müsst ihr die Erfahrung des Miterschaffens machen. Und ist es nicht der Meister, der erschafft? Und seid ihr nicht die Meister? Macht Sinn, oder?

Du hast also in dir alle schöpferischen Fähigkeiten. All deine Emotionen werden durch deine Wahrnehmung ausgelöst. Du kannst ausgehend vom niederen Geist handeln, der sich Sorgen macht und der es in seiner Entwicklung zu großer Macht gebracht hat, während du immer wieder innerhalb des Erdzyklus inkarniert warst. In der Phase der begrenzten Manifestation hattet ihr etwas über eure Fähigkeit, Dinge zu erschaffen, zu lernen, indem ihr auf Seinsebenen von großer Dichte überleben musstet, also habt ihr den niederen Geist eingesetzt. Der niedere Emotionalkörper, das sind Ängstlichkeit, Wut, Eifersucht, Hass, Beschäftigung mit dem eigenen Überleben, drohende Lebensgefahr – alles mit der Brille des niederen Geistes betrachtet.

Wenn du dich auf der Heimreise zurück zur Existenz des Einsseins auf eine andere Energiebandbreite verlagerst, beginnst du Zugang zum höheren Geist zu gewinnen und mit ihm zu arbeiten. Dem höheren Geist folgt ein höherer Emotionalkörper – Freude, Magie, bedingungslose Liebe, Gnade. Sie alle sind im Innern. Du als Meister bist gefragt, du entscheidest dich, welche schöpferische Kraft aktiviert werden soll – höherer oder niederer Geist, höhere oder niedere Emotionen. Wenn man vom höheren Geist und höheren Emotionen kommt, wird dem Ganzen vollkommener gedient, und man beginnt die Einheit von allem zu spüren, die Essenz der gebrochenen Göttlichkeit, die wieder ganz gemacht wurde. Macht Sinn, oder? *(Irgendwie schon, aber du sagst also mit anderen Worten, dass der niedere Geist den Schmerz auflöst? Ist es so, wie wenn ich mir den Zehennagel schneide, dass ich den Schmerz nicht spüre, und dennoch ist er ein Teil meines Körpers?)* Das ist nicht das gleiche Gespräch. Bei dem einen geht es um physische Nervenenden von molekularer Struktur, Liebes. Wovon wir hier aber erzählen, ist, dass es dein Geist ist, der das Spektrum der Gefühle erschafft. Dieser göttliche Geist operiert mit dem universellen höchsten Bewusstsein, er ist der Kern und die Essenz dessen und er löst solche emotionalen Erfahrungen aus, die Hand in Hand mit dem höheren Geist einhergehen. Seine Essenz ist Einheit, er kommt von einem Punkt göttlicher bedingungsloser Liebe. Aber als die Funken Bewusstsein sich durch den Kosmos verbreiteten und mit Minderung der Schwingung verdünnt wurden, begannt ihr mehr in den Sphären des niederen Geistes zu arbeiten.

Es ist einfach eine graduelle Frage. Die Quelle verfügt über hundert Prozent Energie und ist in allem. Aber bei Verdünnung dessen, was von der Quelle kommt, vielleicht durch die physische Inkarnation aufgrund der Dichte und weil der niedere Geist vollendeter in verdichteten Strukturen zu arbeiten beginnt, habt ihr vielleicht zehn Prozent, verglichen mit den hundert Prozent, wenn man sich auf einer anderen Schwingungsfrequenz befindet, verstanden? In dieser Realität operieren neunzig Prozent des Bewusstseins vom niederen Geist aus, zehn Prozent vom höheren Geist auf einer höheren Frequenz. Das Gegenteil trifft zu. Verstanden? Einfacher so?

Du in deiner Meisterschaft erhältst die Prüfung des Miterschaffens und du wirst gebeten, einfach die Wirklichkeit zu erschaffen, welche es auch sein mag, die es deinem Herzen erlaubt zu singen, die mit anderem zusammen auf das Wohl des kollektiven Ganzen hinwirkt. Denn das ist das Spiel, das an diesem Punkt der Erdentwicklung gespielt werden soll. Macht das Sinn? *(Ja. Kann ich sagen, basierend auf dem sehr kleinen Teil meines Gehirns, von dem ich Gebrauch zu machen vermag, dass die Meister diese Erinnerungsquelle ihrer Erfahrungen haben?)* Hast du das nicht auch? Denn du bist bereits ein aufgestiegenes Wesen. *(Nicht in der dritten Dimension!)* Nein, Liebes. Gehen wir zurück zum Verständnis der schöpferischen Kraft, die Feuerzungen hervorschießen ließ. Du bist in jeder Dimension und Energiebandbreite zurück zur Quelle im Dasein. Oder nicht? *(Doch.)* Warum bist du dann noch nicht aufgestiegen auf höhere Ebenen? *(Bin ich, aber das bringt dann die Frage mit sich, warum ich noch einmal initiiert werde.)* Du wirst nicht noch einmal initiiert. Du wirst aufgefordert, die inneren Türen zu öffnen und dem aufgestiegenen Selbst in den anderen Dimensionen zu gebieten, voll bewusst auf dieser Wirklichkeitsebene zu sein, damit du deinen Part im göttlichen Orchester spielen kannst. Du entscheidest dich einfach dafür wahrzunehmen, dass du dich etwas unterziehen musst, dem du dich bereits zuvor unterzogen hast, und dir selbst zu erlauben, das herabgestiegene Wesen zu sein, statt zu denken, du müsstest aufsteigen. Es ist eine gewisse Wendung in deinem Denken, was deine Entscheidung angeht, wie du dich wahrnehmen willst. Macht das Sinn? *(Ja.*

Ich versuche die ganze Zeit schon, mich damit anzufreunden.) Ist es so schwer, sich damit anzufreunden? *(Na ja, war es, als ich auf logischem Wege herauszubekommen versuchte, wer Gott ist.)* Nun, die Erfahrung des Göttlichen Einen ist jenseits deines logischen Verstandes. *(Ich weiß, ich weiß.)* Ich bin sicher, du hast verstanden, dass ein Punkt kommt, an dem die Logik dem Gefühl des Herzzentrums Platz machen muss und dem tiefen intuitiven Wissen um die Vollkommenheit von allem. *(Das stimmt, wahrscheinlich wollte ich das von dir bestätigt wissen.)*

Wir möchten gerne an alle Anwesenden die Einladung aussprechen, euch den Mantel anzuziehen, dass ihr bereits aufgestiegen seid. Denn ihr existiert in allen Dimensionen und allen Wirklichkeiten. Ihr seid nie von der Quelle getrennt. Denn um von der Quelle getrennt zu sein, dazu hättet ihr keine physische Inkarnation mehr – und dann wäret ihr dennoch Pünktchen von Bewusstsein, denn eine Trennung ist unmöglich, da alles miteinander verbunden ist. Wenn ihr also bereits in die Energiefrequenz einer anderen Dimension aufgestiegen seid, so könnt ihr vielleicht einfach das aufgestiegene Selbst, das ihr seid, einladen, voll und ganz in diesem Wirklichkeitsrahmen, dieser Dimension, präsent zu sein. Macht Sinn, oder? Konzentriert euch auf das, was ihr seid, und nicht auf das, was ihr nicht zu sein glaubt. Denn das universelle Gesetz besagt, je mehr du dein Augenmerk auf Mangel richtest, desto mehr wirst du Mangel erfahren, denn das sind die Gesetze der Energie. Je mehr du dein Augenmerk darauf richtest, göttliche Vollkommenheit zu suchen, desto mehr muss sich die göttliche Vollkommenheit offenbaren.

Frage: Arcturius, kann ich hier nur eben etwas klären? Wir haben unsere ICH-BIN-Gegenwart und unsere Engelsgegenwart, unseren inneren Lehrer, unser Zauberer-Ich. Wer sind all diese Leute?

Arcturius: Das sind nur Namensetiketten, ihr Lieben, das ist alles. Es gibt welche im Raum, in denen die Vorstellung von Merlins Zeit der Magie ihren Widerhall findet. Der Träger der Magie ist das Göttliche Eine im Innern, das Göttliche Eine, das dich lehrt, lasst uns also das Göttliche Eine den inneren Lehrer nennen. Und der innere Lehrer bringt eine Ebene von Freude und Magie, sodass auch dies der Zauberer genannt werden kann. Sie sind alle das Eine, oder? Es ist nur ein Etikett, Liebes, abhängig von den Lehren, denen du begegnet bist, deiner Schule des Denkens, dem, was du ausgesetzt bist. Und wir verwenden gerne so viele unterschiedliche Etiketten wie möglich, um etwas im Herzen und Geist von so vielen Anwesenden wie möglich auszulösen.

Wenn wir von Derartigem nur als »dem Magier« reden würden, dann könnten diejenigen, die ein stoisches Verständnis esoterischer Schulen haben und die das gleiche Wesen die ICH-BIN-Gegenwart nennen, nichts damit anfangen können, oder, ihr Lieben? Das sind Etiketten – ihr könnt den inneren Lehrer das Göttliche Eine nennen, den Zauberer, was auch immer euch gefällt. Einfach nur mit eurer Intention seine Gegenwart heraufzubeschwören ist genug. Zu verstehen, dass es einen Aspekt eurer selbst gibt, der so unermesslich ist, dass er, je mehr ihr Augenmerk auf ihn richtet, immer realer wird in dieser alltäglichen Wirklichkeit. Haben wir das klargestellt, Liebes? *(Das Engelwesen, ist das das Gleiche?)* Wie verhält es sich deinem Gefühl nach damit? Könntest du dir das ICH BIN nicht als Engel vorstellen? Ist es streng genommen nicht, also könnten wir das vielleicht ein wenig differenzierter herausarbeiten.

Um die Engelwesen zu erklären, Liebes … wenn wir uns vorstellen, dass das Schöpferische Eine Feuerzungen hervorschießen ließ, so ist die Dimension, die der Quelle am nächsten ist, die Dimension dessen, was die Elohim-Energien genannt wird. Die Engelwesen dienen dazu, die schöpferischen Pläne der Elohim durchzuführen, wie die Diener, die sozusagen als rechte Hand Gottes fungieren. Die Elohim sind Schöpfungsenergien. Die Engelwesen bringen diese Ebene der Schöpfung in die mehr physische und die mehr nichtphysische Wirklichkeit. Die Engel sind wie Wesen, die vollkommen auf den göttlichen Willen ausgerichtet sind, und so verhält es sich auch mit dem göttlichen Laufboten. Wenn die

Energie durch unterschiedliche Ausdrucksdimensionen weiterwandert, findest du dich in der Energiebandbreite der fünften Dimension wieder. Die fünfte Dimension ist die Energiebandbreite, wo die Monade angesiedelt ist, eure ICH-BIN-Gegenwart, jener Funke Bewusstsein, der dann weiter aufgespalten wird in verdichtetere Energiefrequenzen. Wenn wir »verdichtet« sagen, meinen wir einfach, auf einer anderen Schwingungsdrehzahl arbeitend, gemäß euren Gesetzen der Quantenphysik, auf anderen elektromagnetischen Energiefeldern, einer anderen Frequenz. Ihr habt euch also schließlich in einer physischen Inkarnation zu dieser Jetztzeit auf der Erde wieder gefunden. Ihr habt andere Leben in anderen Systemen erlebt, von daher eure Weltraumbrüder und -schwestern, von daher die Verbindung eurer Gefühle mit Energiebandbreiten wie den Energien der Plejaden etc. Ganz einfach, oder?

Frage: Jemand erkundigt sich nach den anderen Ebenen, wie etwa der sechsten und siebten Dimension.

Arcturius: Vielleicht wäre es am einfachsten, vom Verstand wegzugehen und in das Wissen der Zellen hinein. Und der einfachste Weg, sich in dieser Seinsdimension in das Zellwissen und ein verwandeltes Leben zu begeben, liegt darin, durch eure Meditationsübungen und eure in Stille verbrachten Zeiten die inneren Türen zu öffnen. Und zu befehlen, dass jeder Aspekt von euch, der auf den höchsten Frequenzen und vollkommen in Einklang mit dem göttlichen Willen arbeitet, in all euren Energiefeldern auf dieser Ebene jetzt vollauf Gestalt annimmt. Das würde das Leben leicht machen, oder? Ihr habt dieses Programm vor kurzem erhalten, und wir erwarten, dass ihr darum ersucht, dass ein solcher Vorgang so geschieht, dass es nichts als große Leichtigkeit, Anmut, Vergnügen und sogar Fülle mit sich bringt. Denn ihr braucht um eurer Göttlichkeit willen nicht länger zu leiden. Ja?

Frage: Bedeutet das, dass es genug Lichtarbeiter hier auf der Erde gibt, um eine Evolution auszulösen, die unsere Bruderschaft ins Spiel bringt?

Arcturius: Es ist einfach ein Sichstimmen des Planeten auf eine andere Energiematrix, wo wir zu entdecken beginnen und uns bewusst ist, was um euch herum die ganze Zeit über existiert hat – das ist alles. Die Energien des Raumkommandos – eure intergalaktischen Brüder und Schwestern – sind einfach Wesen, die mit der Erfahrung des Lebensausdrucks auf einem anderen Schwingungston weitergemacht haben. Wenn ihr kollektiv eure Energien verlagert – und das ist der Schlüssel –, um Zusammenarbeit zu erlernen, dann vollzieht sich für euch eine Verlagerung in eine andere Energiematrix, die erlauben wird, dass die Gegenwart dieser Wesen voll und ganz erfahrbar wird. Alles hat immerzu existiert, ihr seid nur sozusagen für diese Radiowellen außerhalb des Sendegebiets gewesen.

Wenn ihr den Tanz des Lebens in Freude und Liebe und Leichtigkeit tanzt und wenn ihr feststellt, wie ihr durch das Göttliche Eine im Innern geleitet werdet, berührt ihr da nicht das Leben aller, denen ihr euch mitteilt, und erlaubt ihnen dabei, sich auf einen anderen Energietakt einzustimmen und ebenfalls diese Wirklichkeit zu sein? Ihr lehrt durch euer Beispiel, ihr Lieben, stimmt's? Wir haben berichtet, dass die wirkliche Mission, die ihr habt, die ist, in Freude zu leben. Die wahre Herausforderung, vor die ihr gestellt seid, ist die, Zugang zu einer Bewusstseinsebene zu haben, die erlaubt, dass euer Leben so funktioniert, dass euer höchstes Potenzial verwirklicht wird, sodass ihr einfach durch euer Da-SEIN – nicht euer Tun, sondern euer Da-SEIN – das Verlangen im Herzen aller entfacht, die es in euer Energiefeld zieht, dass auch sie unbegrenzte Freude erfahren.

Gottes Orchester

Wenn wir uns auf gemeinsame Energie- und Resonanzbandbreiten festlegen, sprechen wir davon, eine Schwingung, einen Grundton festzulegen. Denn am Anfang, so heißt es, war das Wort, das Wort in seiner schöpferischen Macht war Schwingung und die schöpferische Kraft, die sich durch euer Raum-Zeit-Kontinuum ausdehnte, war eine Klangwelle von

Energie, von reinstem Bewusstsein. Als diese Schwingung ihre Frequenz drosselte, nachdem sie sich in individualisierte Funken Bewusstsein aufgespaltet hatte, fandet ihr euch in einer physischen Inkarnation wieder. Das ist nur ein Aspekt einer Geschichte, die ziemlich komplex ist.

Der Punkt war die Weitergabe eines Verständnisses von Schwingung und Schallwellen, und die Energie, dieses Pünktchen Bewusstsein, das viele mit dem Etikett »arcturische Energie« bezeichnen, ist einfach eine Schwingung. Eine Schwingung, die sich durch dieses wandelnde Gefährt bewegt und dabei in euch eine Note verankert, in jenem Feld, in dem ihr euch aufhaltet. Denn ihr seid Energiefelder, die Raum miteinander teilen, die in einer holographischen Blase wohnen. Vereint von einem gemeinsamen Takt, damit ihr so real wie möglich füreinander seid in dieser holographischen Luftblase, dieser projizierten Gedankenform, sodass eine andere Ebene sich einschalten kann, und diese Ebene, ihr Lieben, ist eine Ebene des Zusammenhalts, der Einheit, denn sollten wir uns hinstellen und diesen Punkt in der linearen Geschichte der Erde beurteilen, so würden wir sagen, dass das Geschenk, das ihr einander zu diesem Zeitpunkt der Erdevolution und eures individuellen Parts in dieser Zeit bringt, das Geschenk der Einheit ist.

Denn an euch, die ihr gerade auf das Licht der göttlichen Kraft in euch aufmerksam werdet, ergeht der Aufruf, Einheit zu demonstrieren. Ihr werdet gebeten, die Herzenergien mit der göttlichen Intelligenz im Innern zu kombinieren. Mit eurem höheren Geist, eurem niederen Geist werdet ihr gebeten, Wahrheit miteinander auszutauschen, die Einzigartigkeit eures Wesens zu verstehen, zu verstehen, dass das, was sich auf dem Planeten Erde ereignet, ein Mikrokosmos eines kosmischen Makrokosmos ist. Dass es ein Orchester in allen Universen der Zeit gibt, dass es ein Orchester gibt, das Gottes Orchester genannt wird. Es spielt himmlische Harmonien, und jedes Planetensystem, jedes Sternensystem hat einen Grundton und dieser Grundton ist einzigartig für das Schwingungsmuster des Bewusstseins auf diesem System.

Vielleicht könnt ihr es so sehen, dass das Plejadensystem eine Trompete ist. Das sirische System ist ein Piano, eure Erde eine Violine, doch alles hält in der Einzigartigkeit des Bewusstseins, das in allem ist, trägt einen Ton, und wenn ihr alle auf den Takt der Einheit synchronisiert seid, herrschen himmlische Harmonien wie nie zuvor. Sich ständig ändernd, immer in Bewegung, fließend wie die Natur der Energie und des Bewusstseins selbst. Sich von einem Paradigma zum anderen verlagernd, bestimmt, geformt von dem sich wandelnden Bewusstsein, das in jedem System enthalten ist.

Sagen wir, auf eurem Planeten Erde ist es ein Mikrokosmos, denn auf eurem Planeten Erde ist jedem Individuum ein Grundton zugeordnet, einige haben also den Klang des Klaviers, andere den der Posaune, der Violine und so weiter. Ihr alle habt euch, einzigartig, wie ihr seid, dem Göttlichen Einen gegenüber verpflichtet, eure Instrumente so perfekt zu stimmen, dass die Musik, die aus euren Energiefeldern dringt, vom phantastischsten Orchester auf dem Planeten Erde gespielt wird. Die Note, die aus eurem Planetensystem ertönt, wird die Vollkommenheit selbst sein, ein Grundton, den wir »a« genannt haben.

Das ist keine neue Information, und wie der Aufgestiegene Meister, euer Kuthumi, durch andere Channelmedien sagte, ist das, was sich derzeit auf eurem Planetensystem abspielt, der Prozess des Erwachens, der Erinnerungsprozess, der Prozess des Zusammenkommens. Viele haben nun ihre Instrumente auf den Ton »a« gestimmt, und in dieser Zeit im Raum, so ist es beschieden, wird, wenn ihr euch auf diese Note stimmt, die für euch Menschen auf dieser Daseinsebene festgelegte Note gute Synchronizität, viel Magie, große Harmonie und Gnade in eure Energiefelder anziehen.

Wir sind die Meister der Lichttechnologie, uns hat es zu den Energiefeldern eures menschlichen Bewusstseins hingezogen als Antwort auf den Ruf, der vom Innern des kollektiven Herzens aller ertönte. Dieser Ruf, dieses Verlangen eurer Massen galt Einheit, Gleichgewicht, einer zivilisierteren Weise des Lebensausdrucks auf eurer Daseinsebene. Wir meinen, wie ihr wisst, nicht Zivilisation in Form von technischem Fortschritt. Denn was ist zivilisiert an einem Verstand ohne Herz? Was ist zivilisiert an einer Technologie, die ohne Bewusstsein und reine Absicht dahinter auf die Menschheit losgelassen wird?

Denn die Einheit, die ihr sucht, rührt von der Vereinigung des Energiefelds eines jeden Individuums zu einem synchronistischen Takt, der ausgerichtet ist auf den des Mutter-Vater-Schöpfer-Gottes. Damit dieser Takt erkannt wird, ihr Lieben, müsst ihr ihn im Innern suchen, ihr müsst das Motiv der Intention spielen und als Intention die Vereinigung und den vollen Ausdruck und die Erfahrung eures eigenen göttlichen Selbst festlegen. Wenn man sich selbst eint, so sendet man eine elektromagnetische Kraft aus, die andere zu einem bringt, die ebenfalls im Selbst geeint sind. Ehe ihr euch verseht, habt ihr eine in Bewegung befindliche Welle des Bewusstseins der breiten Masse, allesamt vereint, und ihr beginnt den offenkundigen Beweis für diese Einheit und Ausgeglichenheit an der Synchronizität und Magie zu sehen, die den Energiefeldern der Geeinten folgen, die sich in ihrem Umfeld ausdrücken, und so könnt ihr dieses prophezeite Zeitalter, die Zeit des Jahrtausend erschaffen, das viele anstreben, das goldene Zeitalter.

Ein geeintes, lebendiges Energiefeld, wo alle telepathisch verbunden sind, wo alle die Fähigkeit haben, die Menge an Licht und Liebe abzulesen, die durch die offenen Türen deines Herzens ausstrahlt. Denn es ist euer Herz, das Herzzentrum, das das getaufte Bewusstsein, das Christusbewusstsein, durchkommen lässt. Es ist das Herz, das erlaubt, dass die reine Essenz dessen, was du auf der Ebene der Zellen und Atome in dir trägst, ausgedrückt wird. Es gibt vieles, ihr Lieben, das auf eurer Ausdrucksebene gleichzeitig auftritt, und das, was ihr in euer Bewusstseinsfeld anziehen könnt, wird in direkter Beziehung zu der Ausdehnung eures eigenen Bewusstseins stehen.

Auf einer Ebene ist das Spiel, das da gespielt wird, eines der Einheit, auf einer anderen Ebene ist diese Einheit, dieses

Feld, dieser bewusste lebendige Organismus, zu dem ihr werdet, wenn ihr harmonisch auf die Essenz abgestimmt seid, die alles geschaffen hat, die jedes einzelne Individuum am Leben erhält.

Ihr beginnt durch euer kollektives Verlangen ätherisch eine Vision anzulegen. Es geschieht durch eure Vorstellungskraft, euer visionäres Vermögen, euer Vermögen, euch eine harmonisierte Welt vorzustellen. Genau hierdurch werdet ihr eine Energiematrix um das Bewusstsein der Massen anlegen, und wenn diese Vision angelegt wurde und durch das Sicheinstimmen der Individuen auf ein einziges Resonanzfeld mehr und mehr geeint ist, dann richtet ihr als Emotion dieses Feldes als lebendem Organismus das Verlangen nach physischer Manifestation ein. Dieses Verlangen, diese Emotion, diese Intention, dieser Wille werden das bringen, was ihr euch vorgestellt habt.

Es ist also eine Zeit der Vision, es ist eine Zeit, euch stärker zu erlauben, euch in die Sphären reiner Phantasie hineinzubewegen, einander in eurer Einzigartigkeit zu einen, ehren und unterstützen. Denn jeder und jede von euch transportiert einen individuellen Ton und jeder und jede von euch zieht andere durch die Kräfte der elektromagnetischen Energie, durch sein Verlangen nach Vereinigung, in sein Energiefeld. Und wenn ihr die Reiche eurer Phantasie erkundet, werdet ihr merken, wie sie sich euch offenbaren, als wären sie durch ein festgelegtes Programm von dem Einen im Innern freigegeben. Ihr werdet eure Blaupause finden. Eure göttlich bestimmte Rolle.

Was in den Wirklichkeiten der zukünftigen Zeit existiert, das werdet ihr finden, indem es sich vor eurem geistigen Auge offenbart. Denn ihr seid die Schöpfer, ihr erschafft durch eure Denkprozesse unablässig um euch herum das Leben, wie ihr es kennt, und nun habt ihr eine Ebene des Ausdrucks manifestiert, die euer Herz singen lässt, nun habt ihr eine Weise zu sein gefunden, die individuell erfüllend ist. Nun ist eine Zeit gekommen zuzulassen, dass diese Freude, diese Vision kollektiv Gestalt annimmt, damit alle auf dieser Seinsebene Freude und Grenzenlosigkeit erfahren können, damit alle Einheit und Gleichgewicht kennen lernen können.

Ein singendes Herz, ein Herz, das von bedingungsloser Liebe und bedingungsloser Bereitschaft erfüllt ist, alles zu ehren. Unterschätzt nicht die Kraft einer voll tönenden Note. Unterschätzt nicht die Kraft dessen, was hier vorherbestimmt ist. Sobald ihr euch auf den göttlichen Willen stimmt, den göttlichen Plan, und bewusst mit den kreativen Kräften arbeitet, werdet ihr Träger einer Kraft sein, die sich pro physisch inkarnierter Person hundertfach multipliziert. Wenn man das versteht, fällt es leicht, das »Phänomen mit dem hundertsten Affen«, wie es Lyall Watson beschreibt, zu verstehen. Die Macht, die ihr habt, euren Planeten so zu verändern, dass er von einem Planeten, der vom Paradigma des Leidens und Mangels und Verurteilens bestimmt ist, zu einem mit dem Paradigma der Einheit wird – einfach, indem ihr die Freude zum Ausdruck bringt, die ihr seid, denn nichts anderes als diese Freude seid ihr.

Auf der galaktischen Ebene lautet das universelle Paradigma, dass ihr, wenn ihr Entsprechendes geschaffen habt, eingeladen werdet, bewusst Leben in anderen Systemen zu beobachten. Bewusst im Physischen eure galaktischen Brüder und Schwestern vorzufinden, wie sie in eurer physischen Realität unter euch wandeln. Der Zeitpunkt dessen wird von dem Verlangen im kollektiven Herzen bestimmt, Einheit kennen zu lernen. Auf einer anderen Ebene ist es das Ende eines Zyklus von vielen Jahren, denn es wird eine parallele Wirklichkeit übergelagert, an der teilzuhaben ihr als Lichtarbeiter eingeladen seid.

Ihr habt den Zyklus des Aufstiegs und Niedergangs gehabt, dies ist euer siebtes goldenes Zeitalter. Als siebtes goldenes Zeitalter, ihr Lieben, ist es die Vollendung eines siebenstrahligen Energiebandes, insofern ist es der spirituellste Zyklus. Denen, die sich auf dieses Paradigma stimmen statt auf einen weiteren Aufstieg und Niedergang, werden sich tausend Jahre Frieden und ein weiterer Niedergang erschließen. Die Saat zu einer neuen Wurzelrasse, ein neuer

Aufstieg und ein neuer Fall, eine glanzvolle Zeit und eine Zeit der Einschränkungen. Denn das ist eine parallele Wirklichkeit, bei der ihr verweilen könnt, wenn es euer Herz danach verlangt.

Doch das Geschenk, von dem wir euch wissen lassen, das Geschenk an diesem Punkt in eurer linearen Zeit ist eine Durchlassöffnung für die Energie, ein Diamant. Er ist wie ein interdimensionaler Durchlass und ihr seid eingeladen, hindurchzutreten. Dies wird euch zu einem anderen Paradigma, einer anderen Wirklichkeit führen, von uns Diamantzeitalter genannt. Es ist ein Losbrechen, ein Sprießen der Zweige, wenn ihr so wollt, das alle vollziehen können, die das Gefühl haben, durch ihren Prozess des Erwachens ihre Inkarnationszyklen auf dieser Ebene abzuschließen. Es ist eine Tür, durch die ihr den Schritt in die Freiheit tun könnt, euch in ein anderes Paradigma bewegen, wo ihr euren im energetischen Raster festgelegten Vertrag, euren Dienst auf diesem Planeten zu vollenden habt. Die Zeit rückt nun näher, wir bitten euch also, euch bereitzuhalten.

Wenn dieser Grundton von den zehn Prozent des Planeten, die bislang auf ihn gestimmt sind, die sechzig Prozent erreicht, wie wir sagten, die erforderlich sind, um dem goldenen Zeitalter vollauf ein festes Fundament zu geben, dann werdet ihr eure Chipkarte erhalten, um durch diesen Diamanten hindurchzutreten. Und was ist der Diamant anderes als das Auseinandergehen der Merkabah? Wenn diese beiden Energiepunkte im Dreieck sich leicht voneinander entfernen, bilden sie den Diamanten, und das ist die Tür, die wir anbieten.

Und dennoch ist es für einige Teil ihres Vertrags – sie werden es innerlich wissen –, die fortfahren damit, die Wurzelrassen zu säen, fortfahren, dieses Spiel zu spielen, denn es ist uralt. Ergründet euer Herz, benutzt eure Phantasie. Was wird, nachdem ihr euren Vertrag hier erfüllt habt, ihr Lieben, eurem Herzen Freude schenken? Es gibt so viele Ebenen im Hause des Vaters. Es gibt so viele Dienste, an denen ihr als Mitschöpfer eurer Wirklichkeit sich zu beteiligen gebeten werdet. Wir haben also Informationen durchgegeben, um den Geist von manchem zu locken. Einiges an Informationen mag manche verwirren. Es spielt keine Rolle, denn alle werden in sich das aufnehmen, was richtig ist, denn ihr alle werdet vom inneren Lehrer, dem Gott im Innern, geführt und der Gott im Innern leitet euren Fortschritt, euer Verständnis und eure Erweckung dementsprechend, wonach euer Herz verlangt.

Vertraut darauf und wisst, dass alles, wozu es euch hinzieht, was euer Herz mit Freude und Leidenschaft erfüllt, dazu da ist, dass ihr es erfahrt, es ist Teil eurer Wirklichkeitserschaffung. Es ist das Aroma, das ihr eurer eigenen Schwingung beifügt, Teil des Stimmvorgangs, der für euer Instrument erforderlich ist. Wenn ihr danach strebt, das Spiel der göttlichen Vollkommenheit zu spielen, dann wird genau das euch in eurem Alltag offenbart werden. Wenn ihr das Spiel der Dualität zu spielen sucht, dann wird das eure Erfahrung sein. Denn alles existiert innerhalb der Einheit: das Licht, die Dunkelheit, das Höhere, das Niedrigere, und alles wird so reagieren, wie es den Entdeckungen eurer Quantenphysik entspricht: Ein Ereignis wird durch bloßes Beobachten verändert, sodass wirklich, ihr Lieben, die Empfänglichkeits- und Schwingungsebenen, auf die ihr euch einblenden mögt, die in der physischen Wirklichkeit zutage treten, so verfeinert sind, dass, wie es heißt, dann, wenn ein Schmetterling in China mit den Flügeln schlägt, sein Energiefeld sich auf das der anderen Seite eures Planeten auswirken kann.

Je mehr ihr auf die Unermesslichkeit dessen, was ihr seid, gestimmt seid, desto feiner nehmt ihr den Herzschlag Gottes wahr, desto mehr sind eure Antennen ausgerichtet auf den Herzschlag des Schöpferischen Einen und desto mehr werdet ihr die Energiefelder aller Lebenskräfte in allen Universen wahrnehmen. Je verdichteter eure Schwingung ist, desto langsamer ist die Schwingung. Desto mehr wird diese physische Wirklichkeit euch, ihr Lieben, alles zu sein scheinen, was es gibt, und dennoch wisst ihr in eurem tiefsten Herzen, dass es so viel mehr gibt. Vereinigt also euren Herzschlag mit dem des göttlichen Herzens, stimmt bewusst euer Instrument, denn der physische, Emotional- und geistige Körper sind Instrumente, die man stimmen kann. Energiefelder, die Muster tragen, Resonanzwellen, die sich unablässig vermischen und magnetisieren und Licht anziehen. Wenn ihr also in eurem Leben findet, dass vielleicht alles, was ihr erfahrt und seht und fühlt, nicht solche Feinheit hat, wie ihr euch das wünscht, ihr Lieben, dann stimmt euch bewusst ein auf den Herzschlag des Schöpferischen Einen.

DIE INTERGALAKTISCHE FÖDERATION DER WELTEN

Commander Ontar

Ihr fragt euch vielleicht, was es mit dem Rat der Intergalaktischen Föderation der Welten eigentlich auf sich hat. Es findet, wie ihr alle wisst, auf eurer Daseinsebene ein Erwachen statt, und diejenigen, die nun erwachen, sind die Sterngeborenen, diejenigen, die quer durch die Galaxien der Zeit ausgesät wurden.

Es sind diejenigen, die sich zur Durchführung ihrer eigenen spirituellen Reise zu diesem Zeitpunkt der Erdgeschichte auf dieser physischen Ebene inkarniert haben und dazu in den Mantel der ihnen zugedachten Rolle geschlüpft sind. Denn die Menschheit hat noch weitere Sätlinge, zu denen ihr nicht gehört, und wir haben nicht im Sinn, dort einen Stamm zu begründen, der ein Doppelgänger eures galaktischen Erbes ist, wenn es auch in neuerer Zeit viele Zeitschriften gegeben hat, die über Derartiges berichten.

Die Intergalaktische Föderation der Welten und deren Rat ist einfach ein Zusammenschluss von Wesen, die nicht nur das Verlangen nach einem harmonischen Dasein in allen Dimensionen eint, in denen sich Gott ausdrückt, sondern die auch das Verlangen eint, wirklich Gott in allen Ausdrucksformen, durch alle Daseinsebenen hindurch zu erfahren.

Es sind Wesen, die, wie ihr vielleicht sagen würdet, vor einem unterschiedlichen Erfahrungs- und Verständnishintergrund auf der Suche nach »Erleuchtung« sind und diese erfahren wollen. Die danach streben, die Einzigartigkeit aller Geschöpfe Gottes zu ehren und sich an ihr zu erfreuen. Die intuitiv, getragen von einem tiefen inneren Wissen, begreifen, dass es Raum für die gesamte Vielfalt des Ausdrucks Gottes gibt. Die wissen, dass es einen Kleber gibt, wie man euch gesagt hat, der die molekulare Struktur aller Ausdrucksformen zusammenhält, und dieser Klebstoff ist, wie Sananda euch sagte, einfach Liebe.

Denn die Schwingung, die alles geschaffen hat – durch Raum und Zeit, durch alle Ausdrucksdimensionen –, ist die der Liebe. Wie viele von euch verstanden haben, spielen eure Mentoren, eure Herkunft, euer Verständnis keine Rolle. Denn der gemeinsame Beweggrund aller ist einfach der, das Herz im Innern zu suchen und zu kennen, die Erfahrung von Liebe und Freude. Und die Etiketten, die man dem anheftet, sind eben nichts weiter als Etiketten. Die Macht der Liebe ist die Kraft, die die Welt geschaffen hat. Und die Auslegung des Wortes, das so viel Durcheinander geschaffen hat auf eurer Daseinsebene, hört auf, von Bedeutung zu sein, wenn man sich in die wahre Erfahrung des Gottes ICH BIN im Innern begibt.

Und so gibt es Milliarden von Planeten, Milliarden von Lebensformen, die die schöpferische Energie der Gotteskraft zum Ausdruck bringen. Und die Erde, euer Planet, reift heran und lässt allmählich eine Daseinssphäre hinter sich. Da ist ein Bewusstsein, ein Erwachen auf eurem Globus, das euch erhebt und euch dabei erlaubt, den Schritt in ein größeres Wissen zu tun, eine andere Ausdrucssphäre. Es ist wie ein Energiefeld, das sich durch euer Raum-Zeit-Kontinuum bewegt hat und dabei durch viele Türen wanderte, die ihr als Punkte in eurer Entwicklung, in eurer Geschichte, bezeichnen mögt. Und nun seid ihr zu einer solchen Tür gekommen und auf dieser Tür steht vielleicht: »Höhere Intelligenz, Außerirdische, Aliens«, welches Schild auch immer ihr ihnen anzuheften wünscht.

Aber wenn ihr die Tür öffnet – und dieser Planet steht gerade im Begriff, dies zu tun – durch die pure Macht des Verlangens im Herzen von euch allen, eine größere Ebene des Daseins und des Ausdrucks zu kennen, so werdet ihr, wie vielen von euch schon bewusst ist und viele weitere zu ahnen beginnen, auf Formen von Leben stoßen, die von immensem Licht und immenser Intelligenz geprägt sind und auf der anderen Seite der Tür, vor der ihr nun steht, das tun, was man bei euch vielleicht »Party feiern« nennen würde.

An euch ist die Einladung ergangen, zu einer Party für »Erwachsene« zu kommen, wogegen Erdgeschöpfe eindeutig als Wesen eingestuft wurden, die, wie ihr sagen würdet, noch im Kindergartenalter sind. Damit soll niemand verurteilt werden, es ist einfach nur eine Feststellung, die sich daran festmacht, wie stark der Motor in eurer Entwicklung ist. Wobei er das nicht immer war. Und viele werden sich derzeit wieder bewusst, dass euer Ursprung nicht auf der Erde zu suchen ist.

Es gibt Wesen auf dieser Erdebene, die von ihrer Herkunft her eher auf die plejadische Energie ausgerichtet sind. Es gibt diejenigen, die von den Energien des Planeten Sirius und vom Orion- und Wegasystem gekommen sind. Und dann gibt es diejenigen, die eine Zeit lang im Umfeld der arcturischen Energie waren, durch die ihr alle am einen oder anderen Punkt hindurchgekommen seid. Und nun erwacht ihr. Das Warum und Wozu ist wirklich nicht mehr ausschlaggebend. Den Fokus auf Dinge wie den Photonengürtel zu richten, ist auch nicht wirklich ausschlaggebend, obwohl es für manche als Katalysator dienen mag und sie motiviert, sich auf ihre Reise zu konzentrieren oder sie zu beschleunigen, aber warum und wozu und wann auch immer das Ganze stattfindet, ist nicht der Punkt. Der Punkt ist und war immer die Freude in eurem Herzen. Die Fähigkeit, immer im Augenblick zu bleiben und zuzulassen, dass das höhere Wissen sich durch euch ausdrückt, denn ihr seid die Kanäle für das Licht. Ihr seid Spione auf dieser Ebene, die ihren wahren Daseinszweck erkannt haben. Ihr seid als Bastionen des Lichts geschickt worden, ihr habt euch freiwillig gemeldet, und ja, ihr seid vielleicht eingeschlafen, aber nun erwacht ihr.

Dieses Erwachen mag sich scheinbar auf geheimnisvolle Weise einstellen und dennoch ist es so, dass die »Wunder«, je mehr ihr euch auf die Energien dieser Erweckung einschwingt, während sie euch durchströmen, zum alltäglichen Ereignis werden, sodass das, was ihr in eurem Ausdruck auf dieser Ebene erfahren werdet, ständige Freude und Zufriedenheit sein wird, denn ihr wisst, wenn das so ist, dann seid ihr im Einklang mit den höheren Energien eurer eigenen Gottnatur. Statt eines sporadischen Erlebnisses wird dies also auf einer bewussten Ebene durchgängig eure Erfahrung sein und die Zeiten, in denen ihr nicht von Freude erfüllt seid, werden selten.

Wo also eure Schulung stattgefunden hat, welchen Einflüssen ihr ausgesetzt gewesen seid unter den Myriaden Möglichkeiten, die der Menschheit gegeben sind, das spielt keine Rolle. Worauf es ankommt, wie wir schon zuvor sagten, ist, dass ihr jetzt alle erwacht und begreift, dass eure Reise Sinn und Zweck hat. Dass ihr Bastionen des Lichts seid. Dass ihr Brenngläser seid, durch die die höheren Energien strömen können, um es zu ermöglichen, dass der Übergang, in dem sich der Planet nun befindet, ein freudiger ist. Denn die Sphären, die ihr intergalaktisch nennt, diese Sphären, die unsere Wesen erfahren, sind Sphären großer Freude, Harmonie und Einheit.

Das Verlangen im Herzen hat eine große magnetische Anziehungskraft und dieses Verlangen in eurem Herzen ist es, das euch in unsere Daseinssphäre zieht, denn euch alle verlangt es nach der Wahrheit. Euch alle verlangt es nach Liebe, Harmonie und Gleichgewicht in eurer gegebenen Ausdrucksform, stimmt das nicht? Das ist der Magnet, der unsere Welten zueinander hinzieht und so die Dimensionen verschmelzen lässt.

Das ist das Verlangen im Herzen all derer, die im Rat der Intergalaktischen Föderation der Welten sitzen, und das ist der einende Faktor, unabhängig von dem Ausdruck, den wir in unserer Evolution annehmen. Unabhängig von der Farbe der Haut. Denn ihr könntet ziemlich entsetzt sein, wenn ihr einige der Kreaturen seht, die in diesem Rat sitzen und in denen Gott sich ausgedrückt hat, denn schließlich seid ihr mit so etwas, wie ihr sagen würdet, noch nie konfrontiert gewesen.

Es gibt Wesen, bei denen ihr sagen würdet, sie haben eine eigenartige Blässe und einen merkwürdigen Ausdruck; Wesen, die vielleicht keine fünf Finger und fünf Zehen haben, deren Gesichtszüge bei euch als nicht ganz so schön gelten, wie es vielleicht euren Erwartungen entspricht. Aber wir haben gelernt, über die äußerliche Manifestation hinwegzugelangen und die Energie zu lesen, die aus dem Herzen aller Ausdrucksformen Gottes hervorkommt, und diese Energie ist es, die Gleiches zu Gleichem hinzieht, dem universellen Gesetz entsprechend.

Denn die höheren Sphären sind einfach vom Verständnis des universellen Gesetzes beherrscht, gepaart mit dem Verlangen nach Liebe, Einheit und allumfassendem Wissen. Die Göttlichkeit Gottes drückt sich in allen aus, sie ist die schöpferische Kraft von allen.

Es ist an der Zeit, dass ihr anerkennt, was ihr in eurem Herzen bereits als Wahrheit erachtet: dass ihr nicht die einzigen im All seid. Dass die Menschheit nicht alles an göttlicher Intelligenz ausmacht, wie sie selbst meint. In ihrem begrenzten Verständnis ist sie noch wie im Kindergartenalter. Es herrscht noch viel Dunkelheit, und das Ego tobt sich noch tüchtig aus auf eurem Planeten, aber es wird zunehmend überwunden, wenn das Licht im Herzen aller so hell strahlt, dass es euch auf eine Evolutionsspirale setzt, die das ist, was ihr vorherbestimmt nennen würdet und sich nicht aufhalten lässt.

Wie viele von euch sind also nun bereit, aufzustehen und zu sagen: »Wir sind nicht die Einzigen?« Bereit anzuerkennen, dass es so etwas gibt, was ihr Außerirdische nennt? Wie viele von euch sind nun bereit auszusprechen, was sie als wahr erachten, und wie viele glauben in ihrem tiefsten Herzen, dass es so etwas gibt?

Es wird nur noch kurze Zeit dauern, nach eurer linearen Zeit gemessen, dann werden wir unsere Gegenwart zu erkennen geben. So ist es prophezeit worden und so wird es sein. Mit vielen wird nun, wie mit diesem Medium hier, Kontakt aufgenommen und es ergeht an sie das direkte Kommuniqué, aufzustehen und Zeugnis abzulegen und die Einflüsse wahrzunehmen, die nun auf eure Ebene kommen. Es ist eine Zeit der Vorbereitung, denn wie könnt ihr euch aus vollem Herzen dafür entscheiden, bei etwas mitzumachen, in eurem

Herzen, bei etwas, von dem ihr so wenig wisst? Und dennoch werdet ihr bei den Informationen und der Energie, die ihr mitbekommt, merken, dass sie ihren Widerhall in eurem Herzen finden und dass in ihnen zum Klingen gebracht wird, was eurem Herzen bereits innewohnt.

Es gibt viele Allianzen der Vergangenheit, die zwischen euren Regierungen und außerirdischen Wesen geschlossen wurden und deren Motiv nicht das Höchste war.

Es wird viele geben, die bei diesen Enthüllungen vortreten und das Wort ergreifen werden, und ihr werdet in eurem Herzen wissen, was für euch die Wahrheit ist. Ihr werdet vieles erfahren und es wird großes Chaos herrschen. Diejenigen, die vollkommen im Einklang sind mit dem Gott im Innern, werden für sich die Wahrheit kennen, und dieser Einklang wird dafür sorgen, dass ihr Weg, ihr individueller Übergang in die höheren Sphären, glatt verläuft, frei von Angst und Chaos.

Ihr seid also ein »Mischmasch« an Lebensformen. Ihr erwacht und erkennt eure Sternensaat, euer galaktisches Erbe. Ihr könnt in eurer »Traumzeit« oder in eurer Meditation Informationen zu eurem persönlichen Erbe erbitten. Ihr könnt außerdem darum bitten zu erfahren, auf welche Weise ihr der höchsten Sache dienen könnt, denn ihr seid ja, wie ihr gehört habt, hier, um einen »Auftrag« zu erfüllen. Den Gott im Innern zu erwecken und euer Licht erstrahlen zu lassen, es zu ermöglichen, dass euer Licht das Licht in anderen wärmen kann, damit sie den Gott im Innern erwecken und ihre eigene Göttlichkeit ausdrücken können. Das ist eure Hauptaufgabe. Nähere Einzelheiten könnt ihr dadurch erfahren, dass ihr innerlichen Einklang herstellt.

Wenn ihr von dem Blickwinkel aus sehen könntet, wo ich mich befinde, würdet ihr riesige Lichtkugeln durch die Galaxie wirbeln sehen, in null Komma nichts erschaffend, in Null Komma nichts zerstörend. Planeten, die von der Energie der Liebe aktiviert werden. Planeten, die das Göttliche annehmen, die in den wahren Mantel des Gottes ICH BIN schlüpfen. Wesen wie ihr selbst, die begreifen, dass sie auf allen

Sphären des Ausdrucks existieren, denn ebenso wie ihr in dieser Dimension einen physischen Körper angenommen habt, so sitzt ihr auch in der fünften und sechsten, ja in allen Dimensionen bis zur höchsten Quelle der Energien. Und ihr würdet begreifen, dass alles außer der Erfahrung des Gottes im Innern einfach eine Illusion ist, wenn ihr in dieser Erfahrung aufgeht. Dennoch ist es ein Weg für euch, die göttlichen Aspekte eurer Natur in Erfahrung zu bringen.

Wir sind keine Sternwesen, wir sind einfach Energieformen von Licht und Liebe, die das Vermögen haben, nach Belieben Form zu manifestieren. Es gibt Dinge, die ihr auf einer Ebene nicht verstehen könnt und an die ihr euch auf der anderen doch erinnern werdet, denn ihr existiert dort ja bereits. Es ist einfach eine Frage davon, sein Bewusstsein zu verlagern, seine Wahrnehmung zu ändern. Denn die Wirklichkeit, die ihr zu begreifen beginnt, wird durch einen Gedanken geschaffen, und worauf ihr eure Aufmerksamkeit lenkt, das wächst, wie ihr ja alle nur allzu gut wisst. Möchtet ihr eure Aufmerksamkeit auf eure Göttlichkeit lenken, liebe Lichtwesen? Möchtet ihr euer galaktisches Erbe wieder für euch beanspruchen? Verstehen, dass ihr in allen Raum-Zeit-Kontinuen existiert, auf allen Ebenen des Ausdrucks, quer durch alle Dimensionen?

Oder möchtet ihr weiterhin das Spiel in dieser Wirklichkeit spielen, das eure Gesellschaft als »normal« bezeichnet? Wir glauben es nicht, wenn wir die Energie im Herzen von euch allen hier lesen, denn ihr könnt es nicht länger spielen, weil es keine Freude in sich birgt. Und Freude ist wie die Karotte, die dem Esel vorgehalten wird, damit er immer weiterläuft. Ihr habt Freude gespürt, ihr habt die Freude willkommen geheißen, sie ist in eurem Herzen aufgewallt, zieht euch spontan zu sich hin, lockt euch zurück, während ihr mit eurer Reise zur EINheit fortfahrt, denn ihr seid EINheit. Wir sind EINheit. Und es ist die Eigendynamik in eurem Herzen, die diesen Durchgang öffnen wird und erlaubt, dass eure Daseinsebene freier, vollkommener zum Ausdruck kommt und euren Seinsausdruck in seiner Gesamtheit liebend umfängt.

Triclon: Bewusstes Erschaffen

Seid gegrüßt, liebe Lichtwesen. Hier ist die Energie, das Bewusstsein, des Wesens, das ihr Triclon nennen würdet. Das Kommuniqué, das durch unsere Gruppe hiervor herausgegeben wurde, stammt von dem individualisierten Bewusstseinspunkt, der unter dem Namen Triclon bekannt ist. Die Namensgebung, ihr Lieben, ist wie auf eurer Ebene des individualisierten Bewusstseins lediglich die Zuweisung einer Klangschwingung. Wie schon erläutert, lässt das »Tri« die Energie der heiligen Trinität hindurchkommen und wurde im vorherigen Kommuniqué ausgiebig besprochen.

Die »Clon«-Energie, das ist die Schwingung dieses Bewusstseins, ist lediglich ein Aspekt der euch allen gegebenen Fähigkeit, durch eure Gedankengänge zu klonen. Denn euer Denken, eure Gedanken sind Energieformen, die unablässig holographische Luftblasen erzeugen, Energiefelder, die euch eure Wirklichkeit widerspiegeln.

Eure Herzen, ihr Lieben, haben also danach gerufen, dass die Schwingung der Trinität durch das »Tri« überlagert werden möge, und die Fähigkeit, zu spielen sowie Wirklichkeit und holographische Luftblasen zu erzeugen, durch euren Denkprozess. Wenn ihr die beiden Energien miteinander vermischt, habt ihr einen mächtigen Strudel, den ihr bewusst nutzen könnt.

Zu jedem beliebigen Zeitpunkt sendet das, was euer Herz begehrt, senden eure schöpferischen Fähigkeiten Signale durch die Multiuniversen und ziehen gleich geartete Schwingung an entsprechend der, die ihr gerade erkennt und erlernt. Ihr beginnt für so viele Aspekte in euch wach zu werden, oder ihr seid dafür bereits wach geworden, oder? Eure Fähigkeit zur telepathischen, eure innere Stimme. Wir bitten darum, dass ihr damit fortfahrt, weiter eure Fähigkeit zu wecken, hellsichtig erkennen zu können, indem ihr eure spirituellen Augen einsetzt.

Vielleicht möchtet ihr also mit uns auf eine »Reise« kommen, damit ihr die Punkte Bewusstsein regelrecht beobachten könnt, aus denen sich der Rat der Intergalaktischen Föderation der Welten zusammensetzt und die zu diesem Zeitpunkt in eurer linearen Zeit den Vorsitz bei dieser Zusammenkunft führen und Bewusstseinsströme in euch freisetzen.

Stellt euch vielleicht vor, dass über euch, in einer anderen, höheren, feineren Energiebandbreite, wie bei den Rittern der Tafelrunde, Energiefelder von Bewusstsein wohnen. Lasst eure Phantasie fließen, ihr Lieben. Stellt euch dabei vor, dass bei diesem Rat Bewusstsein aus vielen galaktischen Ausdrucksformen Gottes anzutreffen ist, Ausdrucksformen vieler Dimensionen oberhalb des fünften Energiebands. Wenn ihr euch vorstellen möchtet, dass diese individualisierten Bewusstseinsfunken, die die Energiematrix der Gruppe erzeugen, eine Form haben, so stellt sie euch als solche vor – was ihr auch braucht, um das Wissen auszulösen, dass zu diesem Zeitpunkt über euch eine Ratssitzung abgehalten wird.

Nun, wo ihr das Bild vor eurem geistigen Auge habt, wisst einfach, ihr Lieben, dass gilt: »Wie du denkst, so wird es sein.« Dass alles auf der Stelle durch die Gedankenform manifestiert wird. Dass die menschlichen Ausdrucksformen Gottes, die derzeit auf eurer Wirklichkeitsebene in den unteren Oktaven der vierten Dimension angesiedelt sind, einer gründlichen Reinigung und Wiederausrichtung aller Gedankenformen auf den Pulsschlag des Mutter-Vater-Schöpfer-Gottes und die Quelle der göttlichen Intelligenz unterzogen werden müssen.

Denn wenn ihr euch voll und ganz eurer Fähigkeit bewusst seid, von dem, was in euren Gedanken wohnt, auf der Stelle Klone in der physikalischen Welt anzufertigen, dann werdet ihr eine weitere Initiationsprüfung bestanden haben und euch voll und ganz eures fünftdimensionalen Ausdrucks bewusst sein. Es ist, als würden euch Schleier der Täuschung von dem zellularen Wissen trennen, wer ihr wirklich seid. Es ist ein Prozess, der es erfordert, die stärker verdichteten Energiemuster abzuschütteln, die euer individuelles Bewusstsein überlagern, damit ihr voll und ganz eure schöpferischen Fähigkeiten versteht und deren Kraft.

Viele auf dieser Ausdrucksebene beginnen die Fähigkeit zu verstehen, jedes Wirklichkeitsumfeld zu erschaffen, das sie sich vorstellen. Denn, wie wir gesagt haben, seid ihr ja schließlich denkende Wesen. Ihr denkt unablässig, ihr beginnt Leitsprüche zu gebrauchen, die euch die Erkenntnis ermöglichen, dass die Qualität eures Denkens euch Lebensqualität gibt.

Es sind derzeit auf dieser Erdebene viele Wirklichkeitsrahmen zu beobachten. Manche Wesen beginnen sich zu fragen, ob an ihrem Leben nicht vielleicht mehr ist als ihr Denken, ihre Emotionen, ihr physischer Körper. Viele verlangt es danach, nicht länger Opfer zu sein, und sie akzeptieren ihre eigene Meisterschaft.

Manche sehen dieses Ausrichten auf das Göttliche als einen Weg, den sie durch die Annahme von Dogmen und Glaubensüberzeugungen religiöser oder sogar wissenschaftlicher Art beschreiten mögen. Viele erkennen an, dass alle Gedankenformen und Entscheidungen Gültigkeit haben, dass dann, wenn die Etiketten und das intellektuelle Verständnis wieder zur Herzenergie zurückgebracht werden, es das Verlangen im Herzen ist, das alle eint.

Es gibt einige, die sich voll und ganz der Öffnung der Durchgänge zu ihrer multidimensionalen Natur verschrieben haben. Es gibt viele, die die Freude der Erkenntnis erkunden, dass ihr in der Tat multidimensionale Wesen seid, die in Multiuniversen leben, in gleichzeitigen zeitlichen Rahmen jenseits eurer linearen Zeit auf dieser Ebene. Aber, ihr Lieben, versteht, dass ihr schöpferische Wesen seid, dass ihr für euch selbst jede Wirklichkeit erzeugen könnt, die es eurem Herzen erlaubt zu singen, dass das Teil des Weges aller Initianten ist.

Wir haben euch oft wissen lassen, dass dieser Prozess, der Prozess der Erlangung von Meisterschaft auf dieser Seinsebene, zwei Seiten hat. Es geht nicht einfach nur um das Endergebnis, das es zu erreichen gilt, sondern auch darum festzulegen, was ihr unter normalen Umständen in diesem Inkarnationszyklus zu erfahren wünscht. Wenn eure Norm

Freude, Gnade, Erkenntnis und Erkundung der unbegrenzten Natur eures Seins ist, so wird eure Erfahrung normalerweise dem entsprechen. Wenn ihr dem Gedanken anhängen möchtet, dass der Prozess der Erleuchtung ein Prozess mit viel Leid, Bloßgelegtwerden, Wiederausrichtung, ständigem Verarbeiten ist, so wird er so sein.

Aber wir bitten euch, die Möglichkeit in Betracht zu ziehen, dass ihr bereits göttlich seid. Dass ihr bereits Vollkommenheit seid. Dass ihr auf allen Ausdrucksebenen existiert, vollkommen ausgerichtet auf die Einheit, die alles geschaffen hat. Und dass dann, wenn ihr euch dafür entscheidet zu glauben, dass ihr begrenzte Wesen in einer physischen Inkarnation auf einer Ausdrucksebene seid, eure Wirklichkeit und Erfahrung der Begrenztheit, gefangen in einer körperlichen Form, auch genau das sein wird.

Wir bitten euch, dass ihr euch vielleicht öffnet für die Möglichkeit, dass ihr bereits alles seid, wonach ihr strebt, dass die Vollkommenheit, nach der ihr sucht, in jeder Zelle ist – und je mehr ihr euch auf die Vollkommenheit in eurem Innern fokussiert, desto mehr wird sie sich offenbaren. Desto mehr wird sie für euch alltägliche Realität werden, denn die universellen Gesetze regieren, wie ihr ja wisst, über alle Ausdrucksebenen jenseits eurer Wissenschaft und Religion: das Gesetz der Resonanz, wo Gleiches Gleiches anzieht, wo das, worauf ihr euer Augenmerk richtet, schlichtweg wächst.

Denn viele haben die Reise des einströmenden und des ausströmenden Atems Gottes verstanden, des geeinten Energiefeldes, das sich in allen findet. Aber es geht nicht nur um die Reise, ihr Lieben, nicht nur um das Ziel, das Endresultat der Reise, denn ihr seid bereits das, wonach ihr sucht. Es geht darum, die Gesamtheit eures Seins anzunehmen – Meisterschaft, Meisterung des physischen Körpers zu erfahren, während ihr inkarniert seid.

Und so wird euch die Möglichkeit vorgestellt, euch von den pranischen Kräften zu ernähren, denn es gibt ja, wie ihr nun wisst, viele, die von Licht leben. Das ist nichts Wundersames. Es ist etwas Alltägliches, denn das Licht ist die Essenz dessen, was ihr seid, und so wird es euch auch nähren, wenn ihr wisst, dass das so sein kann. Wenn ihr es befehlt und erwartet, dass es so geschieht.

Die Meisterung des Emotionalkörpers ist einfach ein Definieren der Standardeinstellungen entspechend dem, von dem ihr als Individuen wisst, dass es euer Herz zum Singen bringt. Wenn ihr euch Leiden wünscht, so könnt ihr das haben, denn es gibt eine Menge Leid zu erfahren auf dieser Ebene der Dualität.

Viele glauben, dass ihr während eures Lebens als auf diese Erdebene Inkarnierte von den Gesetzen der Dualität beherrscht werdet. Ihr könnt euch über diese Gesetze hinwegsetzen. Denn die Gesetze der Dualität beherrschen bestimmte Oktaven des Schwingungsausdrucks, nicht die gesamte Schöpfung. Als Meister könnt ihr also einprogrammieren, dass eure Wirklichkeit so sein soll, wie ihr sie auf der emotionalen Ebene zu sein wünscht, um so die Standards der Erfahrung in jedem Moment festzulegen, die es euch erlauben, in dieser Inkarnation euer Leben so zu leben, dass euer vollstes Potenzial zum Ausdruck kommt.

Und dann die Meisterung der geistigen Ausdrucksebene. In der Lage zu sein, die Entfaltung der heiligen geometrischen Muster vor eurem spirituellen Auge zu sehen. Denn ihr seid dabei zu verstehen, dass alle Lebensmuster auf heiligen geometrischen Mustern und Formen von Energiefeldern basieren. Gebraucht eure spirituellen Augen. Stellt euch vor, wenn ihr jetzt, in diesem Augenblick, eine Gedankenform aussendet, eine Luftblase erzeugt, wie bei einem Kind, das Seifenblasen produziert. Stellt euch vor, wie aus eurem dritten Auge mit jeder Gedankenform eine solche Blase entsteht. Stellt euch vor, ihr habt die Fähigkeit zu beobachten, wie innerhalb dieser Blase das Leben Gestalt annimmt, das als euer »Lebensfilm« bezeichnet wird. Viele beginnen zu begreifen, dass alles nur eine holographische Blase ist, die durch ihre Gedankenformen erzeugt wird. Und weiter, dass dann, wenn ihr die Erschaffung dieser Lebensform im Innern der Blase beobachtet, das Beobachten die gesamte Essenz des Beobachteten verändert.

Nehmt bewusst eure Fähigkeit wahr, durch eure Gedanken zu erschaffen, ihr Lieben. Viele haben – nun, wo sie diese Fähigkeit begriffen haben, allein durch die Gedanken Dinge zu erschaffen – auch begriffen, dass sie in der Tat auf allen Ausdrucksebenen heimisch sind. Ja, sie sind multidimensional. Ja, das Verlangen ihres Herzens hat die Durchgänge zu allen Ebenen des Ausdrucks aufgetan, zur gesamten Schöpfung im Reich des Mutter-Vater-Schöpfer-Gottes. Sodass das höhere Bewusstsein, nachdem diese Durchgänge zur unbegrenzten Natur ihres Seins nun aufgetan sind, auf ihre Einladung hin zu dieser Wirklichkeitsebene hindurchströmen kann. Denn sie sind ja die Meister.

Und sie beginnen nun die Reise des Zeugen. Einfach zu beobachten, wie dieses Bewusstsein durch ihre physische Form strömt, ihr Herz berührt, das Leben, die Energiefelder all dessen, was magnetisch zu ihnen hingezogen wird.

Denn euer Dienst auf dieser Ebene, ihr Lieben, liegt darin, eure Größe zu erkennen, Zeuge der Freude der Göttlichkeit zu werden und der Vollkommenheit, die vor euch tanzen. Der Himmel ist auf dieser Ebene zu finden. Über sämtlichen Dimensionen lagert dieser dritt-/viertdimensionale Wirklichkeitsrahmen. Es geht lediglich um die Feinstimmung dessen, was ihr seid, auf dass ihr diese Vollkommenheit und Göttlichkeit erkennen könnt, die um euch herumtanzen. Es ist keine Reise des Werdens, es ist eine Reise des Seins.

Wir bitten euch, bewusst zu entscheiden, welche Rolle ihr in dieser Wirklichkeit spielen möchtet. Denn es wird eine neue Energiematrix gestaltet, von der wir so oft gesprochen haben. Entscheidet also, welches Spiel ihr gerne spielen möchtet. Denn ihr werdet vielleicht viel Zeit eures Lebens auf dieser Ebene damit verbringen, dieses Spiel zu spielen.

Ihr könnt, wie ihr sagt, bis zum Sankt-Nimmerleins-Tag eure multidimensionale Natur erkunden. Es ist eine ganz spannende Sache, zu verstehen, dass ihr euch über eure physische Form hinwegsetzen und euch in andere Dimensionen des Ausdrucks Gottes bewegen könnt. Ihr bewegt euch vielleicht von dieser Dimension zur nächsten, dann zur übernächsten, durch alle Universen, durch alle Dimensionen des Ausdrucks, denn alles ist miteinander verbunden, und ihr seid eins mit allem.

Ihr könnt nach innen eintauchen in die Arme des Mutter-Vater-Schöpfer-Gottes, zu Allem-was-ist – jenseits eures geistigen Verständnisvermögens, zu der Leere, zu der Zeit, die weder Raum noch Zeit kennt, zu dem Raum, der keine Zeit kennt. Jenseits der Grenzen der Zeit zur Zeitlosigkeit. Was ihr auch denkt, ihr könnt es erkunden und genießen. Die einzigen Einschränkungen, die ihr erfahren werdet, ihr Lieben, werden diejenigen sein, die von euch in eurem Bezugsrahmen von »Wirklichkeit« mit offenen Armen aufgenommen werden.

Doch wenn ihr erst einmal die multidimensionale Natur eures Seins erkundet und begonnen habt, euch in Einklang zu bringen und zu fühlen und zu erleben, was ihr wirklich seid, was dann? Macht euch klar, dass ihr eine Inkarnation auf dieser Ausdrucksebene als Teil einer komplizierten und doch einfachen und kraftvollen Energiematrix gewählt habt. Diese Matrix ist dazu bestimmt gewesen, in der Evolution der Spezies in ihrer Gesamtheit festgelegt zu werden – der Spezies, die ihr in diesem Sektor dieses Quadranten eures Universums die »Menschheit auf dem Planeten Erde« nennen würdet.

Vielleicht möchtet ihr euch vorstellen, dass ihr von einem anderen Universum »hereingeschneit« seid, dass ihr dem Kommando des Raumschiffs Enterprise untersteht, was auch immer es bei euch »klingeln« lässt oder was euer Herz zum Singen bringt. Aber ihr seid hier in der Tat als Angehörige einer riesigen Streitmacht inkarniert, die den Namen »Vereinigte Lichtarmeen« trägt. Ihr steht in Verbindung mit den Myriaden von Bruderschaften des Lichts, von galaktischen Föderationen, von Formen von Leben aus den gesamten Universen und werdet von diesen geführt.

Außerdem gibt es Energien, die von etwas hindurchfließen, das durch etwas einströmen, das ihr »weiße Löcher« nennen würdet, dem Zentrum dieser Galaxie, und die direkt aus dem dreiunddreißigsten Universum kommen. Dieses Universum, diese Energien, lagern sich über die Engelsenergien der Göttin. Sie bringen ein Gleichgewicht in euer patriarchalisches System, das an diesem Punkt der linearen Zeit bislang ablief.

Ihr habt vielleicht ahnungsweise begonnen, einen Blick darauf zu erhaschen, wie unbegrenzt die Spiele sind, die alle gleichzeitig in diesem Realitätsrahmen gespielt werden. Es kann höchst verwirrend sein. Wir bitten einfach darum, dass ihr vielleicht bei euren Kontemplationen eurer Phantasie die Zügel schießen lasst, ihr Lieben. Welcher Gedanke auch immer euch in den Sinn kommt, spürt in eurem Herzen die Leidenschaft, die dieser Gedanke wachruft. Diese Leidenschaft wird es euch wissen lassen, wann ihr vollkommen im Einklang mit dieser vorab festgelegten Blaupause seid in dem Spiel, das ihr an diesem Punkt, in dieser Energiematrix des Bewusstseins, zu spielen gewählt habt.

Denn alle sind einfach Energiematrizes von Bewusstsein, die, würde man sie unter das legen, was ihr bei euch als Mikroskop bezeichnet, geometrische Muster aufweisen würden. Diese Muster entstehen durch Gedankenformen, denn es strömt göttliche Intelligenz durch die gesamte Schöpfung. Dieser Ausdruck des Göttlichen, diese göttliche Intelligenz, hat in Sachen Gedankenform einen Aspekt, aus dem das massenhaft vorhandene Bewusstsein der breiten Masse besteht, das diesen Planeten umgibt. Es lässt sich als Energie definieren, und Energie wird über Bewusstsein definiert, über Schwingungsdichten. Euer Einklang mit den feineren Schwingungen entsteht durch eure Absicht, das Verlangen eures Herzens und auch durch den Einsatz der Licht-, Klang- und Farbtechnologie.

Aber, ihr Lieben, wir bitten darum, dass ihr euch vorstellt, wer ihr bereits seid, euch auf die Göttlichkeit im Innern konzentriert, die Vollkommenheit, die ihr seid. Dass ihr wisst, durch das Annehmen dessen, durch die Ausrichtung darauf, wird genau dieses auch sein. Denn so verfügt es das Universum.

Dies ist, ihr Lieben, eine Reise, die von großem Vertrauen und Glauben geprägt ist. Und dennoch werdet ihr bei jedem Schritt, den ihr voll gläubigem Vertrauen tut, ein Energiemuster finden, das dazu passt und euch das widerspiegelt, woran ihr bereits glaubt. Das wird das Fundament eures Vertrauens bilden, denn ihr werdet nach einem neuen Wirklichkeitsmuster zu leben beginnen, das in direkter Relation zu der Qualität eurer Gedankenform steht.

Qualitätvolles Denken bewirkt Lebensqualität, ihr Lieben. Qualitativ hohe Standards bei den Emotionen bewirken ein qualitativ hochwertiges emotionales Erleben. Die physische Form zu ehren, wird einen Tempel entstehen lassen, der so herrlich ist, sich so gut von selbst erhält, der unsterblich ist in dem, was er vermag und in seiner Essenz. Eine Behausung, die von der Zeit oder den Erwartungen des Massenbewusstseins nicht verheert werden wird. Eine Behausung, der das höchste Denken einprogrammiert ist, die höchsten Erfahrungen von Emotionen bedingungsloser Liebe, Lebendigkeit, Freude, Leichtigkeit.

Wenn ihr durch Gedankenformen programmiert, von Gnade in eurem Leben auszugehen, werdet ihr zunehmend Zeuge sein können, wie das Gesetz der Gnade in eurer Realität auf eine Weise manifest wird, die euer Herz zum Singen bringt und die Leidenschaft in ihm erweckt. Denn es ist die Qualität der Leidenschaft, die Leben in projizierte Gedankenformen bringt – das wahre Verlangen in eurem Herzen, in dieser im Gleichgewicht befindlichen Welt zu leben, in dieser Welt in Harmonie, in Einheit zu leben. Alle Energiefelder, allen Ausdruck von Leben auf eine Weise interagieren zu sehen, die zum Besten aller ist. Das heißt, das volle Potenzial dieses Ausdrucks von Leben zu leben.

Fragen und Antworten

Frage: Ich habe in meinen Meditationen daran gearbeitet, mich für bedingungslose Liebe zu öffnen. Es gibt dabei einen Aspekt, den ich noch immer nicht lieben kann, nämlich mein Äußeres, meinen Kör-

per, und ich habe einfach das Gefühl, dass ich es gerne schaffen würde, das aufzulösen. Ich arbeite jetzt schon seit zehn Jahren daran, und es hat nicht den Anschein, als würde ich es auflösen können. Kannst du mir da bitte helfen?

Triclon: Auch hier bitten wir wieder darum, dass du dich hinsetzt und kontemplierst und darum bittest, dass das, was du wissen musst, aus deinem Zellgedächnis herausgelöst wird, und dass du das, was dabei aufsteigt, akzeptierst, denn du trägst die Antworten in dir, Liebe.

Es gibt so vieles, was wir dir zu tun eingeben mögen – angefangen damit, dir dein physisches Abbild im Spiegel anzusehen und bewusst jede Seite von dir mit deinem offenen Herzen und Geist zu lieben und dir zu erlauben, die Göttlichkeit zu sehen, die sich in deiner physischen Form physisch ausdrückt – bis zu viel, viel mehr.

Aber nur du, Liebe, wirst in der Lage sein, durch deine Vorstellungskraft Ideen freizusetzen, wie du deine Eigenliebe unterstützen kannst – Ideen, von denen du weißt, dass du sie dir entsprechend des Maßes an Selbstachtung und Selbstannahme zu Eigen machen und sie annehmen kannst, das derzeit in deinem Wirklichkeitsumfeld wirksam ist.

Gestehe es dir zu, einfach nur um die Freisetzung der Hilfsmittel, der Techniken, des Wissens zu bitten, wie du die physische Manifestation auf dieser Seinsebene wirklich lieben kannst, und dann wird es so kommen. Denn nur du wirst wissen, was annehmbar ist, wie wir ja schon sagten. Wir haben dich oft angeleitet. Du hast akzeptiert, womit du dich wohl fühlen konntest, richtig? Denn mehr könnt ihr nicht annehmen. Es ist ein Entwicklungsprozess. Es ist ein Prozess, bei dem es darum geht, euch selbst zuzugestehen, in Sachen Liebe und Selbstwertgefühl unbegrenzt zu sein. Das gilt für viele eurer Wesen hier, denn es ist leicht gesagt, dass ihr aus Energie besteht und das Ebenbild des Mutter-Vater-Schöpfer-Gottes seid, und dennoch leugnet ihr, wenn ihr auf der physischen Ebene, in eurem Spiegel, in dem Leben, das ihr angezogen habt, euer Bild seht, so oft die Schönheit dessen, was ihr seid.

Denn ihr schleppt ganze Leben voller Einschränkungen, ganze Leben emotionaler Erfahrungen mit euch herum, in denen das, was sich in den Augen anderer spiegelte, nicht ganz dem genügte, was den Erwartungen entsprach, die sie euch überstülpten. Es ist eine Zeit, all das im Emotionalkörper und im geistigen Körper loszulassen. Wir haben euch ja wissen lassen, dass der schnellste Weg, das zu tun, darin besteht einzuprogrammieren, dass alle Energiefelder eurer niederen Körper vollkommen in Einklang mit der monadischen Energie gebracht werden sollten, der Energie eurer herrlichen ICH-BIN-Gegenwart. Und nun spüren durch eure Programmierung viele die Gegenwart dieses Göttlichen, das sich schützend und leitend über euch beugt, denn es ist die Überseele eurer Schöpfung auf dieser Daseinsebene.

Wenn diese »Überseeele« ihre Anwesenheit kundtut und über die Energiefelder eures Körpers schichtet, so löst ihr durch eure Programmierungen und eure Einladung buchstäblich Gedankenformen und Emotionen, die seit Tausenden von Inkarnationen in eurem zellularen Gedächtnis beherbergt sind. Ihr harmonisiert sie wieder und löst sie auf.

Ihr könnt euer Augenmerk darauf richten, wie das, was ihr im zellularen Gedächtnis seht, wieder ins Gleichgewicht gebracht wird, aber das ist eine lange Reise. Oder ihr könnt einfach die Göttlichkeit dessen, was ihr seid, einladen, in euren Energiefeldern seine Vollkommenheit auszudrücken, und euch dafür entscheiden, dass dies eine höchst freudvolle Erfahrung ist. Denn dazu seid ihr in der Lage. Schließlich seid ihr die Meister der Erschaffung eurer Luftblase von Wirklichkeit.

Diese holographischen Luftblasen von Wirklichkeit, ihr Lieben, basieren auf dem heiligen geometrischen Muster des Kreises. Auf einer höheren Ebene bringt der Kreis Vollendung. Wenn ihr erkennt, dass alle Gedankenformen holographische runde Blasen erzeugen, so werdet ihr sehen, dass das die Vollendung eines Menschheitszyklus ist. Der Zyklus eures Ausdrucks des Daseins, wo ihr beschließt, von Begrenztheit zu Grenzenlosigkeit weiterzugehen. Wo ihr euch

dafür entscheidet, von Leiden zu großer Freude überzuge-
hen. Wo ihr euch entscheidet, euch jenseits der Emotionen
Eifersucht und Wut zu begeben, zu Empfindungen bedingungsloser Liebe.

Und wenn ihr solche Standards festlegt, so wird das ICH
BIN im Innern – das Göttliche im Innern – fordern, dass diese
Standards sich in allen Aspekten eures Bewusstseins und Lebens manifestieren. Fließe also in diesen Zustand hinein.
Nimm ihn mit offenen Armen an. Ehre ihn. Wehre dich nicht
gegen ihn. Wenn du dich auf Mangel zu konzentrieren
wünschst, wird der Mangel deine Wirklichkeit sein. Wenn du
dich bei deinem Erwachen auf Zwietracht zu konzentrieren
wünschst, dann wird das deine Wirklichkeit sein. Ihr seid
Meister der Schöpfung, ihr Lieben. Erschafft! Das ist an diesem Punkt eure Prüfung. Erschafft im Einklang mit dem göttlichen Willen. Erschafft im Einklang mit der Leidenschaft in
eurem Herzen.

*Frage: Meine Antennen haben anscheinend Durchgaben eines
ziemlich böswilligen Etwas aufgefangen und dieses Etwas hat mir
diverse Dinge eingegeben, aber nichts, was dem höchsten Wohl dienen würde. Ich schätze, das ist Teil meines Lernprozesses und entspricht vielleicht auch dem göttlichen Willen. Ich habe dieses Etwas
gebeten, von mir zu weichen und sich zum Licht zu begeben, aber
scheinbar tut es das nicht, und wenn ich frage, ob es noch da ist, ist
es noch da.*

Triclon: Höre auf zu fragen, ob es noch da ist, Liebes. Denn
wenn du verfügst, dass etwas dein Energiefeld zu verlassen
hat, dann erwartest du einfach, dass das auch geschieht, oder
etwa nicht? Denn du kennst die Macht des göttlichen Willens
und des göttlichen Erlasses. Du schickst es von deinen Energiefeldern ins Licht und dann verschwendest du einfach keinen Gedanken mehr daran. Du wirfst ja auch nicht jeden Tag
einen Brief in den Briefkasten, um zu überprüfen, ob der
Postbote auch wirklich den Kasten geleert und den Brief wei-
tergeleitet hat, oder? Warum spielst du also das Spiel, zu prüfen, ob die Gedankenform, dieses Energiefeld, noch in dei-

nem Energiefeld ist? Denn sobald du fragst, ob es noch da ist, lädst du es ein, wieder Realität zu werden, ist das nicht so?

Antwort: Ja, ich schätze, ein Problem, das ich dabei gehabt habe, ist, dass ich dachte, vielleicht versuchte meine ICH-BIN-Gegenwart mir einen Streich zu spielen – ein Stück Initiation –, also wollte ich es nicht komplett verbrennen für den Fall, dass es noch einmal auftauchen sollte.

Triclon: Wenn du dieses Spiel zu spielen wünschst, dann spiele es. Versteht ihr, ihr Lieben, dass es bei jedem Spiel, das ihr zu spielen wünscht, eurer Schöpferkraft überlassen ist, dass es real wird. Denn ihr seid meisterhafte Schöpfer. Wenn ihr euch also mit dem Spiel befassen wollt, dass es Wesen niederer Schwingung gibt, die sich an euren Energiefeldern festsaugen, wenn ihr das Spiel des Herrn der Finsternis, der satanischen Mächte, der Kräfte spielen wollt, die ihr vielleicht so etikettieren würdet, dass sie nicht ganz so perfekt auf das Göttliche ausgerichtet sind, oder welches Schild auch immer ihr ihnen anheften möchtet – dann wird es so sein, wie ihr denkt, denn so läuft das Spiel, das da gespielt wird.

Dieses Spiel ist das Spiel, das euch den Schlüssel zum Durchgang zur fünften Dimension an die Hand gibt – der nächsten Energiematrix, mit der eure Wesen, als Massenbewusstsein, etwas anfangen und die sie erfahren können. Der Schlüssel zu diesem Durchgang ist sofortige Manifestierung kraft eurer schöpferischen Fähigkeiten als kreative Wesen. Ganz einfach.

Was es also auch sein mag, dem ihr durch eure Gedankenform Macht verleihen wollt, das wird auf der Stelle real, und ihr werdet energetisch die Auswirkungen davon spüren. Ihr seid keine begrenzten Geschöpfe mehr, es sei denn, ihr lasst es zu.

Ihr könnt euch, wenn ihr möchtet, vorstellen, ihr seid Wesen, die den Ruf des Glöckners, der zum Leben auf der dritten Dimension aufruft sowie Tausende von Inkarnationen mit einer Menge emotionalem und mentalem Gepäck hinter sich haben, und dann wird das eure Wirklichkeit sein.

Wesen mit viel Licht und Liebe, aber beladen mit Gepäck – riesige Taschen mit diesem Gepäck auf dem Rücken.

Oder ihr könnt euch dafür entscheiden, euch hoch aufgerichtet in eurer Göttlichkeit dastehen zu sehen, ein Leben in absoluter Vollkommenheit führend und dabei die Vollkommenheit des Lebens in eurer Wirklichkeit mit offenen Armen aufnehmend und erwartend, dass diese besteht. Seht, wie diese Taschen voller Gepäck auf der Stelle von eurem Rücken verschwinden, sobald ihr dies als eure Wirklichkeit annehmt: Sofort ist es so. Und das Universum, ihr Lieben, wird sich umordnen, um eurem neuen Bezugsrahmen für die Wirklichkeit gerecht zu werden. Denn das ist eine der herrlichen Fähigkeiten, über die das Universum verfügt.

DER AUFGESTIEGENE MEISTER KUTHUMI

Aus diversen Durchgaben geht hervor, dass die beiden vorherigen Inkarnationen des Aufgestiegenen Meisters Kuthumi (Koot Humi) die als der hl. Franz von Assisi sowie die als Pythagoras waren. Es ist interessant festzustellen, dass er nun mit vielen auf dem Gebiet der Lehre Kontakt aufgenommen hat.

Edmund Harold schrieb in seinem Buch »Master Your Vibration«: »Die Energien des Meisters Kuthumi sind derzeit besonders intensiv, denn er strebt es an, aktuell geläufiges dogmatisches Denken in den christlichen Konfessionen umzuwandeln, damit das eigentliche Gedankengut der brüderlichen Nächstenliebe manifest werden kann. Zu diesem Zweck sucht er auf alle Einfluss zu nehmen, die auf dem Gebiet religiöser Formen oder der religiösen Lehre eine Führungsrolle innehaben oder dort ihren Dienst an der Menschheit verrichten. Da er im Wassermann-Zeitalter der irdische Kanal für Shri Maitreya sein wird, bereitet er derzeit das Bewusstsein der Menschheit auf die Wiederkehr Christi vor.

Kuthumi, diese erleuchtete Seele, Initiant in den Zweiten Strahl der Liebe und Weisheit, ist der Torhüter an der Pforte zu den uralten okkulten Mysterien sowie – zusammen mit dem Erzengel Michael – der Hüter des Heiligen Grals, der mit der uralten mystischen Suche nach innerem Bewusstsein zusammenhängt, die sich der Mehrheit der Menschheit entzog. Er wirkt durch eine Wiedererweckung lange verlorener Wahrheiten und stellt so den Schlüssel für vieles zur Verfügung, was der Menschheit derzeit Rätsel aufgibt.

Das Symbol des sechszackigen Sterns steht für den Einfluss des Meisters Kuthumi, ist er doch das Symbol des vollendeten Gleichgewichts, denn in der Zahl Sechs wird alles vereinigt. Alle, die danach streben, diesem strahlenden Wesen zu folgen, müssen ins Gleichgewicht kommen und bedingungslose Liebe zeigen, während sie auf dem inneren Weg des Selbstgewahrseins der Vollendung entgegenstreben.«

Kuthumi als Pythagoras

Pythagoras wurde um 570 v. Chr. geboren. Er studierte in mehreren Ländern, darunter in Ägypten, Indien und Persien. Besonders bemerkenswert ist, dass er bei Zoroaster studierte, einer früheren Inkarnation Buddhas. Nach Abschluss seiner Studien gründete Pythagoras eine Schule in Crotona, Süditalien, wo er »Biosophie« lehrte, die Wissenschaft vom Leben. Pythagoras hatte sehr eigene Ansichten über Lernen, Wissen und Weisheit – und er betrachtete die Weisheit als das Hochstehendste von all dem.

Da Lerninhalte von Eltern und Lehrern vermittelt und dann von den Lernenden auswendig gelernt werden, sah er sie als Informationen aus zweiter Hand. Wissen dagegen galt ihm als etwas, das sich aus Erfahrungen im eigenen Leben ergab und schließlich in Weisheit mündete.

Pythagoras verfolgte einen integrierten Ansatz, um Geist, Körper und Seele ins Gleichgewicht zu bringen. Er legte mehr Gewicht auf den moralischen Charakter als auf intellektuelles Schulwissen. In seiner Schule lehrte er Astronomie, Musik, Mathematik, Geometrie, Philosophie, Medizin, Politik und Ethik. Er glaubte, wenn man die Geometrie, Musik und Astronomie begriffe, bekäme man einen Begriff von Gott.

Pythagoras gründete ferner eine Mysterienschule in Crotona. Die Zulassung zu dieser Schule setzte eine eingehende Befragung der Bewerberinnen und Bewerber voraus, die jede Facette ihres Lebens, darunter auch ihre Beziehung zu ihren Eltern, umfasste.

Bestanden die Bewerber diese Aufnahmeprüfung, wurden sie bewusst »nicht weiter beachtet«, während Pythagoras sie insgeheim beobachtete.

War dieser Test bestanden, wurden sie dann gebeten, über die nächsten fünf Jahre zu schweigen, damit sie die Fähigkeit erwarben, zuzuhören und ihre Worte zu kontrollieren, und es war ihnen nicht erlaubt, Pythagoras persönlich zu sehen. In dieser Zeit wurden die Lernenden außerdem aufgefordert, ihr Privateigentum einem Gemeinschaftsfonds zu übertragen. Waren alle diese Prüfungen bestanden, war es den Schülern erlaubt, bei Pythagoras zu studieren. Wurde ein Schüler jedoch abgelehnt, so musste er die Gemeinschaft verlassen und erhielt das Doppelte der Reichtümer, die er mitgebracht hatte. Seine Schüler wurden allesamt darauf vorbereitet, in der Zukunft Führungsrollen zu übernehmen, und sie erlebten drei Initiationen, die es durchzustehen galt, um meisterliche Beherrschung seiner selbst zu erlangen: Vorbereitung, Läuterung und Vollendung.

Pythagoras' Schülerinnen und Schüler mussten die Nahrungsmenge, die sie zu sich nahmen, einschränken, sich vegetarisch ernähren und auf Wein verzichten. Er legte ihnen nahe, so viel wie möglich zu schweigen und die Anhaftung an Geld und Ruhm zurückzuweisen. Sie mussten jeden Morgen und Abend Kontemplation über ihre früheren und künftigen Handlungen üben. Er war der erste Grieche, der auch Frauen in seine Schule aufnahm, was für die Kultur der damaligen Zeit revolutionär war.

Pythagoras begründete die diatonische Tonleiter, die Grundlage der heutigen Musik. Er setzte Musik ausgiebig zu therapeutischen Zwecken ein und wusste, welche Arten von Musik bei welchen Erkrankungen heilende Wirkung zeigten. Er war ein Meister der Numerologie, der Medizin und der Naturheilkunde, die er in den Tempeln praktizierte.

Pythagoras glaubte an die Reinkarnation und daran, dass nichts Zufall war. Er konnte sich an seine vorherigen Leben erinnern sowie die früheren Leben anderer lesen. Er lehrte universelle Freundschaft und Liebe allen gegenüber und vor allem, jederzeit die Wahrheit zu sagen. Er glaubte, dass alle Planeten und Sterne – wie die Menschen – ein eigenes Bewusstsein hatten, eine Seele, einen Verstand und einen Geist.

Pythagoras heiratete als Sechzigjähriger eine seiner Schülerinnen. Nach seinem Tod mit etwa einhundertundvier Jahren setzte seine Frau die Vermittlung seiner Lehren fort.

(Dieser Artikel ist eine Zusammenfassung aus Dr. Joshua David Stones Buch The Life and Teachings of Forty of the World's Greatest Saints and Spiritual Masters.)

Botschaften von Kuthumi

Lebensschulen

Wir möchten euch bitten, eure Phantasie fließen zu lassen, wenn wir euch visuell ein Bild von einem etwas größeren Ganzen vermitteln, damit ihr größere Erkenntnisse und mehr Wissen erlangt.

Dieser Planet Erde, den ihr bewohnt, ist einfach das, was ihr einen Mikrokosmos nennen mögt, ein Stück aus einem größeren Puzzle. Es gibt ein größeres Puzzle, einen Makrokosmos, der sich über die Universen der Schöpfung erstreckt. Vielleicht möchtet ihr das Leben auf dieser Ebene dem Aufenthalt in einem Internat gleichsetzen. Sie ist ein Ort, wo ihr lebt und atmet und esst und schlaft und lernt. Denn es hat viel von einer Universität, einer Schule, dieses Leben auf der Erde, aber es ist eine Schule in einer riesigen Gesellschaft namens universelle Gesellschaft, und es gibt viele andere Planeten mit vielen anderen Lerninhalten und Schulen darauf.

Es gibt viele andere Universen, mit vielen Spielen, die dort von der Menschheit gespielt werden, die sich auf diesen Daseinsebenen inkarniert hat. Vielen von euch Menschen fällt es vielleicht schwer, sie voll und ganz anzunehmen, die Tatsache, dass ihr wirklich nicht allein seid, denn eure Wissenschaft und Medizin, diese Schulen des Denkens, sind eifrig damit beschäftigt, Formen von Leben, andere Ausdrucksformen von Leben zu finden, nicht wahr, innerhalb dieser Dimension, innerhalb der anderen Planeten.

Über alle Formen von Leben regieren universelle Gesetze. Diese Gesetze herrschen über die gesamte Materie. Diese Gesetze herrschen über die Schwingungsfrequenz der Molekülstruktur, denn alles bewegt sich zu Meeren aus Energie hin und von ihnen weg. Eure Quantenphysik hat nun allmählich tiefer gehende Informationen über die universellen Gesetze, die atomare Struktur, zu bieten. Ihr werdet merken, dass auf dieser Ausdrucksebene ein Punkt kommt, wo die Quantenphysik die wissenschaftliche Auffassung mit der religiösen Auffassung zusammenbringt, der Auffassung des New Age.

Es gibt bestimmte Puzzleteile, ihr Lieben, die sich dem kollektiven Menschheitsverständnis einfach noch nicht offenbart haben. Und doch gibt es in der Menschheit welche, die ansatzweise Teile des Puzzles vor sich sehen können, die andere an diesen Puzzlestücken teilhaben lassen sowie ihr Wissen weitergeben und die Allgemeinheit informieren. Die Lebensformen auf dieser Ausdrucksebene bewegen sich in eurem Internat, dem Raum, wo ihr alle zusammen lebt, atmet und lernt, also in Wellen. Viele lernen nach einem festgelegten Kurrikulum. Dieses Kurrikulum entspricht dem, was ihr euch vor eurer Inkarnation zu lernen vorgenommen habt, und man kann es dem Lehrplan für die erste, zweite, dritte usw. Klasse gleichsetzen, bis zur Universität. Ständig treten neue Seelen in die Schule des Lebens namens Planet Erde ein und ständig verlassen Seelen die Schule namens Planet Erde, wenn sie die letzten Semester der Universitäten abgeschlossen haben. Es gibt andere Seelen, die gekommen sind, nachdem sie die Schule des Lebens hindurch das ganze Kurrikulum studiert haben, und die hier sind, um einfach den anderen zu helfen, während sie durch die Reise hindurchsteuern, bei der sie ihre Lektionen lernen.

Nicht alle lehren, nicht alle lernen, manche schauen sich das Ganze nur an, manche sind hier, um Energien zu erden, während der Planet seinen Wachstumsprozess fortsetzt. Manche sind hier, um etwas über die intergalaktischen Bruderschaften und Schwesternschaften zu vermitteln. Dazu, einander kollektiv Wissen über andere Formen von Leben in anderen Quadranten des Universums in anderen Schulen, zu übermitteln. Manche sind hier, um ein Verständnis der musikalischen Töne zu vermitteln, die von unterschiedlichen Systemen gehalten werden.

Alle stehen unentwegt im Dienst der anderen, denn wenn sie ihre eigene Reise antreten und sich mit wahrem Wissen um das umfassendere Ganze wappnen, scheint ihr Licht heller. Und dieses Licht im Herzen ist es, das Inspiration für die

Reise anderer bietet, doch manche, ihr Lieben, sind bei dieser Runde ihrer Evolution nur hier, um etwas über Wissenschaft oder Religion zu erfahren. Manche sind einfach hier, um etwas zu lernen, das anderen wie ein ganz unwichtiges Teil des Puzzles vorkommen mag, und dennoch ist ihr Wissen um diesen Weg und ihr Verständnis von entscheidender Bedeutung für das Ganze.

Es ist also wichtig, dass ihr die Dynamik dessen versteht, was sich wirklich innerhalb dieser Ausdrucksform von Leben abspielt. Dass es ein so gewaltiges Bild ist, was sich da nach und nach zeigt, dass da ein derart dynamisches Puzzle gelegt wird, dass ihr mit eurem niederen Geist nicht einmal ansatzweise erfassen könntet, wie komplex es ist. Es ist wichtig, zu verstehen, einfach zu akzeptieren, dass alle aus freien Stücken hier sind, dass alle einen unverzichtbaren Teil zum umfassenderen Ganzen beitragen. Den Entscheidungen anderer mit Liebe und Achtung zu begegnen, ob diese in eurem Herzen oder eurer Seele auf Widerhall stoßen oder nicht.

Es gibt welche, die die Reise des ganzheitlichen Studiums gerade erst beginnen. Es gibt einige, die einfach lange Zeit Teil dieses Planetensystems gewesen sind, Teil des Mainstream eurer gewöhnlichen Gesellschaft, und sie beginnen nun Fragen zu stellen, Antworten einer stärker spirituellen Natur zu suchen, nachdem sie ihr physisches Umfeld, ihren Emotionalkörper und ihren Mentalkörper erkundet haben. Es gibt andere, die auf einer zellularen Ebene vollkommen zu verstehen begonnen haben, dass der Planet Teil eines integrierten Ganzen ist, dass es viele andere Lebensformen gibt, zu denen man Zugang gewinnen kann, mit denen man arbeiten kann, und so beginnen sie diese Informationen an andere weiterzugeben. Sie entdecken die multidimensionale Natur ihres Wesens. Es gibt einige, die einzig dazu hier sind, als Boten zu fungieren. Es gibt manche, die nun auf eine ganz praktische Weise auf dieser Ebene zu arbeiten beginnen, auf dem Gebiet der Politik, der Wissenschaft, der Bildung, innerhalb der wirtschaftlichen Strukturen, und allen sind Lichtwesen beigeordnet worden, sie auf ihrer Reise zu inspirieren und zu leiten, bei jedem Schritt durch die Durchgänge, die ihr zu erkunden entscheidet.

Ihr seid, ihr Lieben, aufgrund eines Vertrags mit Gott hierher gekommen. Ihr habt einen maßgeschneiderten Vertrag mit Gott geschlossen, der es eurer Seele erlaubt, ihre Entwicklungsreise perfekt fortzusetzen. Ihr alle habt einzigartige Aufgaben, ihr alle habt einzigartige Verträge, einzigartige Klauseln in diesem Vertrag. Ihr alle habt einen für euch einzigartigen zeitlichen Rahmen für die Erfüllung dieses Vertrags, und wenn diese Verträge erfüllt sind, so ist dies das, was viele das Ende des Zyklus von Leben und Tod auf dieser Ebene nennen. Denn das ist die Vorbedingung für den Abschluss von Verträgen: dass sie euch im Zyklus von Leben und Tod auf dieser Erdebene gebunden bleiben lassen.

Diese Zyklen des Lebens und Todes lassen sich als Schuljahre im Rahmen der Schule des Lebens sehen, denn jede Inkarnation bringt ein anderes KurriKulum mit sich, jede Inkarnation bringt unterschiedliches Verstehen, Chancen zu Lernen und Wachstum. Jede Inkarnation wird ihre eigene Prüfung mit sich bringen. Ist das abgeschlossen, kannst du beschließen, auf eine andere Schule inner- oder außerhalb dieses Systems zu wechseln. Auch das wird wieder einzig und allein dir überlassen sein, es ist zwischen dir und dem Göttlichen Einen, dem Mutter-Vater-Schöpfer-Gott und anderen Energien, die diesen nächsten Prozess auf deiner Reise beaufsichtigen.

Aber jetzt bist du hier, oder? Und sei versichert, Liebes, es ist so einfach. Du musst nur das Verständnis haben, dass du gerade mittendrin bist, einen Vertrag mit dem Göttlichen Einen zu erfüllen. Das ist die innere Verpflichtung, die du im Hinblick auf das eingegangen bist, was man die höchste Sache nennt. Es ist einfach ein Spiel, innerhalb einer Stadt, innerhalb eines Quadranten des Universums, denn es gibt viele Städte und Planeten des Lichts und viele Spiele, die sich da entfalten. Als wäret ihr in New York, ihr Lieben, wo es Produktionen abseits des Broadway und am Broadway selbst gibt, viele Produktionen, bei denen ihr mitwirken könnt.

Diese Produktion ist die Schule des Lebens, und das Spiel, das dort läuft, ist das Spiel der Einheit, denn ihr habt viele Jahre lang eure Individualität erkundet. Ihr habt durch Wetteiferei große Trennung geschaffen und es ist eine Zeit der Einheit und Vereinigung. Das lehren wir über das alte Paradigma gegenüber dem neuen Paradigma. Das neue Paradigma, das gerade geschaffen wird, ist das, das ihr als erweckte Individuen kollektiv erschafft. Das alte Paradigma ist das, worauf ihr aufbaut, während ihr euch Mustern bewusst werdet, die nicht grenzenlos laufen, während ihr euch Gedankenformen bewusst werdet, die Begrenztheit erschaffen.

Während ihr den Schritt in euer Meisterdasein tut, in die unbegrenzte Natur eures Seins, werdet ihr gebeten, jede Gedankenform, jedes Handeln, jedes Wort ausfindig zu machen, die Begrenzung schaffen, damit das kollektive Ganze sich ändern kann. Diese Paradigmen, ihr Lieben, sind einfach Energiemuster. Das neue Paradigma wird entsprechend der Wünsche der kollektiven Herzen geschaffen, gemäß eures Verlangens, einander auf eine Weise zu behandeln, die den anderen ehrt. Euer Verlangen, auf eine Weise zusammen zu sein, die Zugang zu Integrität bietet, die es euch erlaubt, freudvoll zu sein, frei, das Leben auf dieser Ebene mit Leichtigkeit, mit Gnade zu erfahren, Vergnügen in dieser Inkarnation zu erfahren, wirkliches Vergnügen. Fülle in dieser Inkarnation kennen zu lernen und jeden sonstigen Aspekt, den es euch in dieser Energiematrix festzulegen verlangt. Legt all das fest, wir laden euch dazu ein.

Denn das alte Paradima brachte Mangel mit sich. Das alte Paradigma brachte Konflikt, das alte Paradigma brachte Seinszustände, die von starker Getrennheit, von Wetteifern geprägt waren. Es gibt eine Prophezeiung, die sich auf dieser Seinsebene entfaltet, nämlich die Prophezeiung eines neuen Jahrtausends, die Prophezeiung des goldenen Zeitalters. Das neue Paradigma besteht darauf, dass ihr offen werdet für eure eigene innere Führung, damit ihr eure wahre Meisterschaft entdecken könnt, damit ihr erkennen könnt, dass der einzige Meister, der geehrt werden will, der Meister in euch ist.

Dies ist keine Zeit, seine Macht an andere abzugeben – es ist eine Zeit, seine Macht zu erlangen, dir selbst treu zu sein und zu deinem Licht zu stehen, den Mut zu haben, dich in deinem Handeln nach der Führung zu richten, die von innen kommt, zum Wohl des kollektiven Ganzen. Wenn also eure innere Führung euch eingibt, Informationen zu verbreiten, wie obstrus diese Informationen auch sein mögen, so wisst, ihr Lieben, dass da diejenigen sein werden, die diese Informationen brauchen, um ihr Leben ins Gleichgewicht zu bringen. Denn es ist eine Zeit gekommen, das Leben ins Gleichgewicht zu bringen. Mit dem Gleichgewicht geht Ganzheit einher, und mit der Ganzheit Erfüllung.

Es ist eine Zeit, einen ganzheitlichen Umgang mit euch selbst zu pflegen, die spirituelle Natur dessen zu ehren, was ihr seid, die Kraft des Geistes zu ehren, zu verstehen, dass die Qualität eures Denkens das ist, was euch Lebensqualität gibt. Den Emotionalkörper zu ehren, aber nicht den niederen Emotionalkörper, der sich in seinen Eifersüchteleien und seiner Kleinlichkeit und in Tratsch verstrickt, sondern den höheren Emotionalkörper zu ehren, der bedingungslose Liebe erstrebt. Den Tempel zu lieben, der eure Göttlichkeit beherbergt, den physischen Körper zu ehren, auf das Körperelemental zu hören.

Denn der Körper hat ein Bewusstsein, das als das Körperelemental bezeichnet wird, und dieser Körper ist für lange Zeit, seit Äonen, von gesellschaftlichen Mustern beherrscht worden. Den Mustern einer Gesellschaft, die sagt, man bräuchte Essen oder Schlaf, einer Gesellschaft, die sagt, Menschen bräuchten Liebe voneinander, wo doch das Göttliche im Innern lieben wird wie sonst keiner. Das Göttliche im Innern wird den physischen Körper versorgen und erhalten und nähren. Es ist, als würdest du, wenn du das Körperelemental mit dem Göttlichen im Innern in Einklang bringst, an einen göttlichen Schaltkreis angeschlossen, eine Energiewelle nach der anderen wird durch dich hindurchgeschickt, die dich im Rhythmus und Tanz des Göttlichen Einen bleiben lässt und dich von der Bedürftigkeit befreit, die diese Gesellschaft der

Menschheit auf dieser Seinsebene aufoktroyiert. Das ist das neue Paradigma: unbegrenzt zu sein, zuzulassen, dass das Göttliche Eine dich nährt, dich bewegt, dich beherrscht und dich führt. Denn das Göttliche Eine ist der Meister im Innern und der Meister in jedem individualisierten Funken Bewusstsein, der in einer physischen Form enthalten ist.

Es gibt also ein riesiges Programm zur Förderung eines Umdenkens auf dieser Seinsebene namens Planet Erde; in diesem Internat wurden nützliche Dinge gelernt, die die Menschheit bislang nutzen und verstehen konnte. Aber es findet eine Verlagerung statt. Bei allen Kursen, die nun stattfinden, kommt ein weiterer Aspekt hinzu, nämlich der Aspekt des höheren Bewusstseins. Das ist der Grund dafür, ihr Lieben, dass die Menschheit auf dieser Seinsebene nur ein Fünftel ihres Gehirns benutzt, und das ist alles, was für ein Verstehen des mechanischen Funktionierens dieser dritt- und viertdimensionalen Wirklichkeit erforderlich ist.

Die vier Fünftel bislang ungenutztes Gehirn sind das, was die Lichtarbeiter nun anzuzapfen beginnen. Sie beherbergen das höhere Bewusstsein, und dieses wird innerhalb des bestehenden Kurrikulums einen göttlichen Pulsschlag lagern, einen Pulsschlag, der ein Verständnis und Wissen bringt, das würdig ist, es zu erlangen, einen Pulsschlag, der Qualität, Freude, Erlebnisse tiefer Befriedigung bringen wird, während ihr das größere Ganze zu verstehen beginnt. Zu lernen gibt es also hier immens viel. Und wenn ihr eure innere Verbundenheit mit dem Göttlichen Einen nutzt, werdet ihr merken, wie es euch dazu hinführt, in euer Verständnis das mit aufzunehmen, was für euch richtig ist, was euch die Kraft verleihen wird, eurem Puzzlestück auf dieser Ebene gerecht zu werden.

Denn in allen verankert sich eine einzigartige Schwingung, alle tragen ein einzigartiges Wissen in sich, ein einzigartiges Verständnis, das nun weiterzugeben ist, um Ganzes und Individuum mit Kraft zu versehen. Wir, die Aufgestiegenen Meister, sind ebenfalls Träger einer einzigartigen Schwingung, obwohl unsere Energie unermesslich groß ist, denn wir sind an dieses göttliche Schaltpult angeschlossen, wir können ein beliebiges Spiel unserer Wahl spielen.

Der Fokus der Energie von Lord Maitreya ruht auf der wirtschaftlichen Agenda, den politischen Tagesordnungspunkten auf diesem Planeten; die buddhistischen Energien konzentrieren sich auf die Schaffung des Gleichgewichts, sozusagen darauf, dass die Menschheit einen goldenen Mittelweg beschreitet, einen Weg, der alle Energiefelder eines jeden Individuums ins Gleichgewicht bringt. Die Aufgestiegenen Meisterinnen bringen, wie wir euch wissen ließen, die Energie der Göttin ein, um ein Gegengewicht zu schaffen, das die patriarchalischen Systeme ausbalanciert. Die Energien von Elmoyra und Kuthumi arbeiten mit den Bildungssystemen auf dieser Seinsebene. Als Spiegelbild dessen wird jeder und jede Einzelne von euch, wenn ihr nach innen schaut, merken, dass ihr mit der Schwingung Kontakt aufnehmen und sie nutzen könnt, den Ton, den die Aufgestiegenen Meister und die Lichtwesen auf dieser Ebene als Geschenke anbieten. Denn da wir ja dazu eingeladen sind, werden wir unsere Energien mit euren mischen, um zu stärken, zu inspirieren, anzuleiten, wo wir darum gebeten werden, wo man uns einlädt.

Seht also diese Ebene, ihr Lieben, einfach als eine Schule des Lebens. Es besteht Dualität, ja, ihr könnt euch dafür entscheiden, eure Lektionen als etwas zu sehen, das großes Leid und großen Schmerz gebracht hat, etwas zu Fürchtendes oder etwas mit Hochachtung zu Behandelndes. Oder ihr seht vielleicht einfach, dass alles dazu da ist, euch etwas zu lehren, euch anzuregen zu der Größe, der Anerkenntnis der Größe dessen, was ihr seid, damit ihr auf der Bühne des Lebens teilnehmen, eure Rolle kennen und euren Part perfekt spielen könnt.

Dies ist ein Orchester, wie wir euch schon wissen ließen, und alle Orchestermitglieder haben unterschiedliche Instrumente, die ihr euch vor eurer Inkarnation zu erlernen und spielen bereit erklärt habt, und ihr tragt alle einen unterschiedlichen Ton und eine andere Musik in euch, die dazu einzusetzen und mit anderen zu teilen sind, damit euer

Leben singen kann, damit euer Herz von Leidenschaft erfüllt sein kann. Denn schließlich fehlt im Herzen vieler ja einfach Leidenschaft. Viele bleiben auf dieser Seinsebene an Überlebensfragen kleben und vergessen dabei, dass sie hier sind, um zu wachsen und zu gedeihen. Ganz einfach zu verstehen: Das alte Paradigma dreht sich um das Überleben, das neue um das Gedeihen. Im alten Paradigma beschlossen viele, dass sie im Rampenlicht stehen wollten, die Bühne in Beschlag nehmen. Das neue Paradigma dreht sich auch darum, als kollektives Ganzes zusammenzuarbeiten. Ihr könnt euch dafür entscheiden, Wesen der Begrenztheit zu sein, zurückgehalten von eurer Angst, oder ihr könnt wählen, Wesen zu sein, die grenzenlos sind und die inneren Durchgänge öffnen, um Wissen zu suchen, intellektuelles Verstehen, Herzenserfahrung, in dem Vertrauen, dass der innere Lehrer sie perfekt führen wird.

Denn der innere Lehrer, der Meister im Innern, ist die Vollkommenheit selbst, und es verlangt für seinen physischen Ausdruck nach nichts mehr als danach, seine eigene Größe zu kennen. Ihr könnt von Angst beherrscht sein, und doch, wenn ihr sie euch anseht, ihr Lieben, rührt sie da oft nicht einfach von eurer Ignoranz, davon, dass es euch an Wissen mangelt? Der Gedanke, dass es Außerirdische gibt – was einfach Formen von Leben bedeutet, die nicht auf Terra existieren –, der Gedanke an außerirdische Lebensformen kann angsteinflößend sein, und so kommt es, dass es nun so viele Filme darüber auf diesem Planeten gibt. In diesen Filmen werden die Aktivitäten von Außerirdischen gezeigt, die die Erde mit weit überlegenen Gewehren und Waffen bombardieren und diesen Planeten in ihre Gewalt bringen wollen. Das ist der Sensationalismus der Medien und er bekommt Nahrung durch die Tatsache, dass noch Ignoranz besteht über die wahre außerirdische Lebensform.

Denn es gibt alle Niveaus des Ausdrucks auf vielen Ausdruckssphären und es besteht auch große Dunkelheit und großes Licht. Versteht, dass alle von dem Einen geschaffen wurde, um der Expansion und des Wissens willen. Es gibt

Föderationen, ja, und diese Föderationen, die galaktischen Föderationen, ändern sich und expandieren unablässig, während mehr und mehr Menschen zulassen, dass ihre Intuition, ihr Verstand, an das umfassendere Ganze anknüpft. Und das ist es, was dieser Ebene angeboten werden wird, das ist der vorherbestimmte Ruf und Gang der gesamten Menschheit auf dem Planeten Erde, dass sie nach Abschluss dieser Schule des Lebens den ihr von Rechts wegen zustehenden Platz im Rat der Intergalaktischen Föderation der Welten einnimmt. Wenn die Menschheit die Durchgänge zum höheren Bewusstsein geöffnet und die Gesamtheit ihres Seins erkundet hat. Verstanden hat, dass sie, dass ihr spirituelle Wesen seid, die einfach diese menschliche Erfahrung durchleben. Dass ihr nicht nur Körper, Geist und Emotionen seid, dass ihr ganz seid und dass Ganzheit die liebevolle Annahme eurer spirituellen Seite ist, der Göttlichkeit im Innern. Denn die Göttlichkeit im Innern webt einen Faden durch euren physischen, Emotional- und Mentalkörper, der es euch erlaubt, anzuknüpfen an die Unermesslichkeit dessen, was ihr wirklich seid, ihr Lieben, und Zugang zu gewinnen zu ihr.

Ihr seid Außerirdische, habt ihr das schon gewusst? Habt ihr schon gewusst, dass das, was viele von euch anzapfen, einfach ihr zukünftiges Selbst in einem anderen zeitlichen Bezugsfeld ist, wo der Planet Erde sich an einen Punkt entwickelt hat, an dem Reisen von einer Dimension zur anderen, Reisen zwischen den Sternen, an der Tagesordnung sind? Scheint vielen zum jetzigen Zeitpunkt etwas weit hergeholt, aber es ist die Zukunft, und es besteht bereits jetzt eine Koexistenz der Zukunft, denn das ist die Natur der Zeit jenseits eures linearen zeitlichen Rahmens, den ihr nun hier kennt. Wir gratulieren denjenigen unter euch, die bewusst mit der Intergalaktischen Föderation daran arbeiten, mehr Wissen auf diese Seinsebene zu übertragen. Ihr werdet merken, dass es Zeiten geben wird, wo ihr zum Gegenstand von viel Gespött werdet, weil ihr einfach Angst auslöst im Herzen und Energiefeld von vielen.

Wir bitten euch, das Geschenk anzunehmen, das euch gegeben wird, und dieses Geschenk an die Lichtarbeiterinnen und Lichtarbeiter ist Mut. Das nächste Geschenk an die Lichtarbeiter ist das Geschenk der Niederlage. Ein eigenartiges Geschenk, wundert ihr euch vielleicht, aber das ist das Geschenk des Sieges über alle Niederlagen, mit denen ihr in sämtlichen Inkarnationen Bekanntschaft gemacht habt, wo ihr euer Licht leuchten ließet, das für das Bewusstsein der breiten Masse nicht annehmbar war, weshalb ihr Verfolgung erleiden musstet.

Es ist, ihr Lieben, eine Zeit, euch Mut zu Eigen zu machen, im eigenen Verständnis ein Modell entstehen zu lassen, das es euch erlaubt, euer »Licht leuchten zu lassen« und »zu leben, was ihr predigt« sowie in Freude und Leidenschaft zu führen, großes Vergnügen auf dieser Ebene kennen zu lernen, wenn ihr das wünscht. Zu wissen, dass euch der Sieg über alle vorherigen Niederlagen gegeben wird, bei denen ihr Mut bewiesen habt, dass ihr bereit seid, diese Linie zu verfolgen, in die Richtung zu gehen, in die eure Seele euch führt, und euch wird das Geschenk des Sieges gegeben.

Denn ohne den Mut, die Reise zu unternehmen, diese Schritte zu tun, wird euch kein Sieg beschieden sein. Es ist auch an der Zeit, dass diejenigen von euch, die dagesessen haben und gewartet, dass der Heilige Geist ihnen zeigt, wo es langgeht, verstehen, dass der Heilige Geist, der ihnen die Richtung weist, ihr Lieben, der Meister im Innern ist. Denn der Meister im Innern ist reiner göttlicher Geist, und wenn ihr in euren Zeiten der Meditation und Kontemplation dasitzt und die Durchgänge zur Führung durch das Innere öffnet, so werdet ihr feststellen, dass der Durchgang sich euch zu erkennen geben wird, wenn ihr eure Vorstellungskraft benutzt.

Indem ihr euch an diesen simultanen zeitlichen Bezugsrahmen erinnert, ihr Lieben, findet ihr bereits Zugang zu dieser göttlichen Blaupause und lebt danach, denn das goldene Zeitalter hat bereits Gestalt angenommen. Die zukünftige Erdzeit, das neue Jahrtausend, hat bereits begonnen. Wenn ihr euch die Zeit nehmt, zu fragen, zu visualisieren, zu phantasieren, frei von Einschränkungen zu denken, so wird euch in aller Klarheit deutlich werden, welchen Part ihr zu spielen habt. Ihr werdet euch diese Rolle erarbeiten und den dazugehörigen Text lernen, und dann erteilt ihr euch selbst die Erlaubnis, über eure Ängste hinauszugelangen und es zu ertragen, im Rampenlicht zu sein, im Rahmen der monumentalen Inszenierung auf der Bühne zu stehen.

Wir bitten also diejenigen von euch, die darauf warten, dass Gott ihnen auf die Schulter klopft, die darauf warten, diese Vision zu erhalten und ihre Rolle darin zu sehen, einfach Zugang zu ihrer eigenen Meisterhaftigkeit, dem Schöpfungsvermögen zu finden, das in ihnen steckt, sich zu fragen, was ihr auf diesem Planeten tun könntet, wenn ihr einmal davon ausgeht, dass ihr euch dort wieder findet, weil ihr euch bereit gefunden habt, einen Part in einem Stück zu übernehmen. Es ist ein Prozess zweifacher Art, wie wir oft gesagt haben. Es ist eine Zeit eurer eigenen Evolution als euch weiterentwickelnde Seelen, eine Zeit eurer eigenen Erleuchtung, einer massenhaften Erleuchtung auf dieser Seinsebene und es ist eine Zeit dafür, sich zu entscheiden, einen Raum der Freude oder bedingungslosen Liebe zu erschaffen oder was auch immer das Eine in eurem Innern euch im jeweiligen Augenblick zu schaffen eingibt, während ihr diese Reise genießt.

Wenn ihr euch als Informationsübermittler seht, dann konzentriert euch vielleicht darauf und findet heraus, welche Art von Informationen ihr weitergeben möchtet, auf der globalen Ebene, der galaktischen Ebene oder der persönlichen Ebene. Wenn ihr Heiler oder Heilerinnen auf dieser Daseinsebene sein möchtet – sollen Personen geheilt werden? Globale Heilung erfolgen? Denn es bleibt viel Heilung zu bewirken. Heilung in ökologischer Hinsicht, im Hinblick auf die Umwelt, im Hinblick auf den einzelnen Menschen. Es gibt viele Rollen, die ihr spielen könnt, fragt das Eine in eurem Innern und euch wird die Freude und Leidenschaft leiten, die diese Fragen aus eurem Herzen aufsteigen lassen. Und dass ihr alle so offensichtlich die Freude und Leidenschaft in eurem Herzen kennt, zeigt an, dass ihr auf den Geist im Innern ausgerichtet

seid. Wenn ihr einfach mehr drittdimensionale Arbeit verrichten möchtet und dann einiges von eurem verdienten
Geld, von der Fülle, die sich bei euch einstellt, für Dinge
geben möchtet, für die Lichtarbeiter sich einsetzen, so könnt
ihr das tun.

Seid frei von Begrenzung und einengendem Denken, ihr
Lieben. Macht euch klar, dass hier in Koproduktion ein Thea-
terstück läuft und dass ihr alle euren Teil beizusteuern habt.
Wahrt inneren Abstand dabei, seht, dass das, was ihr gebt,
welche Rolle ihr spielt, lediglich ein Saatkorn ist. Ihr seht das
Saatkorn vielleicht nicht die ganze Zeit über bis zu seiner
Vollendung, wo aus ihm eine Blume wird, die schließlich in
voller Blüte steht, und dennoch ist es wichtig, ist es unab-
dingbar, dass das Saatkorn zunächst einmal gesät wird.

Denn ihr alle als Brüder und Schwestern des Lichts tragt
eine unterschiedliche Schwingung, ihr seid an unterschiedlichen Punkten des Verständnisses und der Evolution, denn
das ist es, wozu ihr euch an diesem Punkt als Freiwillige gemeldet habt. Nichts ist größer, nichts ist geringer. Es ist also,
ihr Lieben, eine Zeit, um alles, was ihr wisst, praktisch umzusetzen, damit eure Erfahrung eures Lebens sich entsprechend
eures Verständnisses ändern kann. Ihr könnt eure Verwirrung lieben und ehren, ihr könnt eure Göttlichkeit lieben und
ehren. Ihr könnt eure Kreativität lieben und erkunden.

Wir bitten einfach nur darum, dass ihr euch des Denkens bewusst seid, dass ihr beschließt, Herr über euren Denkprozess
zu sein, jeden Gedanken loszulassen, der sich bei euch einstellt
und Begrenzung schafft, denn die einzigen Begrenzungen, die
ihr habt, ihr Lieben, sind die, die ihr denkt. In Wahrheit seid ihr
grenzenlose Wesen, und dieser »Himmel auf Erden«, den ihr
sucht, lässt sich im Handumdrehen erschaffen, sobald ihr euch
zugesteht, unbegrenzt zu sein. Wir werden also vielleicht ein,
zwei Momente lang in Schweigen verweilen, während ihr
euch überlegt, ob es Fragen gibt, auf die ihr vielleicht Antwort
sucht oder zu denen ihr Informationen möchtet, und dann
werden wir diese Energien nutzen, um zu denjenigen hinzu-
führen, die höchster Natur sind. (Stille)

Fragen und Antworten

Frage: Ich empfinde in meinem Leben eine Menge Stagnation. Kannst du mir bitte sagen, warum das so ist?

Kuthumi: Die Stagnation kann man als Stagnation sehen oder als Chance, sie ist eine Zeit des Übergangs und der Integration. Deine Lernkurve ist schon lange Zeit angestiegen, richtig? Du hast viele Informationen gesammelt, dein Wissen und deine Wirklichkeit neu sortiert. Jetzt ist vielleicht eine Zeit gekommen, einen Schritt zurückzutreten, was du Stagnation nennen magst, und wir laden dich ein, das vielleicht als ein Integrieren all dessen zu sehen, was dir klar geworden ist, es von einer intellektuellen Ebene des Verstehens und Wissens auf eine Ebene zellularen Wissens zu bringen, das zu leben, was du verstanden hast, indem du aus diesem Wissen heraus ein Modell erschaffst, das es deinem Herzen ermöglicht zu singen. Das ist alles. Es ist, als hättest du Unterlagen mit Informationen gesammelt, und jetzt musst du noch eine Geschichte, einen Roman schreiben, der alle Zutaten hat, um dich in seinen Bann zu schlagen und zu inspirieren und zu ermöglichen, dass du Kraft daraus ziehst. Vielleicht schreiben viele von euch sozusagen entweder ein Buch oder backen einen Kuchen. Manche von euch wissen, dass sie den phantastischsten Schokoladenkuchen auf der Welt backen können, aber ihr habt noch nicht die letzte Zutat gefunden, durch die der Teig erst so richtig zäh reißend vom Löffel fließt und in den Ofen kann. Andere von euch haben das bereits hinter sich und der Kuchen ist aus dem Ofen heraus und ihr überlegt gerade, welchen Überzug er bekommen soll. Es sind nur unterschiedliche Stadien, alles ist Teil von ein und demselben, und alles ist zu ehren. Manche von euch sind nicht sicher, ob sie ein Schokoladenkuchen oder eine Rüblitorte sind, aber ihr habt bereits die Schüssel gefunden und die Eier hineingegeben und Mehl und Zucker hinzugefügt, und jetzt überlegt ihr, ob ihr eine Rüblitorte oder einen Schokoladenkuchen fabrizieren wollt, denn ihr seid die Meister eurer Kreation und ihr könnt kreieren, was ihr auch wollt, ihr könnt jede Geschichte schreiben.

Viele von euch haben am Ende gerade erkannt, dass sie bislang die Geschichte ihres Lebens geschrieben haben, und sie gefällt ihnen nicht, es ist also an der Zeit, sie zu ändern, sie umzuschreiben, Veränderungen am existierenden Manuskript vorzunehmen. Manche wollen das ganze Manuskript aus dem Fenster werfen und ganz von vorne anfangen. Alles in allem, ihr Lieben, wisst einfach, dass das ein Lernprozess ist. Dass ihr in dieser »Schule des Lebens« Informationen sammelt, und was ihr mit diesen Informationen anstellt, da kommt euer Meistersein, da kommen eure Fähigkeiten als Erschaffer ins Spiel. Wenn du an einem Punkt der Stagnation bist, dann liegt das einfach daran, dass du gerade gebeten wirst zu schreiben, gebeten wirst zu kreieren, doch erwarten viele von euch, dass dieses Kreieren von anderer Seite für sie erledigt wird. Es ist eine Zeit der Meisterschaft, ihr Lieben, damit ihr euren Platz im Rat der Intergalaktischen Föderation der Welten einnehmen könnt, und dazu müsst ihr euer Meistersein leben.

Denn nur Meister werden eingeladen, einem solchen Rat beizutreten – Wesen, die sich der Macht ihres Denkens bewusst sind; Wesen, die sich des Vermögens bewusst sind, auf der Stelle das Gestalt annehmen zu lassen, das sie wünschen. Findet also zunächst einmal das, wonach es euch verlangt, und lasst es dann durch Klarheit der Vision und durch Loslassen aller Gedankenformen, die dieses Verlangen einschränken könnten und die nicht erlauben werden, dass es manifest wird, Gestalt annehmen. Ihr werdet merken, dass diese Gedankenformen der Begrenztheit auf Angst gegründet sind, und wenn ihr mehr Wissen erlangt, werdet ihr weniger ängstlich sein. Hier ist noch eine Frage.

Frage: Kuthumi, ich hätte gedacht, dass es bei unserem Examen in Sachen Erschaffen individuelle Aufgabenstellung gäbe, wie immer auf dem kreativen Sektor. Und jetzt höre ich, dass wir bestimmte Dinge vertraglich vereinbart haben. Wie funktioniert das Ganze also?

Kuthumi: Nehmen wir, was die Diskussion über den freien Willen, den göttlichen Willen angeht, einmal an, dass der göttliche Wille in der Schule im Rahmen des Lebenskurrikulums einen bestimmten Kurs anbietet. Sagen wir einmal, das Göttliche Eine bietet im Rahmen des Lebenslehrplans zehn Kurse an. Freier Wille heißt, dass ihr die Wahl habt, welchen Kurs ihr belegen möchtet, aber der Lehrplan ist vom Göttlichen Einen festgelegt. Wenn ihr Kurs eins bis neun abgeschlossen habt, kommt ihr in einen Kurs, der allein vom Göttlichen Einen konzipiert wird und wo kein Raum mehr für den freien Willen ist. Wenn ihr tatsächlich die anderen Kurse abschließt, dann geht in das innere Klassenzimmer und setzt euch in den Kurs des Göttlichen, und der freie Wille wird völlig nach dem göttlichen Willen ausgerichtet. Denn ihr habt euch ja schließlich entschieden, die anderen Kurse mitzumachen, und ihr habt euch entschieden, die Tür zu suchen, auf der »Göttlicher Wille« steht, und ihr habt euch entschieden, durch diese Tür einzutreten und Teil des umfassenderen Ganzen zu sein. Ihr alle habt das getan, indem ihr gewählt habt, zu diesem Zeitpunkt in der linearen Zeit in diesem irdischen Bezugsrahmen inkarniert zu sein.

Erteilt euch selbst die Erlaubnis, einfach zu wissen, dass ihr euren Willen dem Göttlichen untergeordnet habt, dass alles dazu da ist, euch etwas zu lehren und euch dazu zu inspirieren, euch nicht länger in den Sphären des alten Paradigmas zu bewegen, das heißt in dem Zustand, nicht im Einklang zu sein oder Fehler zu machen. Euch selbst ehren, um jenseits der Selbstverurteilung zu gelangen, und einfach die grenzenlose Natur eures Wesen anzapfen und dem folgen, was euer Herz beschließt, geleitet von der Tiefe der Freude, die jede Gedankenform wachruft, bei der ihr euch vorstellt, eine grenzenlose Kreatur zu sein. Hat das nicht etwas? Ist das nicht einfach? Was ist dein Problem dabei, Lieber? Vertraust du nicht darauf, dass du den Weg des Lichtes Gottes gehst, dass du im Licht und mit dem Licht deiner Wege gehst?

Du, mein Lieber, bist vielleicht im Urlaub gewesen, in dem, was wir als eine Lücke bezeichnen. Du entdeckst deine Göttlichkeit und bist dir dennoch deiner Meisterschaft und deiner schöpferischen Fähigkeiten unsicher, und du erhältst nun die

Einladung und das Geschenk, dein Leben als schöpferisches Wesen neu zu schreiben, entsprechend dessen, was dein Herz entscheidet. Nach der Leidenschaft, die in dir wach wird, wenn du dir erlaubst, dir das Leben so vorzustellen, wie du es wirklich wünschst, wenn du von jeder Form von Gedanken ablässt, die Wünsche und Phantasien verurteilt, die besagen, dass du das unmöglich kannst und woher du denn das Geld dazu nehmen sollst und all die anderen einschränkenden Gedanken, die dich davon abhalten, die grenzenlose Natur deines Seins zu erkunden.

Es ist eine Zeit, proaktiv zu sein, ihr Lieben, kreativ zu sein, denn bevor ihr nicht eure Macht versteht, Mitschöpfer zu sein sowie welche Möglichkeiten ihr dabei habt, werdet ihr nicht auf jeder Ebene eures Seins wieder in den Zustand eintauchen können, euch in die Arme des Schöpferischen Einen zu begeben. Die Abgrenzung, die für euch nötig ist, um euch innerhalb des Paradigmas der dritt-, viert- und fünftdimensionalen Wirklichkeit zu bewegen, ist einfach dazu da, dass ihr eure Mitschöpfernatur erkunden könnt, das ist alles. Denn in Wahrheit ist alles Einheit, in Wahrheit gibt es keine Trennung.

Die göttliche Vollkommenheit, die du bist

Es gab einmal eine Zeit in den vorherigen Jahrtausenden, wo ihr als Spezies auf dieser Daseinsebene, dieser Schule des Lebens, sehr stark eins wart, wo ihr harmonisch zusammenlebtet. Jetzt kehrt eine solche Zeit wieder und ihr habt die magische Chance, als Meister eures Fachs zusammenzukommen – als aufgestiegene Wesen, die zur physischen Wirklichkeit herabgestiegen sind, um mit diesem unbegrenzten Teil ihrer eigenen Natur in Kontakt zu kommen und ihn anzuzapfen, euer Gottselbst. Einander an ihren Talenten, ihrer Meisterschaft, teilhaben zu lassen.

Es ist eine neue Blaupause, die da enthüllt wird, und dennoch ist sie nicht neu. Es ist einfach eine Rückkehr zu dem Großen, das ihr seid, doch ihr tut das nicht nur als individuelle Seelen. Wenn es auch wahr ist, dass das Massenbewusstsein sich aus jedem einzelnen Individuum zusammensetzt, oder etwa nicht? Und das Massenbewusstsein ist lediglich eine Schwingung, ein Spiegelbild der dissonanten oder aufeinander abgestimmten Frequenzen, die Herz, Körper, Geist und Seele eines jeden Menschen aussenden.

Denn was als Antwort auf das Verlangen eures Herzens auf dieser Daseinsebene nun ernsthaft eingesetzt hat, ist eine Erziehung zum Umdenken und ein Wiedererwachen dieser Spezies. Alle haben etwas durchgemacht, was wir als »die Beschleunigung« bezeichnen würden. Und die Beschleunigung ist der Ruf aus dem Inneren, wo du erkennst, wo du dich erinnerst, dass da noch mehr ist. Dieser innere Ruf, der wieder Qualität in das zu bringen wünscht, was du mit anderen teilst, und Sinn in deine Arbeit.

Das neue Paradigma des goldenen Zeitalters, ihr Lieben, ist einfach, euren Spaß zu haben, während ihr eure Brötchen verdient, aber auch Gutes zu tun. Auf einer gewissen Ebene trifft das auch auf Geschäftliches zu. Aber könnte das nicht für alles gelten, worin ihr euch ausdrückt: Spaß zu haben?

Es geht darum, was es euch zu sein verlangt, um das göttliche Licht darin, wie ihr euch zum Ausdruck bringt, denn das Licht ist die Essenz des göttlichen Funkens. Und Freude zu kennen und zu lachen, denn das Lachen, ihr Lieben, ist eine Schwingung, die solche Kraft mit sich bringt. Wenn ihr lacht, löst ihr alle disharmonischen Energien aus eurer Zellstruktur heraus. Wir haben euch dies schon viele Male zuvor wissen lassen. Es ist wirklich an der Zeit, leichter zu werden.

Könnt ihr einen Moment die Augen schließen und euch vorstellen, was eine machtvollere Wirkung hat: Männer, die sich mit feierlichem Ernst zwischen Männern bewegen, still, spirituell, nichtdestotrotz ein gutes Vorbild, oder Männer und Frauen, die zusammen herzlich lachen und nur so dahingleiten und miteinander tanzen? Das Lachen trägt die Kraft für die spirituelle Veränderung in sich. Die Freude und die Leichtigkeit des Seins, wirklich dankbar zu sein für die Tatsache, dass ihr zu dieser Zeit inkarniert seid. Und das zu zeigen. Mit jedem Aufwachen wach zu werden für die Herrlichkeit dieser Inkarnation. Das zu zeigen. Und die Energie des Kuthumi-Bewusstseins stellt sich mehr als Antwort auf deinen Herzensruf und den vieler Wesen aus vielen Sphären ein. Von den aufgestiegenen Bruderschaften des Lichts. Von den galaktischen Föderationen. Von den schon zuvor erwähnten Engelssphären. Und von euch selbst als herabgestiegenen Meistern. Wir arbeiten zu diesem Zeitpunkt vereint zusammen, und alle sind sich unserer Gegenwart in den Reichen der Nacht bewusst.

Ihr werdet gebeten, euch zu erinnern. Denn dies ist eine Zeit der physischen Beweise. Dies ist eine Zeit, die Brücke vom Ätherischen ins Physische zu schlagen. Die Kluft zwischen allen Splittergruppen von Macht auf dieser Seinsebene zu überbrücken, um ein Finden zur eigenen Macht zu ermöglichen, statt Entmachtung zu schaffen. Das Brückenschlagen erzeugt Kraft, wenn die Intentionen des Herzens dabei rein sind. Wir bitten euch alle, die noch zweifeln, den Meister im Innern auf die Probe zu stellen. Denn es kann so sein und wird so sein. Prüft es, bis ihr nicht mehr mit Zweifeln herumlauft.

Telepathie gehört zu eurem natürlichen Seinszustand, zusammen mit den Lichtsprachen. Experimentiert damit, schickt eindeutige Botschaften an diejenigen, mit denen ihr in Verbindung treten möchtet, und dankt ihnen, wenn sie darauf reagieren. Bittet um Einhaltung eines ganz bestimmten zeitlichen Rahmens, sodass das Universum euer Spiel der linearen Zeit spielen kann. Bittet auch darum, dass die Botschaft, die ihr sendet, einfach ist und der Person, die ihr kontaktiert, dann »zugestellt« wird, wenn sie »auf Sendung« ist. Ihr könnt diese Kräfte mit ganz einfachen Mitteln testen, wie etwa, indem ihr euch einen Parkplatz reservieren lasst, und wir sind sicher, dass viele das nun tun. Spart doch Zeit, oder? Wir wünschen, dass ihr solche Experimente anstellt, und dann führt ein untadeliges Leben. Experimentiert mit euren Kräften, erteilt euch selbst die Erlaubnis, alles zu sein, was ihr sein könnt.

Achtet auf eure Gedanken, damit ihr ein uneingeschränktes Leben erschaffen könnt. Denn das Wesen in euch, das euch leitet, kennt keine Einschränkungen darin, wie es sich ausdrücken kann. Gewiss, bei vielen trifft es zu, dass ihr Gewahrsein auf andere Frequenzen anspricht und dass sie ein anderes Entwicklungstempo aufweisen, und von daher arbeiten wir mit vielen des Nachts. Wir möchten euch dabei aufzeigen, dass ihr die vollkommene Macht und Freiheit habt, euer Bewusstsein willentlich in euren Körper hinein- und aus ihm herauszubewegen, dass ihr programmieren könnt, im Reich der Nacht zur höchsten Lehrinstitution zu gehen, damit eure Schlafenszeit bewusst genutzt wird.

Es ist Zeit, sich der Leichtigkeit bewusst zu werden, mit der ihr euch in eure wandelnde physische Behausung und aus ihr herausbewegen könnt. Ihr lernt dies, während wir fortfahren, mit euch in der nächtlichen Dimension zu arbeiten. Wenn ihr vollkommen aufwacht und dieses Verständnis erlangt, dann geht es nur noch darum, diese Fähigkeit auf euren Alltag zu übertragen. Sodass ihr mit ihr vertraut werdet und euch dann, wenn ihr dasitzt und meditiert, mit großer Leichtigkeit willentlich auf diese Ausdrucksebene zurückbegeben könnt in dem Wissen, dass ihr dort regelmäßig in der Nacht hingeht. Es gibt so vieles, was ihr testen könnt.

Dann ist da noch das Spiel mit den »Beweisen« im Hinblick auf das göttliche Timing. Werft eure Zeitfragmente in den Müll. Bittet darum, dass ihr intuitiv vollkommen auf die göttliche und die lineare Zeit gleichzeitig ausgerichtet werdet. Man erwartet auf dieser Seinsebene von euch, dass ihr pünktlich seid, und das gilt in eurer Gesellschaft als höflich. Und dennoch, ihr Lieben, lasst zu und vertraut darauf, dass ihr, wenn ihr von innen geführt werdet, jederzeit zur perfekten Zeit dort sein könnt, wo ihr sein müsst. Sodass ihr das Spiel mit der göttlichen Zeit spielt, die sich in Synchronizität ausdrückt und dennoch anders lautende Anforderungen erfüllen könnt, die mit den Pünktlichkeitserwartungen in der linearen Zeit einhergehen.

Denn eure Aborigines, eure Eingeborenenvölker, haben immer mit Gottes Zeit, mit der göttlichen Zeit, gearbeitet. Und dennoch ist Chaos geschaffen worden, denn diese Wesen würdigen die lineare Zeit nicht und kommen oft zu spät zu ihren Verabredungen, was dann Zwietracht mit denen erzeugt, die sie warten lassen. Wir sagen euch, dass es nicht nötig ist, Zwietracht mit irgendeinem Wesen zu erzeugen, mit dem ihr in Berührung kommt. Denn ihr könnt euch einfach so programmieren, dass das Allerhöchste zur Entfaltung gelangen soll.

Ihr könnt die Spiele des göttlichen Ausdrucks grenzenlosen Seins spielen, während ihr in den derzeitigen Strukturen eurer Gesellschaft, Religion, Glaubensrichtung, Rasse oder Kultur wirkt. Ihr werdet wissen, wann das der Fall ist, wenn ihr euch zugesteht, diese Spiele zu spielen, denn dann werdet ihr die Energie der göttlichen Kräfte spüren, ihr werdet sie beobachten, ihr werdet sie genießen.

Es ist, als würde in eurem Innern ein Wesen freigesetzt, das höchst machtvoll ist, und wir bitten euch, dass euer Augenmerk immer auf Untadeligkeit gerichtet ist. Dass ihr auf allen Ebenen des Ausdrucks untadelig seid. Es kommt zu einer Verankerung, einer darüber gelagerten Schicht, einer Offenbarung. Diese Offenbarung besteht im vollen Verständnis, dass ihr multidimensional seid. Dass ihr in allen Dimensionen von Raum und Zeit existiert. Es gibt viele hier, die durch die Galaxien im nächtlichen Bereich Kontakt herstellen und sich dabei an Gaben und Talente aus anderen Sternensystemen erinnern, zu denen ihr aufgestiegen seid.

Wir haben euch bereits zu früheren Zeitpunkten wissen lassen, dass jeder und jede von euch beim Herabstieg auf eure Schwingungsebene durch das Planetensystem des Arcturius gekommen ist und dort gelernt hat, die Lichttechnologie zu meistern. Eure Schwingung wurde in diesem Sonnensystem in dieser Galaxie noch weiter reduziert als in allen Galaxien und Sonnensystemen und Multiversen, in denen ihr existiert habt.

Denn es hat euch seit Anbeginn der Zeit gegeben. Ihr seid die Einheit. Ihr seid nicht nur Teil der Einheit, euer Fokus liegt mehrheitlich darauf, euch mit euch selbst als getrennt zu identifizieren. Eure Wahrnehmung ist in dieser physischen

Form behaust. Ihr habt vergessen, dass ihr gleichzeitig als die Einheit in allen Multiversen agiert.

Und so kommen wir zu euch als ein Herz und ein Geist. Euch ermutigend, das Geschenk der Stille zu genießen. Denn in der Stille wird es geschehen, dass ihr die Stimme des göttlichen Funkens in euch hört, die euch leitet. Es ist an der Zeit, dass ihr euch erinnert, ihr Lieben. Wenn ihr im Reich des Inneren Kurse besucht, so betretet ihr die Sphäre des göttlichen Funkens. Das ist der Prozess der Involution, die Reise der Innenschau.

Konzentriert euch bewusst auf die Reiche des Innern und benutzt dazu die Nacht, wenn der physische Körper schläft, benutzt dabei euren Atem. Begebt euch zur Energie hinter dem Atem, die einen zum inneren Jetzt führt. Ihr atmet ununterbrochen. Richtet eure Aufmerksamkeit auf euren Atem, ihr Lieben, und lenkt dann eure Aufmerksamkeit auf die Energie hinter dem Atem. Es wird in euch das Gefühl göttlicher Liebe freisetzen. Und es wird euch alle Heilung auf allen Ebenen eures Seins bringen, die einer harmonischen Wiederausrichtung bedürfen. Alles ist aktiviert worden. Denn die Offenbarung ist die innere Stimme, die euch von innen antreibt zu verstehen, dass ihr mehr als diese körperliche Form seid. Die Offenbarung bringt eine Aktivierung, ein Sicherinnern, das auf vielen Ebenen existiert, und viele von euch erfahren dies jetzt. Auf einer anderen Ebene ergeht nun an euch die Bitte, wo ihr nun eure multidimensionale Natur durch Einsatz aller Geschenke verstanden habt, die ihr miteinander teilt, euch wieder eurer physischen Wirklichkeit bewusst zu sein. Denn es gibt eine spezielle Blaupause, die für den Planeten als Ganzes offenbart wird, genauso wie euch durch eure innere Arbeit eure eigene offenbart wird.

Das ist eine wundervolle Gelegenheit, die ihr hier geschaffen habt. Denn dieses Experiment dreht sich um das Gruppenbewusstsein von Menschen, die sich in voller Meisterschaft zusammenfinden, individuell den Anschluss an ihre göttliche Blaupause suchen, den Vertrag, der vor eurer Inkarnation mit dem Göttlichen abgeschlossen wurde.

Habt ihr gewusst, dass ihr alle zugestimmt habt, hier nun an diesem Punkt der Erdschwingung zusammenzukommen? Manche von euch werden hier hängen bleiben, magnetisch zueinander hingezogen, um für eure Arbeit ein starkes Band zu knüpfen. Andere wird es anderswo hinziehen. Es ist nicht weiter wichtig. Was wichtig ist, ist die volle Erkenntnis, dass eine Gruppeninitiation stattfindet. Dass ihr alle Teile aus dem göttlichen Puzzle seid und dass alle Wolkenmacher zueinander hingezogen werden und alle Blumenbeetanleger ebenso. Alle sind im göttlichen Entwurf zentral, oder etwa nicht? Wie Instrumente in Gottes Orchester. Viele verschiedene Melodien und viele verschiedene Instrumente.

Der freie Wille, ihr Lieben, gibt euch die Gelegenheit, euer Instrument bewusst zu stimmen, damit die Musik des Göttlichen höchst harmonisch ist, wenn sie sich in euch regt, in euch gespielt wird und um euch herum, wenn sie von einer Tiefe aller Seiten eures Wesens hervorkommt. Das ist dann der für euch vorgesehene Entwurf. Das ist euer Lebenszweck. Ohne Einschränkungen zu sein. Freudig zu sein. Miteinander zu harmonieren, und das kann hart sein. Es ist eine Herausforderung. Denn die Energie des Massenbewusstseins unterstützt die Harmonie nicht. Sie ist voller Zwietracht. Sie hat schon so lange das Lied der Getrenntheit und des Verurteilens gespielt, und so viele Fraktionen sind dabei entstanden.

Ein jeder der Aufgestiegenen Meister war für die Erschaffung eurer religiösen Gruppen verantwortlich. Die Aufgestiegenen Meister begründeten keine Religion. Sie brachten eine reine Lehre, eine reine Schwingung herüber, zeigten den göttlichen Funken im Innern auf. Die Religionen, die Glaubensrichtungen, die Philosophien wurden von Wesen geschaffen, die solche Lehren mit ihrem Geist, ihrem höheren Geist, ihrem Herzen, ihrer Seele und ihrem logischen Verstand auslegten. Und so entstand Trennung. Dennoch ist alles vollkommen.

Denn in der Trennung habt ihr das Feuer im Innern entfacht, euch wirklich nach Einheit zu sehnen und sie an den Tag zu legen. Gerade durch die Entmachtung habt ihr euch nach Machtgewinnung gesehnt und das entsprechende Feuer entfacht. Und dies, ihr Lieben, ist eine wunderbare Gelegenheit, Einheit zu demonstrieren, Meisterschaft zu demonstrieren, immer vollkommen auf die göttliche Stimme im Innern ausgerichtet zu sein. Derartiges zum Ausdruck zu bringen miteinander – liebevoll, freudig. Dies mit der Absicht zu tun, dass das miteinander Geteilte Spaß machen soll; dies zu tun mit der Intention, große Freude und großes Lachen zu teilen. Dies zu tun mit der Intention, andere zu inspirieren durch das Licht, an dem ihr sie teilhaben lasst, und dabei auch höchste Logik anzuwenden.

Die Menschheit kann die Schwingung der Integrität, Untadeligkeit, Logik und Leichtigkeit nicht ignorieren, die von denen freigesetzt wird, die leben, was sie predigen, die Schwingungen der Leichtigkeit und Freude ausstrahlen. Denn das bringt sein eigenes Flair der universellen Kräfte der Magie mit sich.

Es gibt viel zu offenbaren auf eurer Daseinsebene. Die Offenbarung dessen, was war, wird wieder kommen. Eine Zeit, in der ihr wahrhaft synchronistisch seid. Wo so etwas wie das Wort »Zufall« nicht mehr existiert. Weil die Wesen sich bewusst sind, dass Synchronizität schlichtweg ein Nebenprodukt dessen ist, im Einklang zu sein.

Also möchten wir, ihr Lieben, euch einfach zu Bewusstsein bringen – in das Bewusstsein eures Herzen, eurer Seele und eures Geistes –, dass dies eine wundervolle Gelegenheit ist, voll euer innerstes Wesen zum Ausdruck zu bringen, euer göttliches Selbst. Wir laden euch ein, euch auf eine Weise aneinander teilhaben zu lassen, die harmonisch ist. Nicht schüchtern zu sein. Zu verstehen, dass jeder und jede Einzelne von euch etwas zu geben hat, sodass ihr wirklich eine harmonische Gruppe sein könnt, die göttliche Arbeit verrichtet und sich dabei von göttlicher Inspiration tragen lässt, dabei Freude auf der persönlichen Ebene erzeugt, Freude in der Gruppe erzeugt, globale Freude erzeugt. Ein kleiner Schritt, ihr Lieben, bringt ein gutes Stück weiter und sorgt für einen wundersamen Wandel.

Ihr merkt nun, dass die Zeit sich beschleunigt. Ihr werdet zunehmend so viel mehr Gelegenheiten finden, etwas an andere weiterzugeben. Wie schon so oft gesagt, seid ihr ständig Kanäle für Energie. Wir bitten euch, euch zu fragen, welche Qualität die Energie hat, für die ihr euch Kanal zu sein entscheidet. Ob ihr ein Kanal für Liebe und für eine Aufladung mit Kraft seid, für Freude und Lachen, oder ein Kanal für Urteile und Getrenntheit. Es ist euer freier Wille. Und dennoch ist der Entwurf für jeden und jede von euch gut aktiviert und eure Herzen singen bereits auf allen Ebenen ein Lied der Einheit.

Wir gratulieren euch, dass eure Herzen das Lied der Freude kennen, das Angetriebensein von ihrer Stimme. Ihr seid zielgerichtet in eurem Ausdruck und wunderbar im Einklang. Seid euch bewusst, dass in der physischen Wirklichkeit zunehmend mehr auf eine Weise Gestalt annehmen wird, die sich überprüfen lässt. Es ist nicht zu leugnen. Gesteht es euch selbst zu, frei von Zweifeln zu sein. Bittet um euren Beweis, ihr Lieben, damit ihr diesen Sprung ins kalte Wasser tun und euch in die Sphären der Magie und des grenzenlosen Seins hineinbegeben könnt, ausgerichtet darauf und fest entschlossen, einander Vergnügen zu schenken und Kraft zu spenden.

Uns ist klar, ihr Lieben, dass ihr auch Verpflichtungen in der linearen Zeit habt, also heben wir eure Fragen und die Antworten für ein andermal auf und laden euch stattdessen ein, täglich in die Stille zu gehen. Seid im jetzigen Moment und bittet das Göttliche Eine im Innern um Bestätigung und Antworten zu allen Fragen, die ihr jetzt noch haben mögt. Ihr werdet merken, dass diese Antworten sich in vielerlei Form, auf viele Weisen einstellen. Aber zuerst müsst ihr den Raum dafür schaffen, dass das Wissen, das in euch ist, euch wieder in eurem bewussten Geist offenbart wird.

Begebt euch in die Stille, ihr Lieben. Bittet um eine vollkommen bewusste Wahrnehmung des Entwurfs für euch. Bittet um synchronistische Ausrichtung auf die göttliche Zeitstruktur dieses sich entfaltenden Plans, und sie wird euch gewährt werden.

Atmet tief, ihr Lieben, atmet tief, verbindet dabei den ein- und ausströmenden Atem. Denn die Energie, die den Atem antreibt, kennt keine Grenzen und Pausen. Deshalb ist der Fluss eures Atems, der Ein und Aus verbindet, so kraftvoll. Denn er folgt dem Rhythmus des göttlichen Funkens, während dieser den Atem in den Körper und aus ihm hinaus bewegt. Stimmt euch bewusst auf die subtile Energie ein, die den Atem antreibt.

In eurer Heilung, in eurem Gespräch, in eurer Reise ist unsere Gegenwart immer da, als Antwort auf euer Verlangen.

Adonai, ihr Lieben, Adonai.

Das rechte Timing

Wir möchten euch etwas über das rechte Timing vermitteln. Zum Verständnis, dass es einen Rhythmus gibt, einen Schöpfungstakt, der zum Ursprung aller Schöpfung gehört. Dass die Magie, die ihr sucht, sich in ihrer Ganzheit offenbart, wenn ihr euer Timing mit dem des Göttlichen synchronisieren könnt. Das Timing des Göttlichen, ihr Lieben, ist einfach die Entfaltung des göttlichen Plans in jedem Augenblick. Ihr seid ungeduldig bei eurer Suche nach Sinn, ungeduldig bei eurer Suche nach Antworten beziehungsweise ungeduldig in eurem Wunsch, das erlangte Wissen und Verständnis umzusetzen – mitzubekommen, wie es sich physisch manifestiert.

Wir haben davon gesprochen, ihr Lieben, dass dies keine Zeit der individuellen Erleuchtung ist, so viel steht fest. Es ist eine Zeit der kollektiven Erleuchtung. Wenn ihr euch dafür entscheidet, im Hinblick auf die Schulen des Lebens, von denen wir euch zuvor eingehender berichteten, zu verstehen, dass es in jedem Schulsystem immer Rebellen gegeben hat. Diese Rebellen waren vielleicht die Yogis, die Kultur und Gesellschaft von sich wiesen – diejenigen, die in die Höhlen gingen und sich ganz auf ihre Göttlichkeit konzentrierten. Sie wurden erleuchtet, bewegten sich in eine Energiebandbreite, die ihnen Erfolg bei ihrem Streben nach Samadhi, nach Glückseligkeit, garantierte. In dieser Zeit, die ihr als euer modernes Zeitalter bezeichnet, ihr Lieben, seid ihr aufgerufen, mitten in der Stadt Yogis in den Höhlen zu sein. Ihr werdet gebeten, diesen Zustand der Verbundenheit und Glückseligkeit in jedem Augenblick eures Lebens an den Tag zu legen, während ihr in euren Städten das Spiel der Magie spielt. Die Magie, die ehemals in den Höhlen erfahren wurde, wird nun in die breite Masse, in die Alltagswirklichkeit, hineingetragen – und so muss es auch sein. Und dennoch ist es einfach. Ihr braucht nicht in einer Höhle zu leben und dort zwanzig, vierzig Jahre oder ein Leben lang zu meditieren. Diese Zustände der Magie und Glückseligkeit lassen sich ganz einfach durch Verständnis der universellen Gesetze verstehen und dadurch, sich dann Gottes Plan, dem göttlichen Timing, zu ergeben.

Bei vielen von euch ist es so, dass ihr den Rumba getanzt habt – wie sie hier (Jasmuheen) gerne sagt. Ihr habt einen Tanz im Spiel des Lebens getanzt, der euch viel Lernen und in unterschiedlichen Graden Befriedigung geschenkt hat. Als ihr das Spiel beherrschtet, den Tanz, den Rumba, suchtet ihr nach mehr. Und auf eurer Reise habt ihr Unterscheidungsvermögen gelernt. Ihr habt gelernt, in euer Herz das aufzunehmen, was sich in der Natur und dem Kern eures Seins richtig anfühlte. Ihr habt begonnen, ein Modell zu kreieren, Informationen und Erfahrungen aneinander zu stückeln, die es euch erlaubten, den Sinn dieser Wirklichkeit zu begreifen. Und so habt ihr buchstäblich eine neue Wirklichkeit geschaffen und einen neuen Rhythmus gelernt. Denn Gottes Tanz ist ein Walzer. Und ihr habt euch die Walzerschritte angeeignet. Oder ihr habt gelernt, dass es noch einen anderen Tanzboden gibt, wo man Walzertanzen lernen kann. Der Zweck dieser Treffen ist manchmal der, mit anderen Tänzern zusammen zu sein, auf die Bühne zu treten und euch der Lächerlichkeit preiszugeben, während ihr über eure eigenen Füße stolpert und begreift, dass euer Rhythmus sich von Rumba zu Walzer ändern muss. Und manche haben schon eifrig Walzertanzen gelernt. Dennoch wisst ihr, dass es noch eine andere Ebene von Magie gibt, die es eurem Herzen erlauben wird, unablässig zu singen – nicht nur ab und zu, sondern ständig. Also habt ihr euren Walzer gelernt, und nun werdet ihr auf den Tanzboden zurück gebeten, wo viele noch den Rumba tanzen, und zwar nicht, um sie zu belehren, sondern einfach nur, um zu sein, wie ihr seid, ihr Lieben. Einfach im Zustand völliger Freude zu sein, während ihr zu Gottes Orchester tanzt, den Walzer zu tanzen, vorzuführen, dass das großen Spaß macht, dass ein großer Zauber darin liegt, sich vollkommen in jeden einzelnen Augenblick zu versenken. Einfach voller Freude zu sein, euch als die Meister, die ihr seid, für die Erfahrung der Freude zu entscheiden. Denn ihr habt begriffen, dass alles, worauf ihr euer Augenmerk richtet, eure Wirklichkeit wird, denn so will es das universelle Gesetz. Es ist das Gesetz, das alle Energie aller Schöpfung beherrscht, jenseits der Wissenschaft und eurer Religion. Worauf auch immer ihr eure Aufmerksamkeit richtet, das wird höchst real.

Wie ihr euch also vorstellen könnt, ihr Lieben, findet derzeit ein bunt gemischtes Lernen statt auf dieser Daseinsebene. Da sind Wesen, die auf dem Rumba-Tanzboden Rumba tanzen. Es gibt welche, die den Rumba-Tanzboden verlassen haben, die aus der gesellschaftlichen Mitte, wie ihr sie kennt, ausgeschert sind, um sich Zeit für ihre spirituelle Reise zu nehmen, während sie einen neuen Schritt erlernen, den Walzerschritt, den des Mutter-Vater-Schöpfer-Gottes. Viele lernen noch den Rhythmus dieses Tanzes. Und dann sind da andere, die den Tanz erlernt und perfektioniert haben und die nun wieder auf den Rumba-Tanzboden zurückgekommen sind, weil sie sich dafür entschieden haben, ein Leben in Freude zu führen. In dem Wissen, dass dadurch, dass ihr einfach tanzt und im Augenblick bleibt und das freudige Wesen seid, das ihr seid – diejenigen, die das Rumbatanzen leid sind, damit aufhören werden, um sich anzuschauen, was ihr da macht. Und sie werden euch fragen – es wird sie ganz natürlich zu euch hinziehen –, ob sie vielleicht ein bisschen mehr über diesen neuen Tanz erfahren könnten. Es ist ja der Tanz des Einsseins, nicht wahr? Es ist der Tanz der Erschaffung eines neuen Paradigmas. Denn, wie euch ja klar geworden ist, ist diese Reise, diese Erweckung, eine tüchtige Revolution, ihr Lieben. Sie bedeutet, das Gute aus dem alten System herauszupicken und zu verbessern.

Es ist ein großes Erwachen, eine groß angelegte Evolution, ein neues Lied. Und dabei ein Lied, das Einheit und Gleichgewicht und Harmonie auf eurer Seinsebene erfordert. Es ist das Lied, das vom kollektiven Herzen aller gesungen wird. Und hier kommt das Timing ins Spiel und die Geduld. Denn wir beobachten, wie viele von euch nun auf dem Rumba-Tanzboden den Walzer tanzen, und sehen, wie ihr fragt, warum alles, was ihr schöpferisch visualisiert habt, noch nicht physisch manifest geworden ist. Es liegt daran, dass dazu andere unter euren Brüdern und Schwestern aus der Walzerakademie kommen müssen, um sich zu euch auf dem Rumba-Tanzboden zu gesellen und als kollektive Einheit zu Gottes Rhythmus zu tanzen. Es gibt Pioniere unter euch – und wir bitten sie, Geduld zu haben. Wir bitten darum, dass ihr euch einfach entscheidet, euch auf die Schönheit und Einheit zu konzentrieren, wie sie sich euch in jedem Moment eures Daseins offenbart. Denn der Schlüssel ist Freude. Ihr seid euch bewusst geworden, wenn ihr die Freude in eurem Herzen fühlt, die Leidenschaft, wenn euer Herz singt, dann seid ihr vollkommen im Einklang mit eurer eigenen Blaupause. Aber das ist das Spiel, ein Experiment, ein Tanz der massenhaften Erleuchtung. Und ihr müsst lernen, zu warten, geduldig zu sein, bis alle Puzzleteile ihren Platz gefunden haben, bis alle Tänzer auf dem Tanzboden sind. Ja, ihr Lieben, es gibt das, was euch als das Phänomen mit dem hundertsten Affen präsent ist: den Punkt, an dem genügend Erweckte da sind, um auf dem Tanzboden den Ton anzugeben. Sodass diejenigen, die Rumba tanzen, vom Pulsschlag der Liebe und des Lichts, der kollektiv von euren Energiefeldern ausgeht, magnetisch in diesen Rhythmus hineingezogen werden, mit ihrem Herzen, ihrer Seele, die darauf reagieren und erwachen.

Das ist die Vision, das ist die Wirklichkeit, das ist das, was in diesem zeitlichen Rahmen der Gleichzeitigkeit existiert, wo ihr euch zu schaffen inspiriert fühlt, ihr Lieben. Wir bitten euch, eurer Phantasie freien Lauf zu lassen. Euch vorzustellen, was es ist, das ihr diesem Planeten geben könntet, das Geschenk, das ihr bringt. Euch führen zu lassen von der Freude in eurem Herzen, wenn ihr euch selbst in eurer Meisterschaft vorstellt und vor euch seht, wie ihr als das Göttliche Eine auf diesem Planeten lebt, was ihr predigt, wenn ihr euch zugesteht, alles zu sein, von dem ihr wisst, dass ihr es sein könnt. Zu verstehen, dass ihr manchmal miteinander tanzen müsst, um der Inspiration willen, um der Kraft der Energie willen, um des Beieinanderseins willen. Doch wisst, dass ihr alle einander ein Geschenk zu geben habt. Die Einzigartigkeit eures Wesens, wie beim Orchester ist die Musik im Zusammenklang wahre Magie, aber auch individuell entfaltet sich die Musik auf magische Weise. Sodass ihr vielleicht merken werdet, ihr Lieben, dass euer Instrument gestimmt wurde. Dass ihr euch eures Lebenszwecks bewusst seid, des Zwecks, den das Lied hat, das da durch euch ertönt, während das Orchester vielleicht noch dabei ist, die Instrumente zu stimmen. Es ist nur eine Frage des Timings.

Denjenigen von euch, die erwacht sind, empfehlen wir, wenn sie ungeduldig sind und ein wenig unsicher, worin das nächste Puzzlestück besteht, auf das es sich vor eurem geistigen Auge zu konzentrieren heißt, sich nach innen zu wenden und in sich hineinzulauschen. Wenn ihr die Eingebung habt, geduldig zu sein, dann seid geduldig. Wenn ihr die Eingebung habt, kreativ zu sein, dann seid kreativ. Andere wiederum möchten wir bitten, dass sie ihre Herkunft verstehen. Ihr seid Wesen, die aus vielen Sternensystemen hierher gereist sind. Zu Anbeginn der Zeit und Schöpfung, als das Göttliche Eine sich energetisch ausdehnte – und es gibt viele Geschichten hierzu –, als ihr euch durch die Dimensionen von Zeit und Ausdrucksformen bewegt habt, eure Schwingung gedrosselt, das Wissen aus vielen Systemen aufgenommen habt, dem arcturischen System, dem Plejadensystem und dem des Sirius und aus vielen anderen, vielen Universen, ein sich entwickelnder Punkt Bewusstsein. Ihr habt euch nun in einer physischen Inkarnation wieder gefunden, dennoch ist das nur ein Aspekt eures Seins. Tatsache ist, dass ihr in allen Ebenen und Dimensionen des Ausdrucks existiert und dass ihr das Erleuchtete seid, das Göttliche, ihr seid bereits aufgestiegen. Eure Meditationsarbeit und euer Suchen nach Öffnung der inneren Türen erlaubt einfach, dass die Energie dessen, was ihr seid, durch euer Wesen in die bewusste Realität strömt, in der ihr euch nun befindet.

Und wir bitten euch, dass ihr versteht, dass der physische Körper nur eine molekulare Struktur ist, die das Energiefeld eurer kollektiven Erinnerung in sich trägt, eures Emotionalkörpers. Dieser ist die Datenbank eures Unbewussten, eures Mentalkörpers, mit dem ihr euch von einer Ebene des Überlebens aus identifizieren mögt, wo ihr ein begrenztes Wesen in einer begrenzten Form seid, das im Kern danach strebt, Fortpflanzung zu betreiben und das Überleben der Spezies zu sichern. Wenn ihr darüber hinausgelangt seid, bewegt ihr euch in euer höheres Bewusstsein, den universellen Geist, den ihr ebenfalls in euch tragt. Das ist es, was durch das Herzzentrum bei eurer Meditation und in euren Zeiten der Stille geöffnet wird, wenn ihr Zugang zu den inneren Ebenen findet. Es ist der höhere Geist, der eure physische Manifestation steuert, ihr Lieben. Und so bitten wir euch, euer Verständnis des Evolutionsprozesses zu beschleunigen – und Zugang zu finden zu eurer göttlichen Blaupause, dem Sinn eures Lebens auf dieser Seinsebene – und einfach eure Ausrichtung auf den göttlichen Willen einzuprogrammieren. Wir bitten euch, darum zu bitten, dass alles, was ihr mit anderen teilt, in jedem Augenblick dem Höchsten dienen möge für euch selbst und für alle, die euch begegnen. Dass sämtliche Energiefelder all eurer Körper vollkommen harmonisiert werden, damit sich eure Göttlichkeit voll und ganz auf dieser Seinsebene ausdrücken kann. Und dass ihr darum bittet, dass dies auf eine Weise erfolgen möge, die euch große Freude und Leichtigkeit bringt und Gnade und Fülle und was sonst noch es euch als Meister auf dieser Wirklichkeitsebene zu erschaffen verlangt. Denn ihr seid Meister und ihr lernt dieses physische Dasein zu meistern, indem ihr die volle Kraft dessen einbringt, was ihr seid, und indem ihr eure Energiefelder so aktiviert, dass sie mit voller Kraft operieren.

Eure spirituelle Reise, ihr Lieben, ist nur eine Seite der Meisterschaft. Sie ist der Schlüssel zu den inneren Türen, die es euch erlauben, Zugang zur Größe eures Seins zu erlangen. Und wenn ihr eure Programmierung vornehmt wie von uns empfohlen – es dauert jeden Tag nur ein paar Augenblicke, und dennoch legt es die Zielrichtung fest, dass sich der Rest eures Tages in perfekter Harmonie und im Einklang mit dem Göttlichen entfaltet – und euch dann einfach darauf konzentriert, in jedem Augenblick in Freude zu verweilen, so ist das eine einfache Programmierung. Denn es wartet Arbeit auf euch auf dieser Seinsebene. Ihr seid eine physische Form – es gibt nur sehr wenige der Lichtarbeiterinnen und Lichtarbeiter, die sich innerhalb der nächsten zwei Jahrzehnte über diese physische Ebene hinausbewegen werden – weil ihr unterschrieben habt. Ihr habt einen Vertrag geschlossen mit dem Göttlichen, dass ihr auf dieser Ebene eine ganz bestimmte Arbeit verrichten werdet, dass ihr einer Lehrerbrigade angehören werdet – das gilt für diejenigen, die durch ihr Beispiel lehren. Denn nichts hat größere Kraft, als ein Wesen zu beobachten, das seine Wahrheit auch lebt, das sein Licht erstrahlen lässt, das den Mut hat, seine Ideale auf eine Weise zu demonstrieren, die alle Formen von Leben ehrt. Und alles wird in Gottes Zeit entsprechend dem Verlangen deines Herzens offenbart, gemäß des umfassenderen Plans, der sich entfaltet. Ihr seid euch eures eigenen Wissens bewusst, intuitiv, von eurer Erfahrung her oder intellektuell. Ihr seid euch bewusst, ob ihr noch Rumba tanzt, ob ihr es leid seid, Rumba zu tanzen, ob ihr euch ein wenig ausgeklinkt habt und den Walzer erlernt, den Rhythmus Gottes, die Erkenntnis des Rhythmus, der euch die ganze Zeit über Lebensgrundlage gewesen ist. Ihr nehmt es wahr, wenn ihr wieder auf dem Rumba-Tanzboden seid und Walzer tanzt. Ihr merkt es intuitiv. Wir bitten euch, dass ihr versteht, dass im Kontext des größeren Ganzen das Timing über alles regiert, unabhängig von eurer Fähigkeit, energetische Gesetze zu manipulieren, ihr Lieben, unabhängig davon, wie gut ihr mittlerweile darin seid, Wirklichkeit zu erschaffen. Da ist der perfekte Takt, mit dem ihr euch zu synchronisieren lernen müsst, sodass ihr beim Blick auf den Tanzboden sehen könnt, wie jedes Wesen den Walzer in perfektem Timing, in perfekter Harmonie, in perfekter Ausrichtung auf das Göttliche tanzt. Und wenn ihr Derartiges beobachtet, habt ihr die Wahl, diese Wirklichkeit hinter euch zu lassen und in den Mantel eures nächsten Auftrags zu schlüpfen. Denn das goldene Zeitalter, dieses neue Jahrtausend, das prophezeit wurde, wird in vollem Gange sein und rundum den ihm eigenen Zauber unter Beweis stellen.

Fragen und Antworten

Frage: Hier äußert jemand die Besorgnis, zu sensibel zu werden gegenüber der »realen Welt« und den Kolleginnen und Kollegen.

Kuthumi: Du bist ein Instrument. Ihr alle seid Instrumente des Göttlichen, oder nicht? Während ihr euer Instrument stimmt, wie sie hier (Jasmuheen) ja schon sagte, ist es so, als wäret ihr eine Gitarre und hättet vier Saiten – euren physischen, Emotional-, Mental- und spirituellen Körper. Und ihr könnt jede Saite so stimmen, dass die Musik, die ihr hervorbringt, nach euren Maßstäben vollkommen harmonisch ist. Und nach den Maßstäben derer, die es zu euch hinzieht. Sie bekommen mit, dass ihr »lebt, was du predigst«. Du stimmst also durch deine Meditation deine Energiefelder, richtig? Die Meditation ist ein sehr wirkungsvolles Instrument. Du stimmst dich unablässig durch dein bewusstes Erschaffen, deine Meisterung des Geistes, dein bewusstes Wahrnehmen deiner Gedanken. Und wenn du dein Instrument stimmst, wirst du hochgradig sensibel für alle Energien in deinem Umfeld. Und du merkst, dass du so fein gestimmt werden kannst, dass du etwas in Gang setzt, was wir als empathisches Mitschwingen bezeichnen. Du beginnst das zu spüren, was im Energiefeld von anderen ist. Du wirst hoch sensibel – bis zu einem Punkt, wo es Unbehagen erzeugen kann. Auf einer Ebene, ihr Lieben, werdet ihr also sensibel. Ihr seid euch vieler Energien bewusst, ihr seid euch der Spiele bewusst, der Vielschichtigkeit der Wirklichkeiten, die in der gesamten Schöpfung erschaffen werden.

Viele spielen das Spiel der Mächte von Gut und Böse, und das ist eine gültige Wirklichkeit, die viele spielen. Du kannst dich für eine Weile mit dieser Realität in Kontakt bringen und die dunklen Mächte nähren, die in deinem Umfeld spielen. Der Punkt ist, dass ihr in eurer Sensibilität auch aufgefordert seid zu zeigen, dass ihr die Meister der Schöpfung seid. Ihr seid euch bewusst, dass das, worauf ihr euer Augenmerk richtet, für euch in eurem unmittelbaren Wirklichkeits-bezugsrahmen real wird. Ihr seid also zwar sensibel, ja, das stimmt, es ist ein natürlicher Zustand. Aber was ihr in eurer alltäglichen Wirklichkeit wahrzunehmen wählt, während ihr alles erkennt, was um euch herum manifest ist, das ist euch, als Meistern, überlassen. Wenn das, was ihr im Herzen, in den Energiefeldern einer anderen Person zu sehen wählt, es eurem Herzen erlaubt zu singen, wenn es euch erlaubt, das höchste Potenzial eures Lebens zu entfalten, dann nehmt es weiter auf diese Weise wahr. Es ist alles eine Frage der Wahrnehmung bei dieser Erschaffung von Wirklichkeit. Du kannst jemanden im Bus beobachten und er mag dir irgendwie grob-schlächtig vorkommen, streitsüchtig, etwas »schräg« sozusagen, wenn du darüber urteilen magst. Du magst ihn als groben Klotz sehen, als ungehobelt, aber das ist einfach nur eine bestimmte Schicht. Würdest du hinter diese Schicht blicken, so fändest du dort eine andere Schicht, eine sensible Schicht. Und würdest du wiederum hinter diese Schicht blicken, so würdest du eine weitere Schicht finden und dann wieder eine weitere. So lange, bis du, wenn du dich beim »Durchwählen« lange genug konzentrierst und deine Intenti-on ganz darauf ausrichtest, die Göttlichkeit zu sehen, die Per-fektion des Gottes ICH BIN, die sich in seinen Zellen befin-det, und nach ihr zu suchen sowie zu gebieten, dass sie sich manifestiert. Dann muss sie sich nämlich zeigen, denn so will es das Gesetz der Energie.

Was du auch auf dieser Seinsebene zu sehen anstrebst, muss sich dir offenbaren. So wirst du in deinen Beobachtungen auf dieser Seinsebene verschiedene Phasen durchmachen, bei denen du Zugang gewinnst zu deiner multidimensionalen Natur und dir alles offenbart wird. Und du kannst mit deinem Beobachten auf jeder Ebene stehen bleiben – wonach du auch suchst, es wird Wirklichkeit werden. Wenn du Angst suchst, wird vor deinen Augen die Angst aufblühen. Wenn du Hässlichkeit suchst, wird auch sie sich dir offenbaren. Wenn du Zwietracht suchst, wird die Zwietracht da sein. Wenn du Licht und Liebe suchst, so werden Licht und Liebe bestehen. Und wenn du göttliche Vollkommenheit suchst, wird auch sie sich dir offenbaren, wenn es für sie an der Zeit dazu ist – sofern du Geduld hast. Wenn du im Augenblick bleibst und befiehlst, dass sich dir etwas offenbart, so wird das deine alltägliche Realität werden, deine Erfahrung in jedem Augenblick. Denn ihr seid die Schöpfer von allem und ihr seid Zeuge von allem. Von daher: Ja, Liebe, du bist sehr empfänglich und kannst von allen Wesen, von jeder Wirklichkeit, die sich hier auf diesem Planeten ausdrückt, Signale jeder Frequenz auffangen. Aber du als die Meisterin entscheidest, in welche Frequenz du dich standardmäßig einwählst. Es ist eine wundervolle Lektion, die ihr meistern müsst, und so vieles habt ihr ja schon gelernt. Das Geschenk, das wir dir machen, das Geschenk, das du selbst dir machst, Liebe, besteht einfach in der Festlegung eines Standards im Hinblick auf das, was in deiner unmittelbaren Wirklichkeit für dich annehmbar ist. Und du bist schon weit gekommen, oder?

Frage: Hier hat jemand eine Frage, die einen Freund betrifft, bei dem gerade ein Tumor diagnostiziert wurde, und was man am besten tun kann, um dieser Person zu helfen.

Kuthumi: Es gibt für alle, die sich in einer solchen Situation befinden, ein ganz bestimmtes Programm, das man installieren kann. Und viele haben hie und da oder auch schon des Öfteren mit Menschen zu tun gehabt, bei denen potenziell tödlich ausgehende Krankheiten diagnostiziert wurden. Macht euch vorab einmal klar, dass jedes Wesen einen Vertrag mit dem Göttlichen abgeschlossen hat. Dieser Vertrag kann sich über zwanzig, vierzig, sechzig oder mehr Jahre in eurem linearen zeitlichen Rahmen erstrecken. Das ist für diese Inkarnation zwischen der betreffenden Person und dem Schöpferischen Einen vertraglich vereinbart worden. Die Komplexität dessen ist sehr weit reichend und vielseitig, da es mit dem energetischen Gleichgewicht derer zu tun hat, die der Person nahe stehen und dem von allen, die den Zerfall ihres physischen Körpers miterleben, ihr Ringen damit, der Krankheit aus physiologischer und psychologischer Sicht und so vielem mehr. Wenn das betreffende Wesen in Verbindung mit seiner inneren Führung ist, im Einklang mit ihr, so schlagen wir vor, dass es herauszufinden sucht und fragt, ob die Zeit für eine Beendigung, eine letzte Erfüllung des Vertrags, gekommen ist. Wenn es an der Zeit ist, den Vertrag auslaufen zu lassen, so wird ihm das erlauben, sich psychologisch darauf einzustellen.

Unabhängig davon, ob die Zeit für die Beendigung des Vertrags gekommen ist, gibt es so vieles, was jemand im Zustand der Meisterschaft tun kann, um seine Schwingungsfrequenz zu ändern, damit der Ton, auf dem sein Abgang erfolgt, auf der höchstmöglichen Frequenz liegt. Denn das wird es ihm erlauben, nach dem Übergang in Form des physischen Todes Zugang zu anderen Seinszuständen zu erlangen. Wir bitten, dass diese Wesen, sofern das ihrem inneren Wunsch entspricht, die Kontrolle über die Heilung ihres physischen Körpers übernehmen. Sich den Raum geben, die Blockierungen in den emotionalen Energiefeldern zu betrachten, die die Krankheit überhaupt hervorgerufen haben. Und auch die Programmierung, die geistigen Gedankenformen, das Gift im Denken und im physischen und Emotionalkörper anzusehen, das die Krankheit ausgelöst hat, die Blockierung im Energiefeld.

Es ist also ein Zweikomponentenprogramm. Es gibt Heilerinnen und Heiler, es gibt Betroffene, die sich selbst von

Krebs geheilt haben und die das Thema »tödliche Krankheit« als Herausforderung gesehen haben und wussten, dass es zu ihrer Arbeit gehörte, sich selbst zu heilen. Nachdem sie sich selbst geheilt hatten, waren sie dann in der Lage, etwas von diesem Wissen an andere weiterzugeben – die dann auf magische Weise per Koinzidenz magnetisch in ihr Energiefeld gezogen wurden, damit die Menschheit an diesem Punkt in ihrer Entwicklung einen Schritt nach vorn tun und ihre Selbstheilung in die Hand nehmen könne. Denn alle Krankheit ist selbst geschaffen und insofern kann das Selbst auch die Heilung manifest werden lassen. Es ist an der Zeit, der Menschheit das Zutrauen zu diesem Vermögen an die Hand zu geben. Zeit, dass sie der herkömmlichen Medizin diese Fähigkeit wieder aus der Hand nimmt, um stattdessen ein ganzheitliches Verständnis entstehen zu lassen. Zu wissen, dass jede Krankheit von einem verlorenen Wohlsein in den Energiefeldern, von energetischen Dissonanzen im Körper hervorgerufen wird und einfach wieder ausgerichtet werden kann, dass sich die Einheit und Ganzheit wieder herstellen lässt.

Es gibt viele, die um ihres eigenen Lernens und ihres eigenen Heilungsprozesses willen erstaunlich schwächende Erkrankungen geschaffen haben, und doch ist das nicht das Ende ihres Vertrags. Es ist einfach eine Herausforderung. Es ist ein Weg, ihren Zugang zu Zeiten zu stimulieren, wo sie Heiler oder Heilerinnen waren. Es erlaubt ihnen, aus ihrem zellularen Gedächtnis die Gaben aus den damaligen Zeiten wieder in ihr Bewusstsein zu bringen, in denen sie in der Lage waren zu heilen, auf dass dies wieder Bestandteil ihres Wissens wird und sie im Dienst an der Menschheit wieder in den Mantel des Heilers schlüpfen können.

Initiationen

Wir bitten euch, dass ihr ein, zwei Augenblicke darauf verwendet, die Initiationen zu ehren, die ihr bereits erhalten habt. Viele von euch haben schon einiges an »Workshopping« betrieben, haben die Schule des New-Age-Gedankenguts besucht, sich mit den uralten metaphysischen Prozessen und Weisheiten befasst. Viele von euch haben bewusst ihre Energiefelder harmonisiert, sodass ihr, wie sie hier (Jasmuheen) gerne sagt, die »Magie der Musik« spielen lassen könnt, die ihr auf dieser Daseinsebene in dieser Inkarnation zu spielen bereit wart. Viele von euch wollen so lange schon Vollkommenheit und Meisterschaft erschaffen, stimmt das? Wir bitten darum, dass ihr vielleicht euer Augenmerk verlagert und wirklich das anerkennt, was auf einer anderen Ebene geschehen ist, und das erreicht ihr durch Anerkennung der Initiationen, die ihr bereits durchlebt habt.

Diese Initiationen kann man mit dem Stellen und Lösen von Prüfungsfragen vergleichen. Sie sind auf vielen Ebenen in eurer Inkarnation zutage getreten, von spirituellen Initiationen zu physischen Initiationen. So zum Beispiel, ihr Lieben, sind viele von euch in unterschiedlichen Heilkünsten unterwiesen worden. Manche von euch sind im Gewand der Aufgestiegenen Meisterin Kuan Yin in Heilung im umfassenden Sinne unterwiesen worden, das war eine Initiation. Es war mehr als einfach nur eine Ausbildung in Heilkunst, es war eine Initiation, bei der über eure Energiematrix regelrecht die Energie der Aufgestiegenen Meisterin Kuan Yin geschichtet wurde. Ihr wurdet in die Gaben initiiert, die sie für euch bereithielt.

Eine weitere Initiation mag sich bei euch durch das eingestellt haben, was ihr eure Prüfungen und die Aufregungen und Schwierigkeiten eines Lebens in dieser Inkarnation nennen mögt. Vielleicht in einer Zeit, in der ihr zugelassen habt, eure Macht abzugeben, Gewalt zu erleiden, körperlich zu leiden. Und dennoch war es genau das, was euch das Geschenk der Gewinnung der eigenen Macht gab, wo ihr euch auf der tiefsten zellularen Ebene gelobtet, dass ihr nie wieder eure Macht abgeben würdet. Auch das war eine Initiation – in den Machtbesitz. Ihr werdet merken, wenn ihr hierüber nachdenkt – und wir bitten euch, dass ihr euch in der nächsten Phase eurer linearen Zeit die Zeit dafür nehmt –, dass ihr so viele Initiationen erlebt haben mögt, von denen alle ein Geschenk für euch bereithielten. Das Geschenk des Humors, das Geschenk des Ehrens, das Geschenk der Stärke, das Geschenk des Mutes – viele Geschenke, ihr Lieben.

Ihr erinnert euch vielleicht an den Traum damals, der euch so real vorkam, denn in den ätherischen Sphären saht ihr euch selbst vor einem Lichtwesen knien und konntet spüren, wie ein Kristall in euer drittes Auge eingesetzt wurde oder in euer Kehlzentrum, euer Herz oder wo auch immer. Ihr erinnert euch vielleicht an einen Traum, in dem ihr mit Delphinen geschwommen seid. Ihr erinnert euch vielleicht an eine Initiation auf der physischen Ebene, wo ihr mit der Delphinenergie gearbeitet habt. Es gibt viele Initiationen. Es ist einfach nur so, dass ihr vielleicht damit rechnet, dass sich Derartiges begleitet von Lichtblitzen und Engelsposaunen einstellt, also haltet ihr nicht die Initiationen in Ehren, die ihr bereits tatsächlich erlebt habt.

Vielleicht habt ihr erwartet, dass sich diese Initiationen in eurer Meditation einstellen, in euren stillen Zeiten des Nachsinnens oder in den Reichen der Nacht, doch finden sie sich auf vielerlei Weisen ein. Sie kamen – wie bereits gesagt – einfach durch die Aufregungen und Schwierigkeiten eures Lebens jedes Mal in einer Zeit, von der ihr rückblickend wisst, dass sie zwar Leid mit sich brachte, aber auch eine Menge Lernen und ein Geschenk, das dieses Lernen für euch bereithielt. Das waren Zeiten der Initiation. Denn Initiation ist das Stellen und Bestehen einer Prüfungsaufgabe und das Anerkennen der Tatsache, dass da eine Prüfung stattgefunden hat, und davon hat es schon viele gegeben, oder?

Was wir euch bewusst zur Kenntnis zu nehmen bitten, ist die Verpflichtung, die ihr dem Göttlichen Einen gegenüber eingegangen seid, als ihr euch auf diese Inkarnation eingelassen habt. Nämlich auf einer bestimmten Ebene schlichtweg die Göttlichkeit in euch anzuerkennen. Wie schon bei früheren Durchgaben gesagt, habt ihr euren Aufstieg bereits hinter euch. Ihr seid Teil der Einheit – die Kraft, die viele Gott nennen, ist in jedem Atom enthalten. Sie ist allmächtig, allwissend, sie ist in euch. Ihr seid das Göttliche, eingekapselt in einer physischen Form molekularen Aufbaus. Haltet also

Ausschau nach dem, was ihr wirklich seid, ihr Lieben. Denn wie die universellen Gesetze verfügen, werdet ihr das sein, worauf ihr euer Augenmerk richtet.

Dies ist keine Zeit des Tuns, sondern eine Zeit, das liebend anzunehmen und zu sein, was ihr bereits seid. Lebt so, als wärt ihr der Aufgestiegene Meister – denn darum geht es ja beim Herabsteigen –, indem ihr euer Licht auf dieser physischen Ebene lebt. Und wenn ihr dieser Initiation gerecht werden könnt, akzeptiert, dass ihr bereits alles seid, was ihr zu sein wünscht und wonach ihr so lange gestrebt habt. Denn diese Übung, ihr Lieben, die Initiationen zu ehren, die ihr bereits durchlebt habt, und ihre Geschenke zu erkennen, hat etwas damit zu tun, dass eine neue Energiematrix in eurem Feld angelegt wird, die ihr »Selbstwertgefühl« nennen mögt. Es ist ganz einfach, und wenn diese neue Energiematrix in eurem Bewusstsein angelegt worden ist und ihr wirklich die Geschenke erkennen könnt, die euch auf so vielen Ebenen gegeben wurden, dann könnt ihr am »echten« Spiel teilnehmen. Obwohl die Wirklichkeit von der individuellen Wahrnehmung regiert wird, könnt ihr von dieser Einladung Gebrauch machen, die nun an euch ergeht.

Denjenigen, die hierarchische Strukturen wahrnehmen, sei gesagt, dass diese einfach um der effizienten Herbeiführung von Veränderung da sind, damit die Individuen und Bewusstseinsformen ihren Part in der göttlichen Blaupause erkennen können – ihren Part innerhalb von all dem, denn sie sind ganz und alles ist miteinander verbunden. Thema der Einladung, ihr Lieben vom Licht, der Fanfarenstoß, der durch die Energie und das Bewusstsein von Kuthumi erfolgt, ist das Zusammenbringen der Gruppe, die wir als »Weltdiener« bezeichnen würden, um sie zu dem anzuregen, was wir »positives Handeln« nennen. Es ist an der Zeit, die ätherisch festgelegte Vision in diese physische Wirklichkeit herabzubringen und das goldene Zeitalter zu erschaffen. Dann wird dieses goldene Zeitalter, wie schon so oft von uns gesagt, ein Zeitalter der Erschaffung eines höchsten Bewusstseins sein, das in physischer Gestalt auf dieser Daseinsebene wandelt.

Wir arbeiten mit triadischen Energien zusammen, alles wird auf Grundlage der Programmierung und des Verstehens der heiligen geometrischen Figuren festgelegt. Die triadische Energie, die verankert wird, was die Weltdiener anbelangt, ist die von Lord Maitreya. Der Lehrer der neuen Welt ist Kuthumi, und die Energie, die durch Konzentration auf die Schwingung von Kuthumi verankert wird, ist stark im Bildungssektor und Wirtschaftssystem angesiedelt. Diese Überlagerung zieht sich durch bis zur Arbeit Maitreyas an politischen Systemen und den Wirtschaftssystemen auf der sozialen Ebene. Wir haben noch weitere Triaden, die Teil dieser energetischen Triade sind. Ebenfalls Teil der Arbeit, die im Einklang mit den Energien von Maitreya und Kuthumi steht, ist die Energie des Aufgestiegenen Meisters El Moyra. El Moyra arbeitet bei der Erschaffung dieser physischen Seinsebene mit der Energie der Macht und des Willens.

Jeder Meister, jeder Aufgestiegene Meister wird durch das Verlangen im Herzen von Individuen zu diesem Planetensystem hingezogen. Dieses Verlangen nach Einswerdung, nach Gleichgewicht, nach Harmonie. Jedes Individuum zieht nun magnetisch Gruppen Gleichgesinnter an. Deshalb, ihr Lieben, verspürt ihr den Sog, der euch dazu bringen will, Teil des Gruppenbewusstseins zu werden. Denn ebenso wie ihr eure individuellen Initiationen durchgemacht habt – die wir euch zu erkennen und ehren bitten – ,werdet ihr nun auch beginnen, als synchronisierte, harmonisierte Gruppenenergien zu wirken.

Damit Einheit und Gleichgewicht auf eurer physischen Daseinsebene Gestalt annehmen können, müsst ihr lernen, als synchronisiertes Meer von Energie zu arbeiten. Diese Energiematrix setzt sich aus Individuen zusammen, aus individuellem Bewusstsein, vereint durch ein gemeinsames Ziel und Verlangen. Findet eure Blaupause, euer Puzzlestück. Eure Zeiten des Nachdenkens, eure Zeiten der Meditation, diese Zeiten der Stille werden euch den Zugang zu dieser Blaupause ermöglichen. Hört auf euer Herz, denn es wird euch, wie ihr ja wisst, dazu hinführen, euch auf die Leidenschaft und Brillanz des Stückes einzustimmen, das ihr spielen werdet.

Kollektiv gibt es also diese Nester von Energie, die sich vereinigen, die Teil einer Energiematrix sein werden und sind. Ihr seid gebeten worden, die Entstehung dessen, dieses Netz, als Lichtnetz zu sehen, das euren Planeten umkreist. Während ihr euer Herz dem inneren Lehrer öffnet, dem aufgestiegenen Selbst, das ihr seid, werdet ihr merken, dass diese Führung ungehindert und mit Leichtigkeit fließt. Diese Führung wird sich, wie manche sagten, noch intensivieren, wenn ihr zusammenkommt.

Wir bitten euch, dass ihr bei Bildung von Gruppen, wie etwa der der planetaren Fürsprecher, bewusst mit dem Instrumentarium zu arbeiten beginnt, zu dem ihr nach und nach Zugang gewinnt. Versteht, dass alles, die Grundlage von allem, die heiligen geometrischen Muster sind. Beginnt also diese geometrischen Muster zu aktivieren, denn sie bilden die Grundlage der gesamten DNA und aller Energiematrizes. Bittet um Führung hierbei, achtet bewusst auf den Einsatz von Schwingungen, von Schallwellen und von Namen, die Projekte oder Gruppen nun erhalten, denn der Name, unter dem eine Gruppe bekannt ist, wird eine Schwingung verankern, auf die die Schwingung der Gruppe gestimmt wird und die einen Aspekt, könntet ihr sagen, des Göttlichen Einen über die Energiematrix schichtet, der einen Einfluss auf sie ausübt.

Seid euch eures Erschaffens bewusst, liebe Brüder und Schwestern aus dem Licht. Uns ist klar, dass es viele unterschiedliche Initianten mit unterschiedlichstem Bewusstsein und Verständnis gibt, aber ihr alle entfaltet euch in vollkommenem und perfektem Einklang mit eurer eigenen Blaupause. Es gibt viel aufzunehmen für euch. Wir haben bei den letzten paar Zusammenkünften über bewusstes Erschaffen gesprochen und es ist an der Zeit, euch sehr bewusst zu sein, was ihr als Einzelpersonen oder Gruppe kreiert. Denn ihr arbeitet mit den höheren Energien, die manche als den Photonengürtel bezeichnen, womit einfach Energien von einer reinen Natur gemeint sind, die mit magnetischer Kraft in euer Planetensystem gezogen werden, als Teil eines Zyklus, und auch basierend auf dem Verlangen in eurem eigenen Herzen. Das bringt euch näher und mit größerer Macht an die euch angeborene Fähigkeit heran, auf der Stelle allein aus Gedankenformen heraus Dinge zu erschaffen. Das bewusste Erschaffen ist also an diesem Punkt in eurem linearen Zeitrahmen sehr wirksam.

Vom Grundprinzip her wird alles, was ihr denkt, auf der Stelle virtuell geschaffen. Seid euch also der Qualität eures Denkens bewusst, ihr Lieben, seid euch eures Vermögens bewusst, mit sofortiger Wirkung Dinge zu erschaffen. Entscheidet euch, was für ein Leben ihr euch erschaffen wollt. Seid euch der Einschränkungen bewusst, die ihr euch selbst auferlegt, der Stolpersteine, die ihr vor euch hinlegt und die euch abhalten, das zu erlangen, wonach ihr euch aus tiefstem Herzen sehnt. Oft mag sich dieses Erschaffenkönnen in euch als Angst äußern, die in euch freigesetzt wird, als das Gefühl, dass ihr nicht den finanziellen Rückhalt habt, um eine solche Vision umzusetzen, sie auf die physische Ebene zu transportieren und Realität werden zu lassen. Doch seid euch bewusst, wie zuvor gesagt, dass es andere geben wird, die den Schlüssel dazu besitzen werden und die ihr magnetisch anziehen werdet, um es euch zu ermöglichen, alle Visionen, die in völligem Einklang mit der göttlichen Blaupause sind, manifest werden zu lassen. Denn das ist Teil dessen, was vorab verfügt wurde, und versteht, ihr Lieben, dass euch grundlegende Gesetze gegeben wurden, innerhalb derer ihr arbeitet.

Es gab einen Zeitpunkt zu Beginn aller Schöpfung, wo das Göttliche bestimmte Regeln aufstellte. Diese Regeln wurden zum Ausdruck dessen, was ihr die energetischen Naturgesetze nennt. Sie werden auch als universelle Gesetze bezeichnet. Teil der Reifeprüfung der Erde, durch die sie zum Mitglied der Bruderschaft des Lichts werden sollte und ein vollwertiges Mitglied der Intergalaktischen Föderation der Welten, ist das Verstehen, Anerkennen, Erkennen und praktische Umsetzen universeller Gesetze. Denn diese energetischen Gesetze regieren über die Universen. Diese energetischen Gesetze sind das, worunter sämtliche Formen von Leben und sämtliche universellen Ausdrucksformen und Planeten – von denen es quer durch die Universen viele gibt – operieren.

Ob die Lebensformen und die Menschheit auf diesen Ausdrucksebenen die Gesetze bewusst wahrnehmen oder nicht, ist ein unmittelbarer Spiegel dessen, was sich in ihrem Entwicklungsstadium in ihrem Planetensystem abspielt. Der Grad des Erwachens, der Grad des Bewusstseins, der Grad der Einheit, Harmonie, Balance, der Grad der Ehrung von allem, der Grad der Integrität, der sich als Bewusstsein der breiten Masse präsentiert, das jeden physischen Planeten in allen Universen umgibt, stehen in unmittelbarer Beziehung zu ihrem Verständnis der höheren Gesetze der Wissenschaft.

Eure Wissenschaft, eure Religion auf dieser Seinsebene sind einfach Ausdruck des Verständnisses der universellen Gesetze auf der Ebene des Massenbewusstseins, also bitten wir euch, dass ihr mit der bewussten Erkundung, dem Verstehen, dem Studium und der Umsetzung – solltet ihr das wünschen – der universellen Gesetze beginnt. Denn je mehr ihr die göttlichen Verordnungen, die vom Göttlichen seit Anbeginn der Zeit verfügten Gesetze, versteht, desto eher beginnt ihr wirklich zu »leben, was ihr predigt«. Wirklich euer Licht zu leben und der wahre Ausdruck des Göttlichen im Innern zu sein. Es ist, als ob es, während zwar alles von göttlicher Vollkommenheit regiert ist, eine holographische Luftblase gegeben hat, eine parallele Wirklichkeit, an der ihr bewusst teilgenommen habt, wo ihr eure Fähigkeit zu manifestieren erkundet habt, wo ihr euer Vermögen in einer dichten molekularen Struktur in einer begrenzten Daseinsebene erkundet habt.

Ihr seid vielleicht als, wie wir aktuell sagen würden, »Einzylinder« gelaufen und erhaltet nun die Einladung, nicht als Drei- oder Vierzylinder, sondern mit einer unbegrenzten Anzahl von Zylindern an eine unbegrenzte Kraftstoffquelle angeschlossen zu werden. Die Schöpfungskraft, ihr Lieben, die Kraft, die euren individuellen Bewusstseinsfunken geschaffen hat, diese Kraft vereint euch alle. Es gibt also viele Ebenen und viele Stücke zu spielen.

Ihr als herabgestiegene Meister habt alle Initiationen durchgemacht, die erforderlich sind, um wirklich »zu leben, was ihr predigt«, um das zu werden, was »Aktivsein« innerhalb aller Veränderungsparameter auf diesem Planeten genannt wird. Es ist das Heraufdämmern eines neuen Zeitalters, es ist eine prophezeite Zeit, dieses Jahrtausend. Und lasst uns euch sagen, dass nun eine neue holographische Luftblase angelegt wird. Dass ihr in die siebente Ära des goldenen Zeitalters eintretet – ein neues Jahrtausend –, dass ihr als Menschheit viele Male Aufstieg und Niedergang seines Ruhms, seiner Göttlichkeit gekannt habt. Dies ist kein »New Age«, kein neues Zeitalter – es ist ein neuer Zyklus, aber ihr erhaltet nun die Möglichkeit, euch oberhalb des goldenen Zeitalters zu verankern, das wir das diamantene Zeitalter nennen.

Versteht die Diskussion – für diejenigen, die diese Information benötigen – so, dass alles in parallelen Wirklichkeiten existiert. Dass ihr euch des simultanen Zeitrahmens von Vergangenheit, Gegenwart und Zukunft bewusst seid. Ihr seid euch auch bewusst, dass ihr als kreative Wesen jede gewünschte Wirklichkeit erschaffen könnt. Dass ihr durch eure Gedankenformen unablässig eine holographische Luftblase erzeugt, dass alles in holographischen Luftblasen existiert. Euch vereint derzeit eine gemeinsame holographische Luftblase namens »Projekt Herabstieg Weltveränderung« oder »Projekt Aufstieg Weltveränderung«. Dass die parallele Wirklichkeit, in die einzutreten ihr eingeladen seid, darin liegt, jenseits des Aufstiegs und Niedergangs der Menschheit zu gelangen, um diesen Kreislauf zu durchbrechen, obwohl es einige geben wird, die in dieser parallelen Wirklichkeit fortfahren werden. Das Anlegen des goldenen Zeitalters als letztgültige Herabkunft des Adman Kadman, wenn alle die Göttlichkeit im Innern liebend annehmen und als solche erkennen und ihr euch mit bewusstseinsmäßig Gleichen in eine Wirklichkeit einklinken werdet, die euch vollkommene Freiheit vom Aufstieg und Niedergang innerhalb der irdischen Ebene verschaffen wird, unabhängig davon, welche Wirklichkeit diesem jetzigen Moment folgt. Es gibt einige, die die Realität eines neuen Jahrtausends akzeptieren, die eines tausendjährigen Friedens, und die sagen, dass ihr dann, wenn ihr diese tausend Jahre Frieden angenommen habt, wieder einen Niedergang erleben werdet, und dass dies eine Frage der Wahl zwischen parallelen Wirklichkeiten ist.

Worum wir euch bitten, ist, euch mit der Möglichkeit anzufreunden, dass man der Vorstellung von Aufstieg und Fall ein Ende setzen kann, und das wird euch die Freiheit geben, darüber hinauszugelangen, wie gerade gesagt, in eine neue Phase der Initiation und des Dienens frei von der Erdebene. Diese Freiheit wird euch jedoch so lange nicht gegeben werden, bis ihr eure Erdmission abgeschlossen habt, die Mission, auf die ihr euch eingelassen habt, die aufgestempelt ist auf das, was ihr als Vertrag mit dem Göttlichen Einen bezeichnen würdet, abgeschlossen vor eurer Inkarnation auf diese Seinsebene. Diese Mission liegt darin, Teil der neuen Energiematrix zu sein, die zur Erschaffung des Zeitalters, dieses diamantenen Zeitalters, angelegt wird. Es stehen also große Veränderungen an von denen, die voll erwacht sind und die die Göttlichkeit im Innern wahrnehmen können, die bereit sind, als herabgestiegene Meister auf dieser Wirklichkeitsebene zu wandeln.

Denn nehmt das wahr, ihr Lieben, was wir die heilige Geometrie des Unendlichkeitssymbols nennen, das durch das Herz führt. Manche von euch suchen ihre Erleuchtung noch von einer äußeren Bezugsebene her. Manche von euch suchen noch die Welt nach den Antworten ab, die ihnen gegeben werden sollen. Die Antworten, wenn es um Erfüllung und Ausführung des Vertrags geht, kommen von den inneren Sphären, wenn du in der Stille sitzt und Anweisungen des Göttlichen Einen im Innern entgegennimmst. Dem Aufgestiegenen Meister, der im Innern wohnt, dem inneren Lehrer.

Wenn ihr also eine Blase sehen könnt, die von eurem Herzen ausgeht, die dann über eure Begrenzungen gelangt und jenseits von euch selbst wieder herauskommt, so ist das euer äußerer Bezugsrahmen, eure äußere Wirklichkeit auf dieser Ebene. Seht nun, dass diese Blase eine Verbindung zu den inneren Sphären hat, und zwar durch euer Herz, das als Durchgang dient. Und diese inneren Sphären, ihr Lieben, sind es, wo viele von euch nun wohnen, während ihr die multidimensionale Natur eures Wesens erkundet, die grenzenlose Natur eures Wesens.

In der Erkundung dieser inneren Sphären, ihr Lieben, begreift ihr wirklich, dass ihr Aufgestiegene Wesen von großer Liebe, großem Licht seid und grenzenlos in eurer Fähigkeit, zu genießen und euch zum Ausdruck zu bringen. Denn ihr tragt in euch den Schlüssel zu den Multiversen und allen Ausdrucksdimensionen bis hin zur Quelle und schöpferischen Energie selbst. Nun, wenn ihr die inneren Durchgänge aufgetan habt, ihr Lieben, und dann alles zur Kenntnis genommen und anerkannt, was ihr bereits seid, haltet diese Durchgänge offen und richtet eure Aufmerksamkeit wieder auf diese Seinsebene – tut einfach das, was man als »Wiederhineingehen« bezeichnen könnte.

Viele haben die letzten Jahre mit der Erkundung der inneren Sphären verbracht. Seid euch aller Initiationen bewusst, die in diesem zeitlichen Rahmen stattgefunden haben. Versteht nun, welche Geschenke ihr gesammelt habt, um eure Arbeit auf dieser physischen Ebene zu verrichten. Im Einklang mit den Lehrern der neuen Welt zu arbeiten – denn diese Gruppe von Lehrern der neuen Welt seid ihr, um zu Diensten zu sein und diese Geschenke bei geöffneten inneren Türen wirksam werden zu lassen. Kanäle zu sein, was ihr ja seid, als kosmisches Hilfspersonal, als kosmische Telepathen, die ihr ja seid. Als Wesen, die eine in zwei Richtungen verlaufende Kommunikation innerhalb sämtlicher Dimensionen und mit allen Lichtwesen unterhalten, die ihr seid.

Haltet diese inneren Durchgänge offen und wisst, dass ihr ein höheres Bewusstsein, innere Lehren, inneres Wissen, reinstes Bewusstsein eingeladen habt, Zeuge all dessen zu werden, wie es durch euer Herzzentrum strömt und energetisch die Veränderung auf diesem Planeten manifest werden lässt. Entscheidet, worauf ihr ausgerichtet seid – ihr seid ausgerichtet auf den göttlichen Willen. Ihr habt euch bewusst an euren Vertrag erinnert. Ihr habt euer Stückchen des göttlichen Plans gefunden oder findet es gerade.

Richtet euch aus, entdeckt die Veränderung, die es zu erschaffen gilt und die ihr wirksam werden lasst, indem ihr »lebt, was ihr predigt«. Genießt durch euer SEIN, durch die Erkenntnis des Göttlichen und dadurch, dass ihr zulasst, dass die Göttlichkeit durch euch strömt. Es ist politische Veränderung herbeizuführen, wirtschaftliche Veränderung, bildungsmäßige Veränderung, soziale Veränderung. Ihr, die Lichtarbeiterinnen und Lichtarbeiter, bildet dieses neue Massenbewusstsein. Es ist das Phänomen mit dem hundertsten Affen.

Die Einladung, die nun an euch ergeht, besteht einfach darin, den Mut zu haben, euer Licht leuchten zu lassen, zu leben, was ihr predigt, aktiv zu werden. Einige haben mit den Bildungsprogrammen zu tun und diese Bildung, ihr Lieben, kann sich in vielerlei Form einstellen, einfach dadurch, dass ihr andere an eurer Wahrheit teilhaben lasst, wenn ihr mit ihnen zusammen seid. Und indem ihr entscheidet, kein Kanal für Klatsch und Tratsch zu sein, sondern ein Kanal für große Liebe und Licht und Veränderung. Einzuprogrammieren, darum zu bitten, dass alles, was ihr anderen in jedem Moment mitteilt, dem höchsten Wohl derer, denen ihr es mitteilt sowie eurem eigenen höchsten Wohl dient, und dass das, was der göttliche Wille vorab bestimmt hat, frei durch euch strömen zu lassen. Seid euch eures Denkens bewusst, eurer Gedanken, achtet bewusst darauf, ob euer Denken es euch erlaubt, die unermessliche Weite, die grenzenlose Natur dessen anzuzapfen, was ihr seid.

Alle, denen das hier Vermittelte nicht klar ist, können sich vielleicht mit dem universellen Gesetz und den Energiebandbreiten des Bewusstseins beschäftigen. Ihr werdet merken, dass euer Wachstum immens gefördert wird, dass euer Wirklichkeitsmodell immens gefördert wird, wenn ihr einem solchen Verständnis die Türen öffnet. Außerdem werdet ihr in euch das aufgenommen haben, was in euch im Hinblick auf euren Teil der Matrix, euer Puzzleteil, eure Blaupause, Widerhall findet. Ihr werdet in eurem Miteinander, wenn ihr eure Fragen ins Ätherische und auch Physische freisetzt, merken, dass viele die Schlüssel, das Puzzlestück in der Hand halten, das das Bild komplettiert. Dieses Gruppenbewusstsein, so werdet ihr bei eurer Zusammenarbeit merken, hat einen sich selbst komplettierenden Aspekt. Wenn ihr daran interessiert seid, Informationen oder Werkzeuge zu finden, werdet ihr bei eurem Miteinander feststellen, dass »zufällig« alle in der Gruppe auf magische Weise über ein Puzzleteilchen verfügen, das es ermöglicht, dass euer Puzzle wächst und größer wird als die Summe von einem, denn so will es das Gesetz der Energie. Denn ihr als individuelle Einheiten seid so kraftvoll in eurer Göttlichkeit. Ihr als Gruppenmatrix habt noch mehr Bewusstseinskraft, konzentrierte Intentionen und konzentrierte Gedanken.

Es ist nicht an der Zeit für ein Wetteifern, es ist an der Zeit für Unterstützung. Wir bitten darum, dass ihr zusammenkommt und dass es dabei für euch im Brennpunkt steht, einander an eurer Brillanz teilhaben zu lassen, denn ihr werdet effektiver operieren, wenn alle in ihrer Brillanz geehrt werden.

Das ist das Thema, das wir an diese Gruppe hier durchgeben: dass ihr die Brillanz ineinander sucht, dass ihr zu den Stärken der anderen spielt, denn dann werdet ihr ein Gruppenbewusstsein bilden, das stark und brillant ist. Denn ihr werdet merken, während es euch magnetisch zueinander zieht, dass jeder und jede von euch einen Schlüssel der Brillanz in den Händen hält. Manche kochen gern, manche organisieren gern, manche schreiben gern, manche sind gern schöpferisch tätig, malen gern, manche heilen gern ... es geht auch um den Aufbau von Vernetzungen, um kraftvolle Lichtgemeinschaften zu gründen, in denen Brillanz geehrt und gesucht und anerkannt wird. Brillanz ist euer Standard. Ekstase ist euer Standard. Ihr werdet ein Schlüsselwort finden, das euer Standard ist und euer Geschenk. Vielleicht ist euer Schlüsselwort Humor, und das ist das Geschenk, das ihr in eine Gruppe einbringen werdet, vielleicht ist euer Schlüsselwort Integrität, vielleicht ist euer Schlüsselwort Liebe, vielleicht liegt eure Brillanz einfach darin, die Person zu sein, die zuhört. Alle glänzen in etwas, alle haben etwas beizusteuern. Hier ist jemand mit einer Frage.

Fragen und Antworten

Frage: Mich würde es interessieren, mehr darüber zu wissen, was mit den patriarchalischen Strukturen passiert, mehr zur Überlagerung mit oder ohne der Integration der Göttinnenenergie, und wie wir den Wandel oder die Bewegung erleichtern können.

Kuthumi: Jeder und jede Einzelne von euch als Bewusstseinspunkte, die sich zu dieser Zeit hier für eine physische Inkarnation entschieden haben, arbeitet mit der Überlagerung durch das Weibliche, die Göttinnenenergie. Denn ihr tretet mit dem Geschenk intuitiver kreativer Fähigkeiten auf den Plan, der weiblichen Intuition, es ist die weibliche Intuition, die den Weg bahnt, die Schnittkante sozusagen. Jede Energie, die hier eine weibliche Inkarnation absolviert, hat bereits mit den Aufgestiegenen Meisterinnen zu tun gehabt. Ob ihr sie einfach als die Erdgöttin bezeichnet, ob ihr die Initiation des Bauchtanzes erlebt habt – ihr habt durch diese Initiation die Energie der Göttin geerdet, denn er ist eine sehr irdische Angelegenheit, dieser Tanz des Lebens, oder etwa nicht? Jeder und jede Einzelne von euch wird ein Geschenk der Aufgestiegenen Meisterinnen mitgebracht haben, ein Geschenk der Mutter Erde. Viele auf dieser Seinsebene bringen Energien dorthin einfach dadurch, dass sie die Göttin im Innern anerkennen und das, was sie sind: das Göttliche Eine im Innern. Viele verankern Aspekte der weiblichen Energie, ob es die göttliche Mutter ist – denkt daran, ihr Lieben, die göttliche Mutter, die zu diesem Kontinent reist und die Energie der Liebe ausstrahlt und nicht spricht: Sie verankert die Energie der göttlichen Mutter.

Es gibt diejenigen, die sich mit Tantra befasst haben, dem »heiligen Sex«, wie ihr sagen würdet, und sie verankern die Energie der Göttin in ihrer sexuellen Ausdrucksform. Wir bitten darum, dass alle, die sich dazu hingezogen fühlen, Spiritualität, die Göttin, sexuell auszudrücken – sämtliche Ebenen des Ausdrucks mit dem höchsten Bewusstsein verschmelzen zu lassen, denn auch das heißt, die feineren Frequenzen und Schwingungen auf diesem Planeten zu verankern. Ist vielleicht eine ziemliche Aufgabe, die weiblichen Wesen zu bitten, Bewusstsein in den sexuellen Ausdruck hineinzubringen, doch wenn ihr das Bewusstsein in den sexuellen Ausdruck hineinbringt, ihr Lieben, so bringt ihr die Energie des reinsten Bewusstseins in alle Fortpflanzung. Das ist ein wundervoller Dienst.

Wie wird diese Energie verankert? Sie wird in jeder weiblichen Gestalt verankert, sie wird in jeder männlichen Gestalt verankert, die nun die männlichen und weiblichen Energien in sich selbst ins Gleichgewicht bringt. Dies ist keine Zeit des Feminismus, es ist eine Zeit des Menschismus, des Individualismus, des vollkommenen und perfekten innerlichen In-Einklang-Bringens eurer Energiefelder, der Ehrung des Männlichen in euch, der Ehrung des Weiblichen in euch, denn, ihr Lieben, ihr habt eine weibliche Inkarnation gewählt, in euch ist ganz natürlich die weibliche Energie, das Weibliche, die Göttin verankert. In vielen Kulturen hat es eine Zeit des patriarchalischen Dienstes gegeben, das war ein Rückschritt im Vergleich zu den matriarchalischen Systemen der Zeit von Atlantis. Diese Zivilisation war als das goldene Zeitalter bekannt – sie ist untergegangen. Die Zeit des Untergangs, die die Menschheit in diese Periode der Dunkelheit brachte. Da die damalige Zeit matriarchalisch geprägt war, war sie unausgewogen, und so schwang das Pendel wieder zur entgegengesetzten Seite, der Seite der partriarchalischen Systeme und Kulturen. Nun kommt sie wieder ins Gleichgewicht, sodass das Matriarchalische, um dieses Gleichgewicht wiederherzustellen, stark mit der Göttinnenenergie überlagert wird.

Ihr habt dies an eurer Frauenbewegung beobachten können, ihr werdet es an der Wiedereroberung der Göttinnenenergie in der New-Age-Bewegung sehen. Wir bitten euch, doch einmal darauf zu achten, woraus sich die New-Age-Bewegung zusammensetzt – sind es nicht siebzig bis achtzig Prozent Frauen? Gerade die Frauen sind diejenigen, die sich öffnen und die New-Age-Bewegung anführen, und diejenigen, die sich in einer männlichen Inkarnation befinden und das Weibliche in sich annehmen, gesellen sich zu ihnen, weil sie sich im Gleichgewicht befinden. Euch wird auffallen, dass alle Kleinunternehmen, die sich in politische, wirtschaftliche, soziale Angelegenheiten einmischen, ebenfalls zu siebzig bis achtzig Prozent von Frauen geleitet werden. Ihr könnt also auf vielen Ebenen sehen, ihr Lieben, dass es zu einer enormen Erdung der weiblichen Energie kommt. Und die Geschenke, die das Weibliche mit sich bringt, sind das Geschenk des Ehrens von allem Leben, der Integrität, des intuitiven Wissens, des Vertrauens auf die Intuition. Denn die Intuition ist die Stimme des inneren Lehrers, des Göttlichen Einen, des Aufgestiegenen Meisters im Innern, und alle tragen diese Stimme in sich.

Seid euch bewusst, dass es Spiele innerhalb der Spiele gibt, alles basiert von seiner Natur her auf einer Triade. Es gibt Dreieinigkeiten, die auf der globalen Ebene verankert werden und auf der individuellen Ebene. Ihr werdet merken, dass bei jedem Wesen, das ihr magnetisch zu euch zieht, es immer drei Wesen in physischer Form gibt, die zusammenarbeiten, um eine bestimmte Energie zu verankern oder Visionen zu erschaffen und auf die physische Ebene zu bringen. Haltet Ausschau nach der Dreierkonstellation, ihr Lieben, denn das ist die Natur der heiligen geometrischen Muster.

Ihr werdet verstehen, dass dann, wenn ihr Dinge in Pyramidenform sehen könnt, diese Pyramiden in Wirklichkeit Tore innerhalb der holographischen Blasen sind, innerhalb der heiligen geometrischen Matrizes, dass alle zusammenpassen, ineinander einrasten, um Einheit zu schaffen, und sie sind einfach Durchgänge, um die Verankerung von und Überlagerung mit höheren Schwingungen zu ermöglichen. Wenn du also bewusst mit den Aufgestiegenen Meisterinnen arbeiten willst, rufe mit lauten Fanfaren die herbei, die dich besonders anspricht. Sollte die eine, die dich besonders anspricht, einfach die Göttin in dir selbst sein, so stelle dir vor, wie sie aus dir hervortritt und einfach in all deinen Energiefeldern lebt, denn wenn du dich auf das Auftauchen des Gottes, der Göttin im Innern konzentrierst, so muss es geschehen. Einfache energetische Gesetze.

DER AUFGESTIEGENE MEISTER
SAINT GERMAIN

Zu meinen Lieblingsmeistern gehört wohl Saint Germain. Vielleicht liegt es daran, dass wir in den letzten zwei oder mehr Jahren gemeinsam damit befasst gewesen sind, die »Camelot«-Trilogie zu schreiben, ein sehr spezifisches Programm und eine Arbeit, von der die Meister wollten, dass sie der Welt zugänglich gemacht werden sollte. Mit dem Ziel, das Spiel der göttlichen Alchemie in unser Bewusstsein einzuführen, erzählten die Meister regelrecht Geschichten aus meinem eigenen Leben neu und zeigten mir diese Ereignisse somit aus einer neuen Perspektive, die mir deutlich machte, dass sie mich wirklich schon seit vor meiner derzeitigen Inkarnation in dieser Form hier geführt hatten. Das zweite Buch in der Trilogie, »The Wizard's Tool Box«, ist voll von praktischem Handwerkszeug, um wirkliche Alchemie auf der Erde zu erfahren – doch, wie Merlin oft sagte: »Das beste Beispiel für göttliche Alchemie ist ein makellos geführtes Leben.«

Während dieser Zeit habe ich Saint Germain als fast humorvollen und dabei geduldigen und liebevollen Lehrer erfahren, und es ist wirklich eine große Freude gewesen, energetisch mit ihm zu kommunizieren, während ich stärker lernte, die Lichtsprachen zu verstehen. Lichtsprachen sind eine Form der Kommunikation, bei der wir alle unsere Sinne einsetzen müssen, nicht nur das Hellhören, es bedeutet, gleichzeitig auch hellfühlend und hellsichtig zu sein ist sehr effektiv, wenn es darum geht, das Bewusstsein von Wesen zu erfassen, mit denen wir auf vielen Ebenen kommunizieren.

Nachforschungen in alten Schriften und neueres gechanneltes Material ergeben über Saint Germain Folgendes:

Er, ein Gesandter der Großen Weißen Bruderschaft, der am siebten Strahl der Zeremoniellen Ordnung und Magie arbeitete, ist in den ätherischen Sphären als Meister Ragoczy bekannt. Viele kennen Saint Germain als Verfasser der Stücke von William Shakespeare. Zu seinen vorherigen Inkarnationen gehörten, so sagt man, Merlin und Christoph Kolumbus. Man sagt auch, dass er Josef, der Vater Jesu, gewesen sei, sowie der jüdische Prophet Samuel. In der neueren Zeit ist er für seinen Buchzyklus »The I Am Discourses«, in den Dreißigerjahren gechannelt durch Godfrey Ray King, bekannt geworden. Mit am meisten Ruhm gebührt ihm dafür, unter Seiner Identität Francis Bacon »Den Freimaurerorden der Rosenkreuzer« gegründet zu haben. Man erzählt sich auch, er habe die Französische Revolution vorhergesagt.

Saint Germain verbrachte dann schätzungsweise fünfundachtzig Jahre bei der Transhimalajischen Bruderschaft und den Meistern El Morya, Kuthumi und Djwhal Khul, sie channelten durch Madame Blavatsky die ursprüngliche theosophische Literatur. Es heißt darüber hinaus, er hätte maßgeblich bei der Entstehung der amerikanischen Verfassung und Unabhängigkeitserklärung mitgewirkt. Man glaubt, dass er 1561 geboren wurde. Eher unter dem Namen »Comte Saint Germain« bekannt, kennt man ihn als den Regenten für Europa, der in erster Linie mit dem dortigen Wachstum des Bewusstseins befasst ist. Dieser meisterhafte Linguist sprach sämtliche Sprachen Europas, war ein kundiger Schwertkämpfer, ein genialer Violonist, besaß außerordentliche Geisteskraft und ein fotografisches Gedächtnis.

Die Legende will, dass er unabhängig und reich gewesen sei, ein Meisteralchemist, der in der Lage war, unedles Metall in qualitativ hochwertiges Gold zu verwandeln, das nie seinen Glanz verlor. Man berichtet, er hätte außerdem nie gegessen oder getrunken und sich immer das jugendliche Aussehen eines Mannes Mitte vierzig bewahrt. In Kooperation mit dem Erzengel Zadkiel lehrt er die Menschheit, wie sie die angesammelte negative Energie verwandeln kann, indem sie die violette verwandelnde Flamme der Vergebung bewahrt. Außerdem hilft er der Menschheit, den siebten Strahl spiritueller Freiheit anzunehmen, während wir den Schritt in das neue Jahrtausend tun.

Für mich persönlich war es so, dass sich die Gegenwart von

Saint Germain wie die Kuthumis sporadisch einstellte, wenn es erforderlich war. Es zog sie mit magnetischer Kraft in unsere Gruppenmeditationen. Saint Germains Energie war die erste, die ich bewusst channelte, und über die Jahre hinweg hat das Saint-Germain-Bewusstsein unsere Arbeit durch die Akademie ganz klar geführt. Während eines einwöchigen Strandurlaubs 1996 rief Kuthumi die Konzeption von MAPS ins Leben. Dem folgte unmittelbar danach ein ausführlicher Plan, wie Saint Germain über unsere Medienarbeit in Zusammenhang mit MAPS wie auch mit der Lichtnahrung, der Übung in Form von pranischer Ernährung, wachen würde. Auch hier war es wieder so, dass alles, was sie mir mitteilten, bislang Gestalt angenommen hat, plus einige Teile, denen es noch bevorsteht, über die ätherische Vision und den bereits in Umsetzung befindlichen Entwurf physische Realität zu werden.

Während ich immer das Gefühl gehabt hatte, der Aspekt, sich von Licht zu ernähren, der mir auf meiner Reise begegnete, sei extrem persönlich, war es Saint Germain, der meinen Partner und mich in einem Gespräch spätabends wissen ließ, dass diese »Fähigkeit, dieser Partytrick« sich nutzen ließe, um einige Türen zu den Medien aufzustoßen, wodurch es dann möglich würde, dass sonstige Aspekte der Botschaft vom unbegrenzten Sein hindurchscheinen könnten. Es scheint, dass die Medientechnologie unserer Tage ein sehr wirksames Instrument ist, das Saint Germain und die Aufgestiegenen Meister für eine schnelle und effektive Übermittlung von Botschaften und Inspiration zu nutzen wünschen.

Aus persönlicher Warte betrachtet, schien es von der Logik her weit energiesparender, Tausende, ja Millionen über Fernseh- und Radiointerviews zu erreichen, als rund um die Welt zu reisen, um jeweils ein Publikum von ein paar hundert Leuten zu erreichen. Bei einer Kosten-Nutzen-Analyse bot sich eine Arbeit mit den Medien an und war vollkommen im Einklang mit meinem Programm, maximalen Input bei minimalem Energieaufwand zu erreichen.

Es ergab sich aus meinen Verbindungen mit Saint Germain,

dass ich von der Notwendigkeit erfuhr, nicht nur im Einklang mit dem göttlichen Willen zu sein – etwas, auf das ich zuvor schon von selbst gekommen war –, sondern auch von der Notwendigkeit, im Einklang mit dem göttlichen Timing in der Entfaltung von Dingen zu sein. Timing ist nämlich alles!

Ausgehend hiervon war es dann Saint Germain, der bei der Entwicklung der Basisprogrammierung in dem Artikel »Mind Power – Beyond Motivational Psychology« behilflich war, der so populär wurde und von vielen mit großartigen persönlichen Ergebnissen umgesetzt wurde.

Da es so wichtig ist, zu leben, was wir predigen, und echt zu sein, vom Herzen und vom Geist her, statt lediglich voll von herablassenden Belehrungen, hat es für diejenigen, die eng mit den Aufgestiegenen Meistern zusammenarbeiten, oft den Anschein, dass sich Informationen dann einstellen, wenn wir persönlich in eine Sackgasse geraten oder an etwas feilen müssen, damit es wirkungsvoller funktioniert – oder überhaupt funktioniert.

Noch mehr trifft das vielleicht für diejenigen zu, die channeln, denn es ist so, als würden wir persönlich etwas leben und lernen, was es für uns zu lernen gibt, und dann kommen oft Durchgaben für die Gruppe, die sich um den gleichen Punkt drehen. Und dennoch ist es logischerweise, wenn wir uns das Gesetz der Resonanz ansehen, wo Gleiches Gleiches anzieht, energetisch so, dass wir in unser Energiefeld nur diejenigen anziehen können, die eine kompatible Schwingung aufweisen. Und unsere meisterliche Beherrschung der Intention kann die Programmierung festlegen, dass wir mit allen, die wir anziehen mögen, eine Beziehung unterhalten, die uns wechselseitig gut tut.

Rein aus diesem Grund bieten wir die nachfolgenden inspirierenden Botschaften der Aufgestiegenen Meister an. Um zu inspirieren … denn es gibt, wie sie sagen, nichts, worauf wir nicht die Antwort kennen. Wir müssen uns nur nach innen wenden, unsere Fragen stellen und danach streben, die Antwort zu wissen.

Botschaften von Saint Germain

Die Weisheit Merlins

Willkommen, hier ist die Energie Merlins. Viele sind mit unserer Gegenwart bereits vertraut, denn wir sind wie so oft im energetischen Feld, der Verkörperungsenergie von Saint Germain gekommen. Und doch ist die Merlin-Energie irgendwie anders, denn in ihr herrscht die Energie der Magie vor. Die Rolle, die Merlin zu Anfang der Schöpfung zugewiesen wurde, bestand nämlich darin, das Ideal der Magie im Herzen der Menschheit aufrechtzuerhalten. Und mehr noch als das: Merlin war schon immer das Bindeglied, mit dessen Hilfe sich die Brücke zwischen den Welten schlagen ließ.

Denn in den kosmischen Drive-in-Kinos laufen viele Filme gleichzeitig, oder etwa nicht? Schließlich habt ihr alle das Gefühl, der Mittelpunkt eures Universums zu sein, und im Grunde seid ihr das auch. Ihr habt außerdem im Grunde auch die Hauptrolle im Drama eures Lebens.

Vielleicht ist es für manche von euch ja auch nicht länger ein Drama. Wie dem auch sei, der Punkt, auf den wir uns hier konzentrieren möchten, ist der, dass jeder und jede von euch in einem von euch selbst geschaffenen Film existiert. Es ist, als hättet ihr bei eurer Inkarnation euer eigenes Paramount-Studio erhalten. Und jedes Mal, wenn ihr zusammenkommt, habt ihr die Gelegenheit, einen neuen Film auf die Beine zu stellen. Manche Filme sind kurz, weil die Beziehungen flüchtig sind, andere laufen jahrzehntelang oder sogar über Jahrtausende weiter. Was ihr eure sich entwickelnde Seele nennen würdet, kennt keine Grenzen in Gestalt der physischen Form, denn eine sich entwickelnde Seele benutzt einfach wandernde Behausungen, die ihr euren Körper nennt, wie ein Schauspieler, der für eine andere Szene das Kostüm wechselt.

Der Punkt ist, dass da unabhängig von eurer Wirklichkeit ein Film existiert, in den wir euch kurz hineinzuschauen bitten, ihn euch anzusehen, eure Freude daran zu haben und – dürfen wir es wagen, das zu sagen – vielleicht sogar auf dieser Daseinsebene zu imitieren. Denn das Reich der Filme ist das Reich der Magie, und das Reich der Magie ist das Reich der unendlichen Möglichkeiten. Der Film, von dem wir sprechen, ist der Film der göttlichen Alchemie. Diese Kreation ist so umfassend, und Worte zu finden, die dies einfangen, ist schlichtweg nicht immer leicht. Was wir euch hier mitzuteilen wünschen, ist, dass es große Bereiche des Möglichen gibt, die von euch entdeckt werden wollen, zumindest von jedem und jeder, dessen oder deren Herz und Geist dafür offen ist. Was eure Wissenschaften, was euer Wissen und eure Bildung zum aktuellen Zeitpunkt in der Entwicklung dieser Spezies berührt haben, lässt sich mit dem Zehennagel eines Riesen vergleichen. Wir sagen das gern, weil es sehr humorvoll ist und alles in den umfassenderen Kontext rückt.

Es gibt so viele auf eurer Seinsebene, die vom Gefühl der eigenen Wichtigkeit erfüllt sind, denn ihnen kommt es so vor, als wüssten sie ja ach so viel. Sie haben lange studiert und haben in ihrem Leben die Schule der harten Schläge durchgestanden, und so wissen sie jetzt, »wo es langgeht«. Und doch bitten wir euch inständig zu differenzieren, wir bitten euch inständig zu verstehen, dass das, was ihr in eurer Alltagswirklichkeit erblickt habt, lediglich eine Chimäre, ein Hirngespinst ist.

Wir möchten die Erörterung hier nicht verkomplizieren, indem wir in den Diskurs einbringen, dass alles einfach eine holographische Luftblase von Wirklichkeit ist und das Leben eine Illusion. Denn für diejenigen, die in der physischen Inkarnation damit konfrontiert sind, Tag für Tag auf dieser Seinsebene zu leben, ist es keine Illusion. Bei euch sind die Sinne ja voll aktiviert und ihr spürt den Schmerz des Überlebens auf dem Planeten Erde. Ihr könnt die Frustration oder die Einsamkeit oder die Verwirrung oder die Schwierigkeiten spüren, die dabei aufkommen, alles ins Gleichgewicht zu rücken, auf dass ihr an einen Punkt kommen könnt, wo ihr tief in euch das Gefühl habt, alles ist gut in eurer Welt.

Versteht, ihr Lieben: Wie schon oft von uns mitgeteilt, liegt das Geheimnis zum größten Spiel von allen – nämlich dem magischen Spiel der göttlichen Alchemie – darin, so zu tun, als ob. Denn ihr seid perfekt als Ebenbild der schöpferischen Kraft geschaffen worden, es fehlt nichts an euch. Ihr tragt in euch den größten Schlüssel – nämlich eure Vorstellungskraft – und eure Vorstellungskraft wird es euch erlauben, die Grenzen eures Denkens zu überschreiten, jenseits der Grenzen jeglicher akzeptierter Überzeugungen der Gesellschaft zu gelangen.

Es ist eine Zeit, zu feiern, denn eure Evolution hat einen kritischen Punkt erreicht. In diesem jetzigen Augenblick steht die Menschheit an einem wichtigen Scheideweg – und ihr alle habt die Wahl. Je mehr ihr die umfassenderen Reiche erkundet, desto mehr erkennt ihr die Unermesslichkeit aller Ebenen der Schöpfung. Und dass es weit mehr zu erkunden gibt als den Film, in dem jedes menschliche Wesen mitspielt und der den Titel »Daseinskampf auf dem Planeten Erde« trägt. In eurer Alltagswirklichkeit mögt ihr Zeit damit verbringen, an Geld zu denken, an Überfluss zu denken: »Wenn ich doch nur genug Geld hätte, um zu tun, was ich eigentlich tun möchte. Dann könnte ich mehr Gutes tun, weil ich nicht vierzig Stunden die Woche mit meinem Job zubringen müsste.« Es gibt unablässige Gedankenmuster, die wie Züge durch euren Geist rattern und ständig Trennung in euch schaffen. Wenn ihr euch einen Moment lang vorstellen könnt, dass in euch auch eine grandiose Kiste zu finden ist, ein Zauberkasten mit großartigen Tricks, sehr kunstreichen, mit vielen bislang unentdeckten Zaubersprüchen – manche würden sie Programme nennen –, dann wird euch das erlauben, das Drehbuch für euren Film umzuschreiben und das Stück der göttlichen Alchemie aufzuführen. Dann kann euer Film einen neuen Titel erhalten, und zwar »Wachstum und Gedeihen auf dem Planeten Erde«.

Um das Spiel der göttlichen Alchemie zu spielen, dazu bedarf es vieler Initiationen. Um das Spiel der göttlichen Alchemie zu spielen, musst du zunächst einmal dein Bündnis mit dem göttlichen Willen geloben. Denn die Zauberlehrlinge sind Wesen wie du selbst, die entschieden haben, dass es

mehr auf sich haben muss mit dem Leben, als auf eurer Seinsebene zu überleben. Viele möchten nun die Brücke zwischen
den Welten schlagen und Magie in die Materie bringen.
Indem sie sich zugestehen, ihre unmittelbare Umgebung zu
steuern, können sie einen Film schaffen, in dem sie mit Freuden der Star sein möchten.

Denn wie viele entdeckt haben, widerfährt euch das Leben
nicht einfach. Alles, was sich in jedem Augenblick eures Tages ereignet, habt ihr in euer Energiefeld gebracht – bewusst
oder unbewusst. Alles reagiert wie ein Gummiband – wenn
ein Gummiband gedehnt und dann losgelassen wird, kehrt
es in seine Ausgangsform zurück. Und bei jedem Gedanken,
jedem Wort und jeder Handlung, die ihr aus eurem Energiefeld absendet, ist es so, dass es mit dem gleichen Schwung,
mit dem es loskatapultiert wird, wie ein Torpedo losschießt
und dann beim Zusammenziehen wieder zu seinem Entste-
hungsort zurückkehrt. Alle von euch tragen also ihr Filmstu-
dio und Drehbuch in sich, von dem ihre Phantasie Gebrauch
machen und das sie sich aneignen kann. Auch das Drehbuch
für das Spiel der göttlichen Alchemie ist in euch anzutreffen.
Dieses Drehbuch ist es überaus wert, von euch gefunden zu
werden, es ist ein Drehbuch, das es verdient, gelesen zu werden, ein Drehbuch, das es verdient, gelebt zu werden.

Das Spiel der göttlichen Alchemie hält für alle Lehrlinge
zahlreiche Geschenke bereit. Es wird euch das Geschenk der
Synchronizität bringen. Es wird euch die Fähigkeit verleihen,
bei minimaler Anstrengung mit maximaler Wirkung in eurer
Welt zu arbeiten. Und was das bedeutet, ihr Lieben, ist, dass
ihr viele Eisen im Feuer habt, vielschichtige Wirklichkeiten,
Multifilme, die gleichzeitig laufen, und das mit phantasti-
scher Wirkung. Statt das Gefühl zu haben, ihr könntet euch
zehnteilen, weil ihr zu viel zu tun habt, könnt ihr expandieren,
indem ihr euer Team erweitert. Euer Team, ihr Lieben, verdient es, dass ihr jetzt mit ihm in Kontakt tretet. Und das Team
sind nicht nur die anderen Lehrlinge um euch herum, die anderen Zauberer um euch, eure Freunde und Kollegen, mit
denen ihr eine gemeinsame Vision teilt. Hier geht es auch um

die bewusste Kontaktaufnahme und Arbeit mit allen Lichtwesen, denen die Aufgabe zugewiesen wurde, euch jetzt bei der Erfüllung eurer Arbeit auf diesem Planeten behilflich zu sein.

Was bislang durch euer Tun erreicht wurde, ist für euren Planeten wirklich von immenser Bedeutung gewesen, und die Wellenlänge des Lebens auf ihm war wie ein außer Kontrolle geratener Zug. Dieser Zug war der freie Wille und er war Teil des Experiments zwischen »Ein Herz, ein Geist« und dem Engel Luzifer. Statt zuzulassen, dass dieser außer Kontrolle geratene Zug weiterraste, bis eine massenhafte Zerstörung nicht aufzuhalten sein würde, war es erforderlich, ihn auf eine bestimmte Spur zu setzen, die es eurem menschlichen Leben erlauben würde, zum Wohl einer jeden lebenden Seele und Kreatur auf eurer Seinsebene zu wirken. Die Wellenlänge Mensch kann auf diesem Planeten nicht länger auf die bisherige Weise aufrechterhalten werden, denn eure Ressourcen reichen nicht mehr aus, um eure Bevölkerung zu ernähren oder den Planeten zu erhalten.

Diese Neuausrichtung ist derzeit im Gange. Genügend von euch sind im Laufe der letzten Jahrtausende wach geworden und haben ihr Wesen auf die Energie der Gotteskraft im Innern ausgerichtet. Und diese Erkenntnis – dass ihr mehr seid als einfach nur euer Geist, euer Körper und eure Emotionen – hat es so vielen von euch ermöglicht, das Blatt zu wenden. Die Prophezeiungen hatten Kurs darauf genommen, erfüllt zu werden, wie es das Schicksal will, doch was geschah, war, dass nun auch andere Filme auf eurem Planeten über die Leinwand zu flimmern begonnen haben. Sie haben sich über die Filme der Prophezeiungen gelagert, und so habt ihr ein weiteres Reich des Möglichen geschaffen.

Wir können das als ein Schaffen von Brücken zwischen den Welten bezeichnen. Wir können es Filmemachen und Erschaffung einer parallelen Wirklichkeit nennen, und aus dieser Perspektive sagen wir, dass ihr euch nun an einem wichtigen Scheideweg befindet. Nun ergeht die Einladung an euch, euch bewusst zu sein, womit ihr euren Tag füllt. Wir bitten euch, bewusst jeden Gedanken wahrzunehmen, der euch durch den Kopf geht. Wir bitten euch, wenn ihr die Kraft dazu habt, euch durch diszipliniertes Denken von Angst freizumachen und die verschlüsselten Botschaften zu entdecken, die ursprünglich in euch angelegt wurden wie Schätze, die man in eine Zauberschachtel gelegt hat. Und dieser Schatz, diese Programme, sind die Landkarten für eure Arbeit auf dieser Seinsebene, sind die Schlüssel zu eurem Daseinszweck auf dieser Seinsebene zur jetzigen Zeit. Jeder und jede Einzelne hat dem Planeten ein Geschenk zu bringen und in jedem Augenblick habt ihr beständig die Wahl. Wie viele von euch nun begriffen haben, werdet ihr nicht befreit werden, ihr werdet nicht beobachten, wie die Himmel sich öffnen und ihr durch eine Engelsmacht, ein Raumschiff oder was auch immer in höhere Sphären gehoben werdet.

Ihr steht hier, ihr Lieben, unter Vertrag mit der göttlichen Kraft, um als Zeugen da zu sein und ferner als Gesandte für diese Welt im Übergang zu fungieren. Um das Licht aus eurem Herzen und eurer Seele auszustrahlen. Um denjenigen zu erlauben, das Spiel der reinen Magie zu sehen. Dieser Film der göttlichen Magie ist das Gewebe aus Raum und Zeit – was eure Wissenschaftler das Quantenfeld nennen würden –, auf diesem Feld der Magie entspringt alle Schöpfung. Es passiert leicht, sich von den Nebenhandlungen des Films ablenken zu lassen und das Thema aus dem Blick zu verlieren. Und dennoch ist das Thema, ihr Lieben, in allen Ebenen der Schöpfung das Reich des Möglichen, das so grenzenlos ist wie die Vorstellung einer jeden Schöpfung.

Wir wiederholen uns hier, wenn wir sagen, dass ihr Darsteller in eurem Film seid, und wir wiederholen uns, wenn wir sagen, dass ihr auch die Person seid, die das Drehbuch verfasst. Wir wiederholen uns, wenn wir die Einladung benennen, die euch nun vorliegt: dann, wenn es Dinge in eurem Leben gibt, die euch missfallen, darum zu bitten, dass der mit ihnen zusammenhängende Lernprozess zum Abschluss kommt, sodass ihr frei seid, eure Rolle hier so perfekt zu erfüllen wie vorgesehen. Bittet darum, dass ihr in die Reiche göttlicher Magie initiiert werdet. Wisst, dass dann, wenn ihr diesen

Ruf losgelassen habt, eine Antwort auf ihn erfolgen wird und dass euch die Tutoren zugewiesen werden, die perfekt geeignet sind für diese Manifestation von Vollkommenheit.

Fragen und Antworten

Frage: Merlin, ich hätte gern mehr Energie in meinem Leben, mehr Energie für die Arbeit, die ich mache, und dazu, mich selbst auszudehnen. Hättest du irgendwelche Vorschläge, die in meinem persönlichen Fall funktionieren würden?

Merlin: Es gibt viele Wege, eurer persönlichen Kraft Auftrieb zu geben. Ihr könntet euch vorstellen, dass der Abgleich des Meridiansystems in eurem Körper sich in einem ätherischen Raster abspielt. Dieses Raster ist wie eine kosmische Schalttafel, in die ihr euch einstöpseln könnt – ebenso wie ihr den Toaster an die Steckdose anschließt, damit der Toast gebräunt werden kann. Eine interessante Metapher, denn was ihr im Grunde ja anstrebt, ist, die Stromspannung in eurem physischen Körper zu erhöhen. Ist das so? Es gibt viele Weisen, das zu bewerkstelligen. Wenn ihr jeden Tag in der Stille verbringt und euch vorstellt, euer Kronenchakra ist wie der Deckel auf einem Honigglas, und dieses Honigglas öffnet ihr jeden Morgen. Und stellt euch vor, die Wesen aus den Engelssphären stehen über euch und gießen sozusagen kübelweise flüssiges Licht über euch aus. Oder ihr habt eine unglaublich leistungsstarke Benzinpumpe, die den oberen Bereich eures Kopfes füllt, als wäret ihr eine Zapfsäule, und ihr erhaltet in jedem einzelnen Moment Nachschub an reinem flüssigem Licht. Ihr könnt euch diese permanente Verbindung vorstellen, und jedes Mal, wenn ihr euch körperlich müde fühlt, bittet ihr: »Einmal Energie tanken bitte.« Ganz einfach. Das ist die Energiearbeit.

Nun, die physische Arbeit auf dieser Seinsebene ist ebenfalls ganz einfach. Für dich empfiehlt sich zweimal im Jahr ein Fastenprogramm. Du bist im Moment ein wenig langsam, oder? Dann bist du sozusagen überreif dafür. Wenn du einen gewissen Energiemangel empfindest, ist es immer gut, die

Energie verbrauchenden Aktivitäten des physischen Körpers einzustellen, besonders auf dem Gebiet der Verdauung. Den physischen Körper mit normalen Flüssigkeiten wie Säften und Wasser zu spülen, wird deinem Verdauungstrakt die Chance geben, langsamer zu arbeiten und sozusagen von einer anderen Quelle Energie zu gewinnen.

Für dich, Lieber, ist es hauptsächlich an der Zeit für ein wenig Fasten und dafür, einfach die Energie, die als flüssiges Licht deinen gesamten Organismus durchströmt, zu erhöhen. Übe die Meditation, die wir dir zur Heilung des Körpers gegeben haben, bei der du dir vorstellst, wie Licht durch dein Skelett strömt, sodass es aufleuchtet wie ein Weihnachtsbaum, und bei der du dir vorstellst, dass dein Blutkreislauf an das Lichtraster angeschlossen wird und reines goldenes Licht dein Blut durchspült, und bei der du dies auch für das Lymphsystem und das Meridiansystem deines Körpers tust – auch das sind Dinge, die du zur Steigerung deiner Energie tun kannst.

Du bist dir seit Jahrtausenden sehr bewusst, dass dein Körper dein Tempel ist. Denn dein Organismus ist sehr stark. Die Dinge, die du für gewöhnlich getan hast, um deine Energie zu steigern, sind nun fest in dir verankert. Es ist wie bei einem Kuchen, der gut gar ist. Du brauchst einfach noch die Glasur und die Glasur ist die Energiearbeit, bei der du dich an deine Fähigkeiten als Zauberer erinnerst und deinen Körper wie einen Leiter und Empfänger zu behandeln beginnst. Du hast die Hand auf dem Wählknopf und kannst jederzeit die Stromspannung erhöhen, die durch deinen Körper fließt. Diese Stromspannung ist reine Energie der Gotteskraft.

Frage: Bin ich so weit, mich von Atemluft zu ernähren?

Merlin: Seid euch bewusst, jeder und jede Einzelne von euch – je mehr ihr mit der göttlichen Kraft in euch verschmelzt, desto mehr werdet ihr zu ihr. Es ist, wie wenn man einen Tropfen Farbe ins Badewasser gibt, sagen wir einmal, Rot: Wenn ein Tropfen ins Wasser kommt, verliert er sich darin und hinterlässt vielleicht allenfalls eine ganz leichte Rosafärbung. Je mehr Farbstoff dem Badewasser hinzugefügt wird, desto mehr färbt sich das Wasser leuchtend rot. So ähnlich ist es, wenn du dich auf die Macht der Gotteskraft in dir konzentrierst: Je mehr du es tust, desto mehr bist du nicht mehr von ihr zu unterscheiden, desto mehr durchdringt sie jede Zelle von dir. Die Gotteskraft im Innern braucht kein Essen. Die Gotteskraft erhält sich selbst, sie erneuert sich selbst, sie ist die reine Schöpfungskraft selbst.

Deshalb werden viele von euch in dieser Übergangszeit merken, dass sie ihre früheren Essgewohnheiten nicht mehr so beibehalten können. Ihr fühlt euch nicht mehr wohl bei eurer üblichen Ernährungsweise. Viele streben es jetzt an, leichtes und lebendiges Essen zu sich zu nehmen. Vielleicht möchtest du ja alternative Möglichkeiten untersuchen, mit denen sie hier schon gearbeitet hat – etwas, das ihr Prana nennt. Und du könntest dir zum Ziel setzen, dass du schließlich vollkommen frei sein wirst von der Notwendigkeit, physische Nahrung von dieser Seinsebene zu dir zu nehmen.

Du könntest beschließen, keine Nahrung mehr zu dir zu nehmen, die nicht leicht oder lebendig ist, und du könntest zulassen, dass das kurzfristig gesehen dein Ziel ist. Dein Organismus ist so weit, sich von flüssigem Licht zu ernähren, und das geschieht de facto auch bereits. Was du also erlebst, ist ein Nebenprodukt dieses Übergangs. Aber du musst, Lieber, emotional zurechtkommen mit diesem bevorstehenden Übergang. Du musst dich von deiner emotionalen Sucht nach dem Vergnügen an dem befreien, wovon du dich so lange ernährt hast.

Wir empfehlen, dass du es als Teil deiner zukünftigen Wirklichkeit akzeptierst und darum bittest, dass du, wenn es in deiner Blaupause vorgesehen ist, zu einem der Lichtesser wirst, dass alles in dir ganz freudig in Einklang gebracht wird, sodass der Übergang auf den tiefsten Ebenen deines Seins in Harmonie erfolgen kann und mit Gnade. Und allein diese Bitte wird bewirken, dass es zu der göttlich festgesetzten Zeit zum Übergang kommt.

Frage: Ich lese gerade ein Buch mit dem Titel »The Truth Shall Set You Free«. Es handelt von den heimlichen Regenten und den Lichtarbeitern. Kannst du sehen, wie viel Macht diese heimlichen Regenten in Prozent noch haben?

Merlin: Diese Frage ist von großer Relevanz. Im Spiel des Filmemachens trägt dieser Streifen den Titel »Gut und Böse«. Es ist einfach einer der Filme, die auf dem Planeten Erde laufen. Und in vielen anderen Planetensystemen, die ein Spiegel eures eigenen Entwicklungsstadiums sind. Denn es gibt sozusagen viele Planeten Erde in vielen Galaxien, nur kennt man sie natürlich unter verschiedenen Namen.

Es ist nur ein Film, und jeder und jede Einzelne von euch hat eine Rolle in verschiedenen Filmen zugewiesen bekommen. Lasst uns etwas mehr zum Spiel des Zauberwerks und der göttlichen Alchemie sagen. Solange bis ihr euch des kosmischen Filmtheaters bewusst seid, ist es wichtig, alles auszuschalten, bei dem ihr merkt, dass es Einschränkungen in eurem Leben schafft. Mit anderen Worten, es geht darum, den Tanzboden zu verlassen, auf dem sich ein Großteil der Gesellschaft tummelt und Rumba tanzt, um zu Gottes Tanzboden zu gehen und Walzer zu lernen. Und du, meine Liebe, bist vertraut damit, was wir damit meinen. Wenn du Walzer tanzen gelernt hast, was das Verschmelzen deines bewussten Gewahrseins mit deinem Gottselbst ist, wirst du merken, dass du darauf programmiert worden bist, automatisch zum Haupttanzboden zurückzukehren. So viele erwachte Lichtlinienkinder sind nun wieder an vorderster Front, wieder in der Schusslinie, und sie sind gewillt, das Spiel der Mächte von Gut und Böse zu spielen. Insbesondere diejenigen, deren Arbeitsaufträge auf wirtschaftlichem und politischem Gebiet liegen. Denn, wie ihr wisst, verfügt in dieser filmischen Fassung der Realität eine Hand voll Familien auf eurer Erde über den Reichtum. Lasst uns Folgendes feststellen …

In meiner Inkarnation als Saint Germain kannte man mich als den Grafen mit den Diamanten. Denn Diamanten haben eine so hohe Schwingungsfrequenz, dass diese es ermöglicht, automatisch eine Brücke zwischen den Welten zu schlagen. Von daher war der Reichtum, zu dem ich Zugang hatte, unendlich, denn ich konnte als göttlicher Alchemist so viele Diamanten manifestieren wie nötig. Deshalb ist diese Vorstellung, dass eine Hand voll Familien alle Reichtümer unter Kontrolle hat, nur dann relevant, wenn du nicht das Spiel der göttlichen Alchemie spielst. Denn wenn du das Spiel der göttlichen Alchemie spielst, wird alles, was du denkst, sofort für dich Gestalt annehmen, wo es benötigt wird, um dich in deiner Rolle als göttlicher Botschafter des Lichts zu unterstützen. Was du manifestieren kannst, wird ein direktes Abbild deines eigenen erweiterten Bewusstseins sein. Also, ihr Lieben: Wer hat die Macht? Ein Menschenwesen, das nicht das göttliche Spiel wahrnimmt, das mit Menschen gespielt wird? Oder das Menschenwesen, das als Kanal fungiert, durch den die göttlichen Kräfte auf diese Ebene einströmen können?

Es gibt also viele Wirklichkeiten und viele Geschichten, doch, um genauer zu sein, gibt es viele Lichtlinien, die nun aktiviert werden, viele Lichtarbeiter. Wir gebrauchen lieber den Begriff Lichtlinien, weil ihr so begreifen könnt, dass ihr nie den Anschluss verloren hattet. Viele haben nun Stellungen in der Politik und auf wirtschaftlichem Gebiet, in allen Gesellschaftsschichten. Sie arbeiten still vor sich hin, nehmen Anweisungen vom Göttlichen Einen im Innern entgegen, und der Film mit dem Titel »Gut und Böse« ist vor dem Hintergrund des groß angelegten Entwurfs eine Fliege auf eurer Schulter oder der Zehennagel eines Riesen. Denn es gibt viel spannendere Spiele zu spielen und dieses Spiel ist bestens unter Kontrolle.

Es ist, als hätten die Zauberer im Spiel der göttlichen Alchemie eine Bühne auf dem Planeten Erde aufgebaut, auf der das Stück »Gut und Böse« in Szene gesetzt werden soll. Diejenigen, die sich für Hauptrollen in diesem Stück gemeldet haben, waren eure Religionen. Insbesondere das Christentum hat jahrtausendelang durch Angst regiert, mit Blick auf die Mächte des Guten und des Bösen. Weitere Spieler auf dieser Bühne sind einige Lichtarbeiterinnen und Lichtarbeiter, die der Überzeugung sind, dass dies das einzige Stück ist, das in der Stadt läuft – »Gut und Böse«. Im Spiel der göttlichen Alchemie gibt es kein Richtig und Falsch, es gibt kein Verurteilen. Es ist nur eines von vielen Stücken auf der Broadway-Bühne des Lebens.

Der Punkt, Liebe, ist der, dich dann, wenn es dich in ein bestimmtes energetisches Feld zieht und wenn es dein Herz zum Singen bringt, dort zu engagieren. Dass dies geschieht, liegt einfach daran, dass es Teil des dir zugewiesenen Arbeitsauftrags ist und dass du auf diesem Gebiet Arbeit zu verrichten hast. Wir haben eurer Gruppe oft erzählt, dass ihr, wenn ihr weißes Licht nehmt und es brecht, die Entstehung von allen Farben des Regenbogens erleben werdet. So ähnlich ist es, wenn du die Einheit nimmst und das, was die Zauberer das »Buch des Einen« nennen: Sobald du es in Kapitel zerteilst, findest du eine Myriade von Spielen, eine Myriade von Filmen.

Und in den Sphären der Dualität gibt es positive und negative Energien. Dennoch sind diese nur energetische Kräfte, die aufeinander einwirken. Sie werden kraft des universellen Gesetzes voneinander angezogen. Euer Menschengeschlecht ist es, das Urteile abgibt, ob etwas gut oder böse beziehungsweise schlecht ist. Denn im größeren Entwurf der Dinge sind eure Illuminati einfach eine Gruppe, die die Initiation von Ruhm, Geld und Macht durchleben.

Es gibt viele Initiationen in der Schule des Lebens. Ruhm, finanzielle Reichtümer, Macht – sei es persönlicher oder politischer Natur, weltweit oder in eurem unmittelbaren Umfeld. Die Initiation des Sex und des Einsatzes der sexuellen Energie sowie die Initiationen, die mit dem Gebrauch der persönlichen Macht zu tun haben. Jeder und jede Einzelne von euch wird derartige Initiationen durchlebt haben oder solche Initiationen in der Schule des Lebens durchmachen. Dinge dieser Art sind nur dann ein Problem, wenn ihr euch als getrennt von der schöpferischen Kraft seht. Doch wenn ihr versteht, dass ihr hier seid, um der perfekte Gralskelch zu sein, um das perfekte Medium zu sein, um perfekte Diener zu sein, die dem göttlichen Willen ergeben sind, dann ist kein Raum für Ego und kein Raum dafür, die Initiationen nicht zu durchlaufen.

Diejenigen, die Machtrollen innehaben – wie die Illuminati, eure Präsidenten –, durchleben allesamt solche Initiationen. Das ist alles. Und die Dynamik solcher Initiationen berührt sie persönlich, ihre Kolleginnen und Kollegen, ihren Freundeskreis und auch die Welt im Großen – zumindest, solange ihr zulasst, willkürlich von den Initiationen anderer berührt zu werden. Deshalb betonen wir, wie wichtig es ist, Umfeldkontrolle zu erlernen – was eine Zauberkunst bedeutet, bei der ihr lernt, nur das an Energie und Informationen in euch hineinzulassen, was für euren derzeitigen Auftrag relevant ist.

Grenzenloses Sein

Habt ihr schon gewusst, dass alle Magie in der Stille liegt? Und dennoch steht sie in den Industrienationen auf dem Planeten an diesem Punkt in der linearen Zeit so niedrig im Kurs. In der Stille könnt ihr die Stimme der Intuition hören. Was hat es mit dieser Initiation auf sich, ihr Lieben? Sie ist der Gott ICH BIN im Innern, der euch leitet. Es ist die Stimme des Göttlichen in eurem Innern, und dieses Göttliche in eurem Innern hat in Wahrheit die Macht und das Vermögen, grenzenlose Magie in euer Dasein zu bringen.

Es gibt eine fortlaufende Erfahrung innerhalb aller Ebenen der Schöpfung – und eure Menschheit ist unablässig davon berührt –, nämlich die Erfahrung der uralten Weisheit und das Wissen um sie. In eurer linearen Zeit hat es viele Mysterienschulen gegeben, große Weisheit und große Lehren, denn das Fundament zu allen Weltreligionen kam von Wesen, die ihr Bewusstsein mit dem Göttlichen Einen im Innern hatten verschmelzen lassen.

Der hermetische Gedanke »Wie oben, so unten«, Christi Lehre »Alles, was ich gewusst habe, werdet auch ihr kennen lernen« und »Suchet zunächst das Königreich des Himmels in euch«, die alten Veden … diese Lehre, diese Freude, ist allen zugänglich, die danach suchen. Doch habt ihr seit Jahrtausenden auf dieser Ebene ein von Dualität bestimmtes

Leben geführt und ihr habt euch in vollkommenem Einklang mit dem göttlichen Plan entwickelt. Vor Jahrtausenden erhieltet ihr den freien Willen. Nun seid ihr eingeladen, erneut den freien Willen auszuüben, denn der freie Wille ist eure Fähigkeit, euch darauf einzustimmen, grenzenlos zu sein und das wahre Potenzial von allem zu kennen, das ihr seid, eine Ausdrucksform, die als Ebenbild des Mutter-Vater-Schöpfer-Gottes geschaffen wurde.

Ihr geht einem neuen Jahrtausend entgegen und dennoch würden wir dies als Illusion bezeichnen, denn dieses neue Jahrtausend ist der nächste Schritt in der fortlaufenden linearen Zeit. Aber ihr könnt euch, wenn ihr auf den Herzschlag des Mutter-Vater-Schöpfer-Gottes im Innern eingestimmt seid, jenseits der Einschränkungen der linearen Zeit bewegen – denn ihr habt eure Schwingung auf das IST eingestellt, wo Vergangenheit, Gegenwart und Zukunft gleichzeitig existieren, wo es nur Einheit gibt und keine Trennung. Dann wieder mögt ihr eure Frequenz bewusst auf eine andere Ausdrucksfrequenz einstellen und euch in den Sphären der Illusion der linearen Zeit bewegen, wie ein Großteil des Massenbewusstseins auf dieser Seinsebene es derzeit zu tun entscheidet.

Nichtsdestoweniger arbeitet jeder und jede Einzelne von euch im aktuellen Moment bewusst – oder unbewusst – daran, mit dem Göttlichen Einen im Innern zusammenzuwirken. Denn es findet sich derzeit ein Grundton auf diesem Planeten – ein Ton, der eine Antwort auf den Herzschlag des Mutter-Vater-Schöpfer-Gottes und die göttliche Blaupause darstellt. Diese Blaupause ist das Quantenfeld. Dies ist das geeinte Feld des Bewusstseins und die Kulisse, vor der alles Leben geschaffen wird und sich weiterentwickelt. Und ebendieser Herzschlag hat Attribute der Harmonie, Synchronizität, Einheit, Ausgewogenheit, Seligkeit, Stille; und er ist das Rufzeichen, das vom Göttlichen Einen im Innern freigesetzt wird, bewusst oder nicht.

Wir haben das als ein Erwachen bezeichnet, ein Erwachen, bei dem alle vom Göttlichen Einen im Innern inspiriert werden, grenzenlos zu sein und diese Attribute der Gotteskraft

242

in ihrem Alltag kennen zu lernen. Wer sind die Aufgestiegenen Meister? Die Aufgestiegenen Meister sind ein Spiegelbild der Gotteskraft in dir – sie sind du. Die Aufgestiegenen Meister haben sich durch das Paradigma der linearen Zeit bewegt, sie haben alle Inkarnationen auf dem Planeten Erde hinter sich. Lustigerweise sind die Aufgestiegenen Meister verantwortlich für die Entstehung sämtlicher Weltreligionen gewesen – den Orden des Melchizedek (des Logos des Universums, des Herzens des Universums, aus dem alles hervorgegangen ist). Denn ihr könnt vor eurem geistigen Auge sehen, dass sie sich mit einem Rad mit Nabe und Speichen vergleichen lassen, wo das Herz des Universums, das zur Schwingung von dreiunddreißig schlägt – wo dieses Herz die zentrale Nabe ist und eine lineare Fortsetzung der Zeit eine Speiche. Denn die Wesen, die innerhalb der linearen Zeitbandbreite dieser Speiche gefangen sind, haben das Gefühl, das sei alles, was es gibt. Doch aus einer anderen Wirklichkeitsdimension betrachtet, wirst du dir bewusst, dass alle Energiematrizes miteinander verknüpft und verwoben sind.

Welcher Pulsschlag von dir ausgeht, hängt von der Qualität deiner Gedanken und Emotionen ab. Alles wird von Gedanken ausgelöst. Alles wurde in Gedanken geboren, zuerst von der göttlichen Intelligenz und dann, was die menschliche Kreativität angeht, als Wesen mit freiem Willen.

Wenn jemand bewusst seine Frequenz abstimmt, sich in ein bewusstes Gewahrsein hineinbegibt und beschließt, der Meister seines Gefährts zu sein und sein wahres Potenzial zu kennen, wenn er die uralten Künste der Stille und Meditation nutzt und sich daranmacht, mit dem Göttlichen Einen in seinem Innern zu arbeiten, dann wird eine andere Erfahrungsebene und Frequenz in sein Energiefeld angezogen. Das geschieht als Reaktion auf die Frequenz, die ihr aussendet – jenseits der Gesetze der Wissenschaft. Es sind ganzheitlichere Ausdrucksformen eurer wissenschaftlichen Gesetze, denn es gibt vieles, worin eure Wissenschaft nicht eingeweiht wurde. Das Verständnisniveau eurer Wissenschaftler auf dieser Seinsebene ist ein direkter Spiegel ihres Bewusstseins. Wenn sie nicht mit dem grenzenlosen Wesen des göttlichen Funkens in ihrem Innern zu arbeiten begonnen haben, werden ihnen die Geheimnisse universeller Kräfte nicht offenbart. Denn hier reagiert Bewusstsein auf Bewusstsein. Diese Gesetze herrschen über alle Energie und alle Materie, die sich durch die Raum-Zeit-Kontinuen bewegen. Sie sind jenseits der New-Age-Philosophie, sie sind jenseits eurer Religion und eurer Wissenschaft und dennoch sind alle eine Oktav dieser Gesetze.

Ihr Lieben, es ist eine Zeit der Metamorphose. Es ist das Ende eines Zyklus. Es ist eine Zeit, aus dem Kokon auszubrechen, dem selbst errichteten Gefängnis, das ihr als Schmetterlinge, die sich nun aus ihm herausschälen, zu eurem eigenen Wachstum benötigt habt. Ihr durchbrecht nun diese seidenen Fesseln.

Im neuen Jahrtausend wird Telepathie an der Tagesordnung sein. Telepathie ist das Vermögen, Energiestrahlen und -signale nach Belieben zu ändern, sich auf die Gedankenformen eines anderen einzuschwingen. Neben der Telepathie sind da die Lichtsprachen, die viele intuitiv bereits benutzen – bei der Sprache der Intuition gelangst du durch das Lesen des Energiefelds eines Wesens, das du vor dir hast, zu einer Einschätzung von ihm und du lernst, deiner inneren Stimme zu vertrauen. Hierzu und zu viel mehr seid ihr alle in der Lage, denn ihr alle seid alles, was ihr zu sein wünscht, und ihr seid alles, was ihr aus eurer Sicht sein könnt, und ihr seid alles, was ihr euch selbst zu sein erlaubt.

Es ist eine Zeit, in der das goldene Zeitalter heraufdämmert, und dennoch sind viele nun noch weiter gegangen. Denn wir haben es hier mit einer Prophezeiung zu tun, die sich erfüllen wird. Es ist eine Prophezeiung, von der die Alten gesprochen haben, die Eingeborenen und viele mehr, und es symbolisiert den Abschluss eines alten Jahrtausends und den Anfang eines neuen, in dem die Wesen gelernt haben, in Einklang und Einheit zu leben und ihr Potenzial zu kennen. Stellt euch eine Welt vor, in der es keinen Hunger gibt. Wo alle zu essen und ein Dach über dem Kopf haben, wo alle Kleidung besitzen. Wo alle gesund sind. Stellt euch eine Welt vor, in der Mensch und Tier friedlich zusammenleben. Stellt euch eine Welt ohne Ghettos vor. Stellt euch eine Welt ohne Dürren vor, denn ihr werdet euch an die Kunst der Temperatursteuerung erinnern. Stellt euch eine Welt ohne Umweltverschmutzung vor, denn euch wird ein Weg gegeben werden, den Verschmutzungspegel wieder zu senken und saubere Luft zu erreichen.

Wenn ihr es euch selbst im kommenden Jahrtausend erlaubt, werdet ihr in der Lage sein, euch allein vom Licht der Gotteskraft zu ernähren – und ihr werdet die reine Freude haben, um des Vergnügens willen zu essen und nicht aus Notwendigkeit. Ihr werdet in der Lage sein, über das Bedürfnis nach Schlaf hinauszugelangen und die Energiefelder anderer zu lesen und in großer Freude zu sein sowie zum Wohl des Ganzen harmonisch Mitschöpferinnen und -schöpfer zu sein. Denn das ist die ätherische Vision, deren Grundzüge nun von vielen angelegt werden. Das ist euer Herzensverlangen im tiefsten Innern, oder nicht? Freiheit zu erfahren, Freude und Harmonie, denn diese Welt verfügt über ein großes Potenzial. Es gibt viele Zeugen aus den Sphären der Aufgestiegenen Meister, aus den Engelssphären. Der Rat der Intergalaktischen Föderation der Welten hat viele Kontingente rund um dieses Planetensystem – sie beobachten, inspirieren, richten Energiestrahlen und ermöglichen es dem Bewusstsein der Menschheit, massenweise aufzuwachen, sodass voll und ganz offenbar wird, dass ihr Teil einer galaktischen Zivilisation seid und damit eure Weltraumbrüder und -schwestern aus vielen Galaxien frei unter euch wandeln können.

Wie viele von euch lieben euer Star-Trek-Phänomen? Die Idee dazu wurde auf nächtlicher Ebene durch Kontakt mit Wesen von großem Licht und großer Liebe gechannelt, durch euer Fernsehen in die physische Realität gebracht, um in euch das Verständnis dessen, was möglich ist, und das umfassendere Bild zu vermitteln. Diese Teleportation, dieses »Beam mich hoch, Scotty« (ich glaube, es soll bald eine Serie geben, bei der es um Teleportation geht – sie hier [Jasmu-

245

heen] hat heute einen entsprechenden Hinweis bekommen), diese Teleportation mit den entsprechenden Maschinen macht großen Spaß. Aber stellt euch vor, ihr Lieben, wenn ihr euer Gefährt voll und ganz meistert, wenn ihr eure molekulare Struktur derart im Griff habt, dass ihr euch selbst willentlich teleportieren könnt, dass ihr euch nach Belieben dematerialisieren könnt. Deshalb ermutigen wir euch durch diese Helferin hier (Jasmuheen) beständig, euren Geist zu meistern, das Schöpfungsvermögen eures Denkens. Denn der Gedanke ist das, was die Auflösung der molekularen Struktur der physischen Form und das Wiedererscheinen dieser physischen Form in perfekter Ordnung natürlich, an einem anderen physischen Ort gebieten kann. Denn ihr bewegt euch in eine Zeit grenzenloser Möglichkeiten, während ihr die grenzenlose Kraft des Gottes ICH BIN im Innern anerkennt. Ihr werdet verstehen, wie ihr euch aufgrund eines Befehls eures Geistes und Willens, durch die konzentrierte Intention, sich unverzüglich von einer Ausdrucksebene auf eine andere begeben könnt. Im Rahmen der Wirklichkeit, die für viele Geltung hat, scheint das vielleicht nicht plausibel. Doch was die anderen angeht – sehnt ihr euch nicht danach, mit den Fingern zu schnippen, und schon manifestiert sich das, was euer Herz begehrt?

Werdet Herr über euer Leben. Stellt das physische Gefährt so ein, dass ihr grenzenlos sein könnt. Stellt das emotionale Gefährt so ein, dass ihr große Freude, Vergnügen, Fülle kennen lernt. Stellt den Geist so ein, dass er die Verbindung zum Herzschlag des Mutter-Vater-Schöpfer-Gottes und des Universellen Geistes herstellt – denn wenn ihr euch auf die reine Verbindung zur schöpferischen Kraft konzentriert, werden magnetisch alle Geheimnisse des Universums in euer Feld angezogen. Wenn ihr Gedanken hoher Qualität aussendet, wird das gleichartige energetische Kräfte anziehen und diese werden dann in eure alltägliche Wirklichkeit zurück angezogen. Was ihr denkt, dazu werdet ihr werden. Es ist also eine Zeit für den unbegrenzten Ausdruck des höchsten Paradigmas. Des unbegrenzten Ausdrucks in einer Weise, bei der alle einträchtig nebeneinanderher existieren können, wo alle geehrt werden.

Initiation in das getaufte Herz

Ihr seid ein Energiesystem. Obwohl wir die Zeiten miterleben, wo ihr euer Menschsein nur zu deutlich spürt. Und die Begrenzungen des Menschseins. Und dennoch ist das, was wir aus einer anderen Dimension wahrnehmen, von einer feineren Energiebandbreite aus, nicht in den Klangwellen eures Leidens. Denn der Emotionalkörper wird in Klangwellen gemessen, ihr Lieben. Daran lesen wir den Zustand auf Planetensystemen ab: an den Klangwellen, die aus dem Herzen der Menschheit aufsteigen, die sich dort entwickelt. Und doch lesen wir viel mehr daraus.

Was wir ablesen, ist das Lichtbarometer, wie bei euch die Elektriker im Hinblick auf den Strom die Voltzahl messen. Wenn ihr euch vorstellen könntet, dass euer Sein anderen in sonstigen Dimensionen ebenfalls als Lichtstrahlen erscheint. Das, was wir auffangen, sind Lichter, die hell leuchten und Lichter, die nicht so hell leuchten. Es ist, ihr Lieben, als wäret ihr alle mit einem Dimmer ausgestattet, und genau so ist es auch. Da ist ein Drehschalter, den ihr mit eurem bewussten Willen betätigen könnt und der es eurem Lichtkörper, dem Getauften, dem vom Christusbewusstsein erfüllten Wesen in euch, erlauben wird, wieder vollends aktiv zu werden in eurem physischen Sosein, innerhalb eurer physischen Wirklichkeit.

Wir nennen das, ihr Lieben, eine Zeit des ÜBERGANGS. Hier findet das Verschmelzen von Welten statt. Eine andere Schicht lagert sich über die alten. Es ist, als würde unaufhaltsam die Flut den Strand überspülen, und es kommt zur Vermischung der Elemente, ihr Lieben, Wasser mischt sich mit der Erde. Und dennoch gibt es Tiefen im Ozean, die stark variieren können. Es gibt Wesen, die an vorderster Front sind und sich am Ufer brechen wie die Wellen, wenn sie mit der Erde in Kontakt kommen. Und dann gibt es wiederum andere, die noch meilenweit draußen auf der See segeln und auf den Wellen ihres Emotionalkörpers reiten, eingeschlossen in das Geräusch der Wellen, und ihr innerer Lichtschalter ist stark gedämpft. Könnt ihr mit diesem Bild etwas anfangen, ihr Lieben?

Ihr werdet merken, wenn ihr viele Wesen in euer energetisches Feld zieht, dass es einige gibt, deren Licht nun so hell scheint, dass es keinen Unterschied mehr gibt zwischen den Wirklichkeiten. Sie sind sich ihrer multidimensionalen Natur bewusst. Sie haben den Getauften in sich aktiviert. Sie sind kraft ihres Willens und ihrer Intention zu reinen Kanälen geworden, zu Helferinnen und Helfern bei der Verschmelzung der Welten. Das ist im Kern die Rolle aller Lichtarbeiter zu dieser Zeit des Übergangs. Die Energiefelder ihres Körpers, eures Körpers, auf die perfekte Frequenz einzustellen, um Leiter für den reinsten Bewusstseinszustrom zu werden, damit die Brücke zwischen den Welten entsteht.

Man kann sagen, dass der Übergang einfach dann stattfindet, wenn sich ein Wesen stärker seiner selbst bewusst wird. Und was euch bewusst wird, ihr Lieben, ist ein direktes Spiegelbild dessen, worauf euer Augenmerk ruht. Wenn ihr euch auf euer Menschsein konzentriert, erfahrt ihr die Umstände des menschlichen Daseins. Die Klangwellen des Emotionalkörpers, harmonisch oder disharmonisch. Wenn ihr euch auf eure Göttlichkeit konzentriert, bringt ihr den getauften Körper im Innern zum Leuchten. Diese Energiematrix, die der Lichtkörper ist, rinnt wie Klebstoff durch die Meridiane eurer physischen Form.

Es gibt Dinge, ihr Lieben, die ihr im Wesentlichen nicht unter Kontrolle habt, denn wir haben es mit einem göttlichen Plan zu tun, der sich innerhalb eines vom Göttlichen vorgegebenen Rahmens entfaltet. Worüber ihr als Meister in der physischen Wirklichkeit jedoch die Kontrolle habt, ist der Pegel an Kraft, die ihr in eure physische Form bewegen und von eurer physischen Form nach außen pulsen könnt. Denn das Verschmelzen der Welten, dieser Übergang, ist wie die Vermischung von Erde und Wasser, Feuer und Luft. Sie findet dann statt, wenn alle Elemente synchronistisch zusammenkommen, harmonisch. Nicht die physischen Elemente, ihr Lieben, sondern das Ätherische, das in das Physische eingeht. Denn die »ätherische Spritze«, die eure physische Welt da erhält, wird es dem Bewusstsein der Menschheit ermöglichen, sich zu erweitern und sich selbst zu erkennen. Das ist mit Übergang gemeint. Und die Bewegung dieser fließenden Energie ist wie eure Ozeane und Wellen. Es gibt Zeiten, wo ihr auf den Wellen des Lebens reitet, und es gibt Zeiten, wo ihr mit ihnen auf dem Strand aufprallt. Es gibt für euch als Gemeinschaft und als Individuen Zeiten, euch auszuruhen, und Zeiten, aktiv zu sein.

Was ihr immer kennen könnt, ihr Lieben, ist die Stimme des inneren Lehrers. Die Stimme eurer magischen ICH-BIN-Gegenwart. Worüber ihr die Kontrolle habt, ist das Sicheinschwingen auf ihre Stimme, damit ihr auf die innere Führung hören könnt. Und wenn es an der Zeit ist, euch auszuruhen beziehungsweise zu spielen, so tut ihr genau das. Denn das ist die innere Führung, unabhängig davon, was die Person neben euch gerade tut, ihr Lieben. Euch sind sozusagen unterschiedliche Rollen in der Entfaltung des göttlichen Plans zugewiesen worden und es ist viel Feinabstimmung vorzunehmen, sich auf die gepulsten Frequenzen der göttlichen Stimme im Innern einzuschwingen.

Emotional strahlen die Klangwellen dieser göttlichen Stimme die Erfahrung von Freude und Seligkeit aus. Zufriedenheit, sich im Einklang zu fühlen, ein bedingungslos liebevoller Umgang miteinander. Also könnt ihr, ihr Lieben, euch überzeugen, dass es vieles gibt, was jenseits eurer Parameter ist. Nicht, dass ihr unfähig wäret, dies zu verstehen oder aktiv zu sein dabei. Es ist eher so, dass es einfach nicht der euch zugewiesenen Aufgabe entspricht. Eure Aufgabe, die von jedem und jeder Einzelnen von euch, liegt darin, voll und ganz im physischen Körper anwesend zu sein. Hier und jetzt da zu sein. Und dennoch alle Sender in sich auf die Stimme des göttlichen Funkens eingestellt zu haben, der ihr seid. Damit ihr voll und ganz euer göttliches Selbst in allen Dimensionen hier und jetzt kennen könnt. Was ihr nun erreichen könnt, ihr Lieben, ist die volle Aktivierung des Getauften in eurem Innern.

Und dieses Spiegelbild ist einfach ein Ergebnis davon, worauf ihr euer Augenmerk zu richten wählt.

Es ist eine Zeit der Magie, ihr Lieben. Denn es hat etwas Magisches, wenn die Welten aufeinander prallen und das dennoch kein Zusammenstoß ist, sondern eher ein kosmischer Tanz. Es ist, als gäbe es eine verloren gegangene Zivilisation, die für Verwandtes erwacht, und genau so sieht die Realität auf dieser Seinsebene aus. Es ist ein Erwachen, nicht wahr? Es ist ein Zusammenkommen gleich gesinnter Herzen und Seelen. Die Gemeinschaft des Herzens, oder nicht? Über euer intellektuelles Verständnis hinauszugehen und in das Herz hinein, in Stille zu verweilen. In der Stille, ihr Lieben, spürt die Liebe des Mutter-Vater-Schöpfer-Gottes zu seiner Schöpfung. Denn das Herz ist der Erdungspunkt eures Lichtkörpers. Das Herz ist das Bindeglied an die höheren Sphären göttlichen Ausdrucks. Und es ist eine Zeit für die Menschheit gekommen, auf die Weisheit des Herzens zu hören, denn das ist wahre Intelligenz, ihr Lieben. Wenn der Geist die Weisheit des Herzens ehren kann.

Was hat es mit dieser inneren Weisheit auf sich? Sie ist nicht eure Intuition, euer Gefühl, etwas Bestimmtes zu wissen? Auch dies ist wieder unabhängig davon, was für andere richtig sein mag. Wie ihr nun wisst, gibt es kein Richtig oder Falsch, denn alles existiert innerhalb des Reiches Gottes. Der Meister, die Meisterin entscheidet über die eigenen Erfahrungen während des Aufenthalts in physischer Form im Reich Gottes. Der Meister schafft in seinem Umfeld in allen Ausdrucksdimensionen in jedem gegebenen Augenblick das, was ihm im erweckten Zustand im jeweiligen aktuellen Augenblick im vollsten Umfang dient. Es mag Zeiten geben, wo ihr merkt, dass ihr die Eingebung habt, euch mit dem zu beschäftigen, was ihr als »nicht spirituelle Dinge« bezeichnen würdet, und dennoch, ihr Lieben, ist Gott in jedem einzelnen Atom, in jeder Ausdrucksform von Leben und in jeder Situation. Wenn eure Zielsetzung darin liegt, den göttlichen Funken zu kennen, dann wird diese Zielrichtung magnetisch diesen Funken anziehen, sodass er eurem Herzen und Geist sein Spiegelbild zeigt.

Vertraut auf die Stimme des Göttlichen Einen und erkennt sie an ihrer Freude. Wisst, dass ihr als Teil einer Welle hier seid. Im Laufe des letzten Jahrzehnts der Kommunikation mit dem, was man bei euch als Gruppierungen bezeichnet, die auf der Suche nach Erleuchtung sind, wurde euch ein gewisses Verständnis der Wellen des spirituellen Aufstiegs vermittelt. Und dennoch sind Wellen einfach fließende Bewegungen von Energie, bei denen die betreffenden Wesen das innere Licht anschalten. Sie erkennen das getaufte Bewusstsein in sich. Es hat Wellen von Wesen gegeben wie euch selbst, ihr Lieben, die im Laufe der letzten Phase eurer linearen Zeit das getaufte Herz in sich erkannt haben, stimmt's? Die nun bewusst auf das Wohl der Allgemeinheit hinarbeiten. Nicht länger rein von Erfahrungen für sich selbst motiviert. Ihr könntet das vielleicht eure erste Welle nennen.

Und dann baute sich eine weitere Welle auf, wie das bei Wellen vor dem Strand eben der Fall ist. Und diese Welle ist die nächste Ebene der Erweckung für die breite Masse der Menschheit. Und je mehr Menschen das getaufte Bewusstsein im Innern erkennen, desto kraftvoller wird die Welle. Denn in der linearen Zeit ist das die Natur von Energie. Sie bahnt sich fließend den Weg durch die physische Wirklichkeit. Wir bitten euch, ihr Lieben, im Licht eines solchen Verständnisses, dass ihr das tut, was wir bereits in dem Motto »Stimm dich ein, behalt deinen kühlen Kopf und lass Wachstum zu« empfohlen haben. Denn, wie bereits von uns gesagt, wenn ihr euch auf das getaufte Herz, den getauften Geist in euch einschwingt, könnt ihr es locker angehen lassen, ihr Lieben. Es besteht keine Eile.

Stellt euch das Szenario vor, bei dem die Welten verschmelzen. Wo das Ätherische der Schwingung des Physischen entspricht und das Physische der Schwingung des Ätherischen. Eure Brüder und Schwestern aus anderen Planetensystemen und anderen Lichtdimensionen ... wenn ihre Gegenwart bekannt wird, wird es immer noch Leben geben, das weitergeht. Eine Lebenswelle wird sich in der physischen Wirklichkeit hier und jetzt fortsetzen. Obwohl Wesen Zugang zu und ein Bewusstsein von der simultanen Zeit haben mögen, wird es dennoch den Ausdruck des Menschseins in der linearen Zeit geben.

Die Evolution der Spezies wird sich fortsetzen. Wenn nicht in diesem Planetensystem, so wird sie sich sicher in einer anderen offenbaren. Es steht so viel zur Entfaltung an. Es ist so, als wäre das Buch für euren Planeten Erde noch unvollständig. Denn euch ist es bestimmt, in den prophezeiten Genuss eures tausendjährigen Friedens zu kommen. Euch ist es bestimmt, in der zyklischen Natur der Evolution von neuem die Größe des Lebensausdrucks Mensch zu genießen.

Manche aus der ersten Welle, so wurde vorhergesagt, mögen sich dafür entscheiden, den physischen Körper ins Licht emporzuführen. Sich aus dieser Ausdrucksdimension auf eurem Planeten Erde in andere Sternensysteme zu bewegen. Sozusagen sogar Ferien zu machen. Wenn das euer Herz zum Singen bringt, ihr Lieben, liegt das nicht daran, dass ihr sozusagen ein sinkendes Schiff verlasst. Dann, wenn der zeitliche Rahmen sich euch präsentiert und ihr intuitiv wisst, dass eure Arbeit getan ist, werdet ihr die Befehlsgewalt über eure molekulare Struktur haben, über den physischen Tod hinauszugehen, euren physischen Körper zu einer anderen Dimension des Ausdrucks zu bewegen und euch außer Sichtweite zu begeben. Aber dies stellt sich nicht durch technischen Fortschritt ein, obwohl das in eurem linearen Zeitplan geschrieben steht.

Woher es rührt, ist die Beherrschung über die Moleküle, die nun euer Bewusstsein beherbergen. Und so werdet ihr merken, dass das euch Vermittelte, die Inspiration, mehr und mehr in die Richtung geht, dass ihr die Kontrolle über die molekulare Struktur erlangt. Es wird die wandelnde Behausung der physischen Form und euren Emotionalkörper und Mentalkörper so vollendet stimmen, dass das Licht hell erstrahlt. Nicht ihr allein steuert das Licht, das aus eurem Gefährt, eurem Körper, ausstrahlt, sondern ihr könnt auch euer Schicksal steuern, damit ihr euch willentlich aus einem zeitlichen Umfeld dauerhaft in ein anderes versetzen könnt, wenn das euer innerer Wunsch ist. Damit ihr bewusst die von euren Körpern ausgesendeten Klangwellen steuern könnt. Und die Farbe, ihr Lieben. Denn in euch allen schwingt Klang und Licht und Farbe. Daraus setzt sich das zusammen, was wir das morphogenetische Feld um euren Planeten nennen.

Ihr könnt also wohl gestimmte Instrumente sein, nicht wahr, und ihr könnt uneingeschränkten Ausdruck und große Magie kennen lernen. Denn es dämmert auf eurem Planeten eine Zeit herauf, wie sich der Kamm einer Welle auftürmt. Ein Übergang von einem Zeitalter des Ausdrucks zum nächsten, wo sich Wesen wieder an die volle Herrlichkeit dessen erinnern, was sie sind.

Wir öffnen dieses Forum nun für Fragen, ihr Lieben.

Fragen und Antworten

Frage: Saint Germain, ich habe eine andere Frage, und zwar zu Brisbane und den prophezeiten Erdveränderungen in Form von Überschwemmungen und Chaos. Wie wichtig sind diese Prophezeiungen und wie viel erschaffen wir erst durch unsere Ausrichtung auf solche Dinge?

Saint Germain: Alles, was man dazu sagen könnte, ist: Wenn du begreifst, wie parallele Wirklichkeit sich ausdrückt, so wird es für viele emotionale Überschwemmungen geben. Wenn sie sich den Klangwellen des Emotionalkörper entwinden, in die Lichtstrahlen der Geist-Herz-Verbindung. Das getaufte Herz. Auf der physischen Ebene wird euer Planet weiterhin große Veränderungen durchmachen und ihr braucht nur die Berichterstattung in euren Medien zu verfolgen, um die großen Veränderungen zu sehen, die bereits im Gange sind. Es wird regelmäßig über UFOs berichtet. Es gibt regelmäßig Berichte über Erdbeben und Überschwemmungen und Klimaveränderungen. Worum wir bitten, ihr Lieben, ist, dass ihr euch, statt euer Augenmerk auf die lineare Zeit zu richten und darauf, wenn Derartiges in eurer Wirklichkeit stattfindet, einfach darauf konzentriert, die Kommunikation mit dem Gott ICH BIN im Innern weiter auszubauen.

Denn eure Zeit auf diesem Planeten ist von dem Vertrag mit dem Schöpferischen Einen bestimmt, den ihr unterzeichnet habt. Und eure Zeit auf diesem Planeten ist von der Vollendung eurer Blaupause bestimmt. Eure Rolle in der göttlichen Blaupause. Ihr könntet es euch so vorstellen, ihr Lieben, dass das, was sich auf dieser Seinsebene gerade abspielt, so ist wie bei einer Stadt, die im Chaos versinkt, zu der ein Einsatzkommando geschickt worden ist, um innerhalb ihrer Mauern in der Bevölkerung dort Stabilität und Ordnung wieder herzustellen. Genau darum werden die Lichtarbeiterinnen und -arbeiter gebeten. Denn auf diesem Planeten herrscht viel Chaos, viel willkürlicher Ausdruck. Und worum ihr gebeten werdet, ist, den Getauften in euch liebend zu umfangen, damit ihr in der Stille, in der Kraft dessen, was ihr seid, dieser Magier sein könnt. Damit ihr aus eurer physischen Form elektromagnetische Signale tiefer Weisheit und Kraft und Verbundenheit aussenden könnt. Das ist die Kraft, die das Chaos wieder ordnen wird, zum Wohl des Ganzen.

Dieses »Einsatzkommando«, ihr Lichtarbeiterinnen und Lichtarbeiter, spielt eine entscheidende Rolle, und wenn euer individueller Vertrag ausläuft, wird sich für jeden Einzelnen und jede Einzelne von euch persönlich ein weiteres Spiel auftun. Wenn ihr euren Fokus wahrt, indem ihr auf die Stimme des Gottes ICH BIN im Innern hört, könnte es dazu kommen, dass eine Stadt von einer Flutwelle betroffen ist, und ihr würdet diese innere Stimme hören und am Tag davor in ein Flugzeug steigen und zu einem anderen Teil eures Landes oder in ein anderes Land fliegen. Und glaubt ihr nicht, dass sich wie von Zauberhand auch das Geld für das Flugticket manifestieren würde? Es ist, wie tief im Stollen zu sein und gleichzeitig mit der sich entfaltenden Blaupause des Göttlichen verbunden. Die Stimme, der Kommandant, der General dieser Armee, die diese Entwicklung beaufsichtigt, ist das Gottselbst im Innern. Wir ziehen nicht in Erwägung, dass eure hier präsenten Wesen sich von Dingen wie Veränderungen auf der Erde auf Abwege bringen lassen oder damit Zeit verbringen beziehungsweise Energie darin investieren. Denn das, worauf ihr euer Augenmerk lenkt, das werdet ihr in euer Energiefeld bringen und wie eine parallel existierende Wirklichkeit erschaffen.

Je mehr es unter euch gibt, die sich auf ein bestimmtes Spiel oder potenzielles Drama konzentrieren, desto eher werdet ihr das buchstäblich in eurem Dasein erschaffen. Ihr versteht das bestens, ihr Lieben. Eure Träume sind auch Träume in der simultanen Zeit. Denn du, Lieber, hast dein Bewusstsein erweitert und bist nun in der Lage, dich aus der linearen Zeit heraus und in parallele Wirklichkeiten und andere zeitliche Rahmen zu begeben. Bitte in deinen Träumen, dass sich dir die Botschaft mit größter Klarheit offenbart. Denn du bist hellsichtig in deinem Bewusstsein und siehst manchmal Teile der Realität, die sich nicht immer mit dem derzeitigen Moment, den du erlebst, in Beziehung setzen lassen.

Frage: Scheinbar kommen wir nicht an das Bewusstsein der breiten Masse heran. Es scheint eine kleine Gruppe zu sein, die sich auf ihren göttlichen Auftrag ausrichtet. Wie können wir am besten weiterverbreiten, was wir zu sagen haben?

Saint Germain: Indem ihr voll und ganz zu eurer Macht steht. Das ist alles. Denn wenn ihr zuerst erkennt, wie wichtig es ist, den vollen Ausdruck des Gottes ICH BIN zu suchen, das, was in euch dieses göttliche Pünktchen Bewusstsein ist, dann fühlt ihr euch irgendwann heimisch damit. Das ist das Verschmelzen der Welten in euch, während das Eine, das euch geschaffen hat, voll und ganz in eurem bewussten Gewahrsein erwacht. Je mehr ihr euch auf das volle Zum-Vorschein-Kommen des Gottes ICH BIN konzentriert, desto mehr ist es, als würdet ihr bewusst die Hand auf den Dimmer legen und das Licht auf volle Helligkeit drehen.

Doch es ist keine Zeit des Tuns, ihr Lieben, sondern eine Zeit des Seins. Je heller das Licht, je reiner das elektromagnetische Signal, das ihr aussendet, desto reiner die Klangwellen, die ihr übertragt. Was die Harmonisierung der Körper bedeutet, sodass ihr von eurem höheren Geist aus operiert, eurem höheren Emotionalkörper. Denn der höhere Emotionalkörper trägt in sich den Pulsschlag bedingungsloser Liebe zur ganzen Menschheit.

Könnt ihr euch vor eurem geistigen Auge einen Magier vorstellen, der dennoch Krieger ist? Wenn ihr die Augen schließt, ihr Lieben, könnt ihr einen Krieger vor euch sehen. Dieser Krieger ist stark, dieser Krieger ist gleichzeitig auch der göttliche Alchemist, dieser Krieger ist auch der Gott/die Göttin. All diese Aspekte liegen in dir. Je mehr du dich auf Derartiges konzentrierst, desto mehr verwandelt es deine Energiefelder. Und das inspiriert – dadurch, dass du vorlebst, was du predigst – andere um dich herum dazu, den Gott/die Göttin, den Krieger und den Zauberer in ihrem Innern in Erfahrung zu bringen. Es ist einfach. Es ist eine Zeit dafür, Sein vorzuleben, nicht Tun. Denn wenn ihr in Gottes Universum arbeitet, wenn ihr wirklich im Paradigma der Einheit arbeitet, entfalten Blumen vor euch ihre Blätter, wo immer ihr geht. Vögel kommen zu euch, um euch ein Lied zu singen, denn sie erkennen das Göttliche in euch. Es gibt für euch in der physischen Realität nichts zu tun, als zu sein. So kraftvoll und so sehr im Einklang mit allem zu sein, wie ihr könnt. Der volle Ausdruck des Getauften, des Christus, zu sein. Das ist alles … Wenn man Ausschau hält nach göttlicher Vollkommenheit, wird man sie finden, macht sie sich ganz zu Eigen und wird auf diese Weise zu ihr. Ihr könnt euch also als Wesen sehen, die auf göttliche Weise vollkommen sind, oder als solche, die mit Makeln behaftet sind. Wenn ihr es leid seid, mit Makeln behaftet zu sein, dann fangt an, euch als göttlich vollkommen zu sehen, und ihr werdet merken, dass ihr es seid.

Von Augenblick zu Augenblick

Es ist das Ende dieses Jahrtausends und der Anfang eines neuen. Es ist, wie zuvor von uns gesagt, eine Zeit der Transformation. Seid euch bewusst, liebe Kinder des Lichts, dass diese Transformation nicht neu ist. Eure Erde hat in ihrem Dasein viele Zyklen durchgemacht. Zyklen in geographischer Hinsicht, Zyklen im Hinblick auf ihren Korpus und ihr

Kraftfeld, Zyklen der menschlichen Spezies, und dennoch seid ihr hier zu dieser Zeit inkarniert.

Uns ist bei vielen Wesen aufgefallen, dass ihr aufgrund der Natur der Wirklichkeit das Gefühl habt, das Zentrum eures Universums zu sein. Was sich vorher abspielte, war ein Geschenk an euch, aus dem ihr lernen konntet, und ihr tragt die Erinnerung an alle Inkarnationen in euren Zellen. Und dennoch seid ihr in eurem bewussten Gewahrsein meist nicht nur mit vergangenen, sondern auch – und mehr noch als das – mit zukünftigen Geschehnissen beschäftigt. Umso mehr zu dieser Zeit, da sie das Ende eines alten Zyklus und der Anfang eines neuen Zyklus ist.

Es gibt Berichte über Erdveränderungen, bevorstehende Ereignisse, doch wir lassen euch wissen, ihr Lieben, dass dies nur ein weitergehender Zyklus ist. Wenn ihr die Akasha-Chronik sehen könntet, würdet ihr sehen, dass das Bewusstsein, das ursprünglich für die Manifestation des Gesteins sorgte, das ihr euren Planeten nennt, dass es sich vor Millionen Jahren an seinen Ort begab, und dennoch waren diese Millionen Jahre eine Sekunde im Atem Gottes, vielleicht sogar weniger, obwohl sie für Wesen im Zyklus der wiederholten Inkarnationen eine lange Zeit sind.

Wenn ihr die Berichte in euren Medien verfolgt, werden hier Hinweise auf einen fortlaufenden Wandel auf der Oberfläche dieses Planeten gesehen. Denn alles wird auf einer physischen Ebene umarrangiert, um die Veränderungen auf der ätherischen Ebene widerzuspiegeln – innerhalb des Planeten, auf dem Planeten und auch innerhalb eurer Energiefelder. Denn wie euch angesichts der wechselseitigen Verbundenheit der Schöpfung bewusst ist, wird alles auf der einen oder anderen Ebene empfunden, alles wird auf der einen oder anderen Ebene verstanden. Wir bitten euch, aufmerksam zu sein und euch euren Ängsten bezüglich der prophezeiten Erdveränderungen zu stellen.

Zuerst zu verstehen, dass mit eurem Zusammenkommen in eurem harmonischen Zusammenfluss diese Veränderung und Erweckung vieler aus der bewusstseinsmäßigen breiten

Masse auch bedeutete, dass das, was auf vielen Ebenen prophezeit wurde, nicht mehr die Basis haben würde, um wirksam zu werden. Denn das Fundament dieser Dinge ist eure Bereitschaft, sie zu unterstützen, durch die ein Platz in eurer Wirklichkeit, in eurem Denken geschaffen wird, das sie über den Willen ins Dasein bringt durch eure Angst oder das, worauf ihr euer Augenmerk richtet.

Es gibt Visionen von Flutwellen, die über diesen Planeten hereinbrechen werden, und so ist es auch. Es gibt Visionen in der ätherischen Blaupause, wie eure Landmassen sich neu formieren, und so ist es auch. Doch schaut in euer Herz und stellt euch eurer Angst. Ihr habt Angst vor dem Tod, doch die Seele ist unsterblich. Wir bitten euch zu verstehen, dass ihr mit einer Mission hier seid, ihr seid die Lichtarmeen, ihr seid Wesen, denen großes Licht zu Eigen ist; ihr seid hier, um zu erfüllen, was der Mutter-Vater-Schöpfer-Gott euch aufgetragen hat. Und wenn ihr zu diesem Zeitpunkt aufgrund einer vertraglichen Vereinbarung hier seid, was der Fall ist, so ist das ein Wesen, das Bewusstsein, das darüber entscheidet, wann dieser Vertrag ausläuft, einfach der Mutter-Vater-Schöpfer-Gott.

Wenn ihr euer Werk vollendet habt, wird ein neues Spiel beginnen, aber vielleicht nicht in diesem Planetensystem, zumindest nicht sofort. Genau die Angst vor dem Tod schafft weiteres Chaos, mitsamt den prophezeiten Veränderungen, die kommen mögen und offen zutage treten werden beziehungsweise schon jetzt zutage treten. Wir bitten euch, in euch zu blicken und euch euren eigenen Ängsten zu stellen, denn wenn ihr euch über diese Ängste hinweggesetzt habt, werdet ihr merken, dass sie großartige Geschenke an Freiheit sind. Denn ihr versteht, dass ihr als Marionetten der Gotteskraft hier seid, einfach Puppen – nichtsdestoweniger Mitschöpfer, aber im göttlichen Entwurf der Dinge doch einfach Puppen. Und wünscht sich eine Puppe etwas anderes, als zu tun, was ihr Meister gebietet?

Meisterschaft entsteht durch Dienen. Wem gilt das Dienen? Es kann Dienst an anderen, Dienst am Ego oder am begrenzten Selbst oder Dienst an der Schöpfungskraft sein. Jedes Wesen trägt den untadeligen Meister in sich selbst und es ist die Wahl, die ihr in jedem Augenblick trefft, die die Qualität eures Daseins auf dieser Seinsebene bestimmt. Ihr seid es, ihr Lieben, die sich Essen in den Mund stecken, und das kann der Ernährung dienen oder den Stellenwert eines emotionalen Vergnügens haben. Ihr seid diejenigen, die entscheiden, was sie sich in den Medien ansehen, welche Bücher sie lesen. Und wer Untadeligkeit anstrebt, weiß, dass Meisterschaft und Untadeligkeit sich durch das einstellen, worauf ihr euer Augenmerk richtet. Um jeden Augenblick eures Tages von Perfektion erfüllt sein zu lassen, nur danach zu streben, die göttliche Kraft zu sich zurückzuspiegeln. Denn ihr seid nicht unvollkommen. Vielleicht sollten wir es ermutigen, dass die Programmierung in euch sich ändert, dass ihr aufhört damit, um Einstimmung auf die rechte Schwingung zu bitten und zu erfahren beginnt, wie gut eingestimmt ihr bereits seid. Denn die Gotteskraft ist in jeder Zelle gegenwärtig und es gibt eine Menge, worauf ihr euch in jedem Moment konzentrieren könnt, um sie vollauf zum Ausdruck zu bringen.

Sprechen wir über die großen Veränderungen, denn sie werden kommen. In weniger als ein paar Jahrzehnten wird der europäische Kontinent stark verändert sein. In einem ähnlichen Zeitraum wird man auch die Vereinigten Staaten sehr anders vorfinden. Eine Umverteilung von Landmasse und Wasser, doch bei alledem eine simple Umstrukturierung. Wenn ihr mit vollem Fokus auf die Gotteskraft im Innern ausgerichtet seid und darauf, sie zu entdecken und euch an ihr zu erfreuen, könnt ihr auch darauf vertrauen, dass ihr euch immer zur perfekten Zeit am perfekten Ort befinden werdet.

Denn als Diener des Göttlichen habt ihr ja die innere Stimme – das, was ihr eure Intuition nennt –, die euch in Bewegung versetzen wird, wenn ihr auf sie hört. Sie wird euch anleiten, dort zu sein, wo ihr sein müsst, und wenn dies das Ende dieser physischen Inkarnation bewirkt, so sei es; es bedeutet lediglich, dass eure Arbeit hier getan ist, dass ihr als Seele eure Reise der perfekten Evolution fortsetzen werdet und aus freiem Willen zu einer anderen Zeit einen anderen Körper annehmen könnt. Oder wenn es vielleicht nicht das Ende eures Vertrags ist, werdet ihr merken, dass ihr der mutmaßlichen Verheerung immer einen Schritt voraus seid. Denn eine Verheerung besteht nur entsprechend eurer Auslegung.

Große Veränderungen stellen sich ein und können überaus Glorreiches bewirken (und werden überaus Glorreiches bewirken) – für diejenigen, die eingestimmt sind auf die Geschenke, die diese Veränderungen mit sich bringen. Die Energie des Buddha lehrt Losgelöstheit, lernt, nur von dem Göttlichen Einen im Innern abhängig zu sein, und das ist eine große Lehre. Sehen wir nun in die Zukunft, denn es besteht die Prophezeiung, dass die Föderation derzeit die Massen sammelt als Vorbereitung für bevorstehende Landungen. Und auf einer Ebene der Wirklichkeit ist dem auch so. Sie haben Verträge mit vielen Wesen auf dieser Seinsebene geschlossen, die nun beständig ihrem Dienst nachgehen, indem sie das tun, wozu sie sich bereit gefunden haben. Aber es ist euer Planet, ihr Lieben, und wir sagen so oft, dass im Zyklus der Veränderung vieles gleich bleiben wird.

Ihr werdet Zugang zu Technik haben, die radikal die Kommunikation verändern wird, die radikal eure Fortbewegung verändern wird, die es ermöglichen wird, die Ressourcen auf diesem Planeten gerechter zu verteilen. Ihr werdet, zumindest viele von euch, in den bevorstehenden Jahrzehnten inkarniert bleiben, denn ihr seid diejenigen, die die Saat für eine neue Stammrasse säen, ihr habt langfristige Verträge, die euch hier bis zum Abschluss dieser neuen Seinsphase vorsehen. Ihr werdet neue Technologien und Systeme einbringen, die für das Kollektiv funktionieren. Wir haben viele Wesen an ihren Platz gesetzt und mit ihnen kommuniziert, wie Schachfiguren auf dem Brett. Diese Figuren sind eure eigenen Inkarnationen, Wesen wie ihr selbst, die sich auf die höheren Paradigmen der Schöpfung eingeschwungen haben. Sie bilden nun das, was ihr als Energiematrix um den Planeten bezeichnen würdet.

Es sind derzeit viele Stadien gleichzeitig im Spiel. Manche

von euch beginnen ihre Reise, bewusst mit der göttlichen Stimme in eurem Gottselbst zu kommunizieren und zu arbeiten. Andere haben sich auf die Frequenzen von Bruderschaften des Lichts sozusagen außerhalb der Föderation, in einem galaktischeren Rahmen, geschaltet. Denn wie euch allen bewusst ist, könnt ihr als Energiesysteme eure Frequenz auf viele Wirklichkeiten gleichzeitig einstellen. Aber wollt ihr mit Informationen überladen werden oder möchtet ihr nicht lieber das in euer Energiefeld anziehen, was für eure Arbeit im jetzigen Moment relevant ist, für eure Arbeit in Ausrichtung auf das göttliche Spiel?

Verwirrung rührt von einem Mangel an klarer Intention und klarem Willen und dennoch ist es, nachdem man sich für die Lichtarmee gemeldet hat, meist einfach genug, darum zu bitten, dass die nächste Anweisung erfolgt, und dann werdet ihr sie in euren Meditationen und empfänglichen Zeiten empfangen. Es gibt Wesen, die nun Blaupausen durchgeben, nachdem sie Brücken in die anderen Welten geschlagen haben. Denn über eure alltägliche Wirklichkeit hinausgehend, gibt es die ätherischen Ebenen, die höheren Dimensionen des Lichts, von denen ihr sagen würdet, sie brennen vor Aktivität, während Lebensformen auf vielen verschiedenen Planetensystemen mit ihrer eigenen Evolutionsreise fortfahren. Wir bestimmen die Schwingung eines Planeten anhand des Lichts und der Liebe, die aus den Herzen ausstrahlen, und was wir nun sehen, ist ein Planet, auf dem viele Lichter leuchten. Denn obwohl hier viele ohne ein Verständnis der New-Age-Philosophie oder der Worte sind, die eurer Gruppe vertraut sind, so werden nun doch alle Wesen von dem Göttlichen in ihrem Innern angetrieben. Sich selbst vollkommen zu kennen, über die ausschließliche Identifikation mit dem physischen Körper oder eurem Emotionalkörper oder eurem Denken hinauszugehen und zu verstehen, dass ihr durch alle Dimensionen hindurch simultan existiert. Zu verstehen, dass ihr vollkommen seid, zu verstehen, dass das Göttliche Eine in euch bereit ist, sich voll und ganz auszudrücken, wenn ihr es ihm erlaubt. Ihr werdet dann merken, dass sich etwas an der Qualität eures Lebens ändert, in dem sich die Entscheidungen spiegeln, die ihr in jedem Augenblick trefft.

Und wir haben diese Einladung ausgesprochen, um euch zu bitten, einen Schritt zurückzutreten, in jedem Augenblick eures Lebens losgelöst zu sein und euch anzusehen, wie ihr ihn zu verbringen entscheidet. Denn die Zeitlinien des Planeten werden durch seine Evolution beeinflusst und seine Chance, nun vollkommen neu geboren zu werden. Was das bedeutet, ist, dass die Schwingung der Erde näher an die Lichtgeschwindigkeit herankommt, und das Gleiche gilt für eure eigenen Energiefelder, von daher fühlt ihr euch leichter und nicht in der Lage, die Dichte disharmonischer Energien von Erinnerungen in euch zu tragen, die in euch für Begrenzung sorgen. So ähnlich beeinflusst diese Beschleunigung eure Zeit, und ihr werdet merken, dass euer Tag buchstäblich weniger Stunden hat.

Wir bitten euch also darum, euch bewusst zu sein, wie ihr euch jeden Augenblick zu verbringen entscheidet, denn ihr seid am Ruder, ihr Lieben. Es ist eure Inkarnation und, ja, ihr seid das Zentrum des Universums, eures Universums, und wenn ihr wollt, dass euer Universum sich voll und ganz den Sphären Gottes, den Sphären des perfekt Geschaffenen, anschließt und euch Zugang zu ihnen gewährt, euch zu dem bringt, was »die Zone« genannt wird, so müsst ihr aufmerksam sein und jeden Moment mit dem füllen, was in »die Zone« gehört. Das ist eure Entscheidung, eure Möglichkeit, ihr Lieben: auszuwählen, was ihr tut, wie ihr seid, worauf ihr eure Aufmerksamkeit richtet, Augenblick für Augenblick. Wenn ihr das Gefühl habt, ihr seid begrenzt und euch mangelt es an etwas, dann wird das eure Wirklichkeit sein, wenn ihr das Gefühl habt, ihr seid göttliche Vollkommenheit mit einer physischen Form als Behausung, und ihr sucht nur das, was Vollkommenheit ist, so wird das eure Wirklichkeit sein.

Wenn ihr euch Energiestrahlen vorstellen könntet, die durch eure Satellitenanlagen kommen – das ist die physische Repräsentation von Telekommunikation auf eurer Seinsebene. So ähnlich gibt es auf einer höheren Ausdrucksebene vom Zentrum des Sonnensystems eine Gruppe von bewusstseinsmäßig vereinten Wesen, die ihre Rolle im göttlichen Plan erfüllen. Ein Strahl dieser Kraft, die sie ausstrahlen, bewegt sich durch die Dimension Zeit und Raum und konzentriert sich auf euren Planeten. Diese Energiestrahlen lösen Verschlüsselungen aus, die in eurem Lichtkörper festgehalten sind. Jedes einzelne Wesen hier hat innerhalb der Energiematrix seines Lichtkörpers alle Informationen, die ihr benötigt, um vollkommen und freudig im Einklang mit der göttlichen Blaupause zu sein. Es ist eure persönliche Blaupause.

Viele Wesen lassen sich auf der Erdebene durch Fragen des Daseinskampfes ablenken – Fragen, die damit zu tun haben, ihren Liebespartner oder ihre Liebespartnerin zu finden, den richtigen Wohnort, was sie anziehen sollen oder welchen Job sie annehmen könnten, um ihre Rechnungen bezahlen zu können. Ihr könnt diese Ausrichtung in null Komma nichts ändern, wenn ihr euch selbst die Erlaubnis erteilt, voll und ganz das Göttliche Eine in eurem Innern zu kennen, wenn ihr es einladet, sich in jedem Augenblick voll und ganz in eurem Sosein auszudrücken. Denn es bringt solche Kraft und solche Fähigkeiten und solches Wissen mit sich, dass es wie eine perfekte Formel alles anziehen wird für euch, was ihr braucht, um in jedem Augenblick die Gotteskraft zu sich zurückzuspiegeln.

Die Geschenke, die diese Harmonisierung und dieser Bund bereithalten, sind Geschenke, die euer Herz unablässig zum Singen bringen werden. Es ist eine überlegene und zivilisiertere Form des Daseins. Und nur durch Anerkennung dieser Gegenwart im Herzen eines jeden Wesens werden die Veränderungen auf der globalen Ebene zutage treten. Die Veränderung, die ihr bei euren Zusammenkünften und in eurer Gesellschaft sucht, ist einfach nur ein Spiegel eures eigenen, sich entwickelnden Bewusstseinszustands.

Wir haben den Eindruck, dass diese Botschaft immer wieder dieselbe ist, aber dennoch ist es in diesem jetzigen Moment zentraler als je zuvor, dass ihr Disziplin übt. Es gibt keinen Zauberspruch, es wird keine Zauberstäbe geben, es wird aber eine Zeit geben, wo die Frequenzen zwischen den Sphären aufeinander abgestimmt sind, wo ihr merkt, dass eure Brüder und Schwestern aus anderen Dimensionen frei unter euch wandeln, aber diese Zeit ist nicht der jetzige Moment, obwohl dieser linear gesehen in eurer Zukunft stattfinden wird. Und zum momentanen Zeitpunkt entsprechen sich die Frequenzen nicht hinreichend, um eine Basis für die physische Verwirklichung von Derartigem abzugeben. Es ist an der Zeit für euch, die Gotteskraft in all ihrer Fülle zu kennen, in jedem Augenblick eures Tages diszipliniert zu sein, eure Zielrichtung festzulegen, dass die Lebensqualität, die ihr zu genießen sucht, einzig und allein daher rühren wird, wie ihr euch in jedem Augenblick konzentriert. Es ist eine Zeit der Verwandlung, so viel ist sicher, aber es ist eine Verwandlung aus dem Innern eures Herzens heraus, aus eurer Seele, aus eurem Geist heraus. Es ist, als würdet ihr euch völlig umkrempeln, um die Schönheit der Gotteskraft zu offenbaren, die eure molekulare Struktur ursprünglich erzeugt hat. Denn wenn ihr euch umseht, werdet ihr ein Spiegelbild eures eigenen Bewusstseinszustands sehen, und dennoch findet ihr, wenn ihr nach innen blickt, die Vollkommenheit, die ihr schon immer gewesen seid. Konzentriert euch hierauf, und auch eure äußere Realität wird sich ändern.

Seid diszipliniert, seid wachsam. Ihr seid es, die die Denker sind, die die Schöpfer sind, ihr seid es, die diese Reise eigenständig unternehmen, denn schließlich seid ihr ja diejenigen, die diese Schulung durchmachen müssen, jeder und jede Einzelne von euch. Ihr könnt euch mit Wesen zusammentun, die sehr wirksam fein abgestimmt sind, und, ja, die von ihnen ausgesandte Energie wird euch inspirieren und euch ebenfalls stimmen, als würdet ihr mitschwingen. Aber es kommt eine Zeit, wo ihr diese Initiation in komplette Meisterschaft durchstehen müsst, wo ihr die vervollkommnete Natur eurer Seele erkennt und sie in jedem Augenblick voll und ganz zum Ausdruck bringt. Denn in eurer alltäglichen Wirklichkeit werden sich große Veränderungen einstellen, während ihr euch bewusst werdet, wie ihr euch auf jeden Augenblick konzentriert.

Tut, was euer Herz zum Singen bringt, tut, was euch die Erfahrung der Gotteskraft bringt, und sie ist überall: in jeder Blume, in so vielen eurer Musikstücke, in den Zeiten der Stille bei eurer Meditation, in der Energie hinter eurem Atem, dem Lächeln auf einem Gesicht. Es ist die Gotteskraft, die das Herz und die Seele von so vielen auf diesem Planeten leicht macht, die dir lachen wird, wenn du ihre Existenz suchst, und die sich offenbaren wird, indem sie euer Herz mit Freude erfüllt, indem sie euer Herz mit Dankbarkeit erfüllt darüber, auf diesem Planeten Erde inkarniert zu sein und als die Lichtarbeiterinnen und -arbeiter unter Vertrag zu stehen, die ihr seid. Denn ihr seid das, was man bei euch vielleicht als Team bezeichnen würde, das zum Nachstimmen kommt: Zunächst stimmt ihr euch selbst auf die göttliche Vollkommenheit in eurem Innern ein und dann bewirken die Signale, die von euch ausgehen, dass auch eure Umgebung gestimmt wird und diejenigen, die ihr magnetisch in euer Energiefeld zieht.

Niemand hier hat einen Vertrag unterzeichnet, den Planeten zu retten. Das war nie Teil der göttlichen Blaupause. Euer Vertrag mit dem Göttlichen bestand darin, euch euer glorreiches Wesen in Erinnerung zu rufen, wieder in jedem Augenblick den vollen Ausdruck der göttlichen Kraft willkommen zu heißen, die vervollkommnete Natur eurer Seele zu erkennen. Das ist eure Blaupause. Es mag Einzelheiten geben, die ihr als Vervollkommnete einhalten müsst, denn darin liegt die Einzigartigkeit eurer Arbeit hier, doch jede einzelne Information wird sich bei euch einstellen, wenn ihr euch auf die Frequenz eingeschwungen habt, die erlaubt, dass die Offenbarung stattfindet, von Augenblick zu Augenblick, wenn ihr euch auf Vollkommenheit ausrichtet.

Wir haben für diejenigen von euch, die voll und ganz mit der göttlichen Kraft im Innern arbeiten, das, was wir die Akasha-Chronik genannt haben. Wenn ein Wesen in euer Energiefeld kommt und ihr das Gefühl habt, es gehöre vielleicht zu eurer Blaupause, so laden wir euch ein, um Freigabe der benötigten Informationen aus der Akasha-Chronik zu bitten. Diese Aufzeichnungen sind quasi die kosmische Bibliothek, und es läuft einfach so, dass ihr darum bittet, dass sich die entsprechende Information einstellt, und so wird es dann auch sein. Macht euch klar, dass ihr vielleicht nicht die gesamten Informationen zum Leben eines Wesens erhaltet oder nicht seine volle Blaupause, doch das, was sich einstellt, wird das sein, was für die Arbeit von Belang ist, die ihr beide zusammen verrichten werdet. Aber wenn ihr nicht von der Existenz dieses kosmischen Computers ausgeht, könnt ihr auch nicht fragen. Nehmt also zur Kenntnis, dass diese Informationen in euch vorhanden sind, dass sie in euren Datenbanken enthalten sind, nehmt zur Kenntnis, dass es Informationen gibt, die in der Akasha-Chronik festgehalten sind, und das wird erlauben, dass euer Auftrag hier glatt abgewickelt werden kann. Denkt daran, ihr Lieben: Wenn ihr nicht bittet, könnt ihr auch nicht bekommen, und das Wesen, von dem ihr alles erbittet, ist natürlich die Gotteskraft in euch selbst. Wie wir so oft sagen, ist dies nicht die Zeit der Gurus und nicht die Zeit, eure Macht an ein anderes Wesen abzugeben, wie inspirierend es an diesem Punkt in eurem Leben auch sein mag.

Die wirkliche Initiation, das wirkliche Spiel, liegt darin, die Verbindung mit der Stimme in euch zu erhalten, der Gotteskraft in euch. Und zu gebieten beziehungsweise demütig zu bitten, wenn euch danach zumute ist, dass alle Informationen, die ihr braucht, um vollkommen im Einklang mit allem zu sein, perfekt euren Part in der göttlichen Blaupause zu erfüllen, euch klar und eindeutig gegeben wird, und dann wird es so sein. Alles existiert so wie in euren Gedanken. Es finden Billiarden Spiele gleichzeitig auf diesem Planeten statt, jedes Wesen, das ja Tausende von Gedankenformen am Tag hat, benutzt unablässig den freien Willen, um parallele Wirklichkeiten zu erschaffen. Dies geschieht immer weniger, sobald das Göttliche Eine in euch erwacht und euer Herz leitet sowie bei euch die höchste Bewusstseinsebene aktiviert.

Was sich da abspielt, lässt sich mit einem Netz vergleichen, das ins Meer geworfen wurde. Dieses Netz wird nun aus dem Wasser gezogen und dabei kommt es an einem zentralen Punkt zusammen, statt wie zuvor weit ausgebreitet zu sein. Parallele Wirklichkeiten werden von Wesen erzeugt, die ihren freien Willen einsetzen, doch werden solche Wirklichkeiten seltener, je mehr ihr euch auf das Spiel des göttlichen Willens einstimmt in dem Wissen, dass dort die reichsten Schätze liegen. Es ist ein Neuknüpfen paralleler Wirklichkeit, bei dem diese Schätze wieder ins Paradigma der Einheit eingeflochten werden, die dann zustande kommt wie bei dem Netz, das aus dem Meer gezogen wird.

Jeder und jede von euch ist energetisch über sein beziehungsweise ihr Bewusstsein mit den anderen verbunden. Diejenigen, die sich in eurem unmittelbaren Umfeld befinden, sind Wesen, bei denen ihr einen Energieausgleich vollzieht oder die Teil eurer Blaupause sind. Unabhängig davon, wie eure Interpretation aussieht: Jedes Wesen in eurem Energiefeld ist kostbar. Jedes Wesen, mit dem ihr einen Moment verbringt, ist im Rahmen eurer göttlichen Blaupause zentral, und jedes Wesen ist physisch manifestierte Gotteskraft und hält von daher große Geschenke für euch bereit, hat eurem Teilchen der Blaupause große Talente hinzuzufügen, sonst würde es sie nicht in euer Energiefeld ziehen.

Es gibt keine Zufälle. Der Zufall ist ein flüchtiger Einblick in das Gesetz der Synchronizität, und wenn ihr entsprechend eingeschwungen seid, merkt ihr, dass diese Zufälle sich aneinander reihen wie ein Fluss der Gnade. Die Gnade bringt die Energie mit sich, sich immer recht am Platze zu fühlen und immer im Einklang. Jede Situation bringt euch Lektionen und Geschenke, jede Situation stellt sich ein, um euch zu inspirieren, die Größe eures eigenen Liedes zu erkennen.

JASMUHEEN UND ELTRAYAN:
DIE MEISTER UND DIE SPIRITUELLE HIERARCHIE

Es folgt eine kurze Übersicht über die spirituelle Hierarchie, die in Relation zur Menschheit zum derzeitigen Zeitpunkt anzutreffen ist. Die spirituellen Meister, die über die Erde wachen, sind Teil einer Hierarchie, innerhalb derer die Höherstehenden den weiter unten Stehenden dienen, denn natürlich dient das Höhere immer dem Niederen, da es dazu in der Lage ist.

Dies hier ist eine vereinfachte Darstellung, und komplexere Einzelheiten zur Entwicklung des menschlichen Bewusstseins, zusammen mit weiteren Angaben zu den Meistern, sind über die Theosophische Gesellschaft erhältlich. Es kann jedoch hilfreich sein, ein ungefähres Modell zum Aufbau der Hierarchie vor Augen zu haben und dazu, welche Attribute die einzelnen Meister zum Gesamten beisteuern, und von daher fügen wir diese Angaben hier bei. Natürlich werden Menschen, die dieses Material lesen, individuelle Ansichten und Variationen zu dem vorgeschlagenen Modell einzubringen haben – es ist selbstverständlich nicht dogmatisch zu verstehen.

Am äußeren Rand unseres Wahrnehmungsbereichs findet sich der universelle Logos, dessen Körper das physische Universum ist. Der Name des universellen Logos ist Melchizedek.

Als Nächstes folgt in der Hierarchie der Logos der Galaxie (ohne Angabe eines Namens).

Danach kommt der Logos unseres Sektors der Galaxie, Melchior genannt.

Dann der Logos des Sonnensystems rund um den Großen Bären (kein Name).

Dann der solare Logos der Sonne, Helios.

Die Energie wird von Helios aus dem galaktischen Zentrum in Zwölfereinheiten empfangen und zur Verteilung in die Shambala auf der Erde auf zehn heruntergefahren.

Die Shambala bestehen aus den Kumaras und Gautama. Die einzelnen Namen lauten Sanat Kumara, Sanat Sujata, Sananda, Sanatana, Sani, Kapila und Gautama (Gautama hat erst in jüngerer Zeit Sanka abgelöst).

Sanat Kumara ist der Herr der Erde und wird traditionell auch die ewige Jungfrau genannt. Die Energie, die von den Shambala auf Energieeinheiten zu je sieben heruntergefahren wird, wird über den Manu (ohne Name), den Bodhisattva (Maitreya) und den Mahachohan (ohne Name) an die Erde verteilt. Dies sind der Meister der Primärstrahlen eins, zwei und drei, in dieser Reihenfolge, und der Mahachohan ist das Oberhaupt von Strahl drei bis sieben.

Unter diesen drei finden sich die Chohan, und davon gibt es sieben, einen für jeden der sieben Strahlen.

Diese sind, erster Strahl: El Morya, seine Farbe ist Rot, sein Edelstein der Diamant, seine Hauptmerkmale sind Wille und göttliches Wissen. Sein Symbol ist das Kronenchakra im Menschen, das über neunhundertzweiundsiebzig kleine Strudel verfügt.

Der zweite Strahl wird von Kuthumi gehütet. Seine Farbe ist Blau, sein Edelstein der Saphir, seine Attribute Liebe/ Weisheit und göttliche Liebe. Für ihn steht das Augenbrauen-chakra, das sechsundneunzig kleine Strudel aufweist.

Der dritte Strahl wird von Serapis Bey aufrechterhalten. Seine Farbe ist Rot, sein Edelstein der Smaragd, seine heraus-ragenden Attribute ein wacher Verstand und die Anwen-dung des göttlichen Willens. Für ihn steht das Kehlchakra, das sechzehn kleine Strudel aufweist.

Der vierte Strahl ist in der Hand von Paul dem Venezianer. Seine Farbe ist Smaragdgrün, sein Edelstein Jaspis, seine Hauptattribute die Wertschätzung für Harmonie, Schönheit und Liebe. Für ihn steht das Herzchakra, das zwölf kleine Strudel aufweist.

Der fünfte Strahl ist in der Hand von Hilarion. Seine Farbe ist Grün/Orange, sein Edelstein der Topas, seine Hauptattribute die Verantwortung für Wissenschaft und klares Denken. Für ihn steht das Solarplexuschakra, das zehn kleine Strudel aufweist.

Der Meister des sechsten Strahls ist Jesus. Seine Farbe ist Indigo, sein Edelstein der Rubin, seine Hauptattribute sind die liebende Verehrung und echtes Empfinden. Für ihn steht das Kreuzbeinchakra, das sechs kleine Strudel aufweist.

Der Meister des siebten Strahls ist Comte Saint Germain. Seine Farbe ist Violett, sein Edelstein der Amethyst, seine Hauptattribute sind angeordnetes Dienen und zu demonstieren: »Es gibt mich.« Für ihn steht das Wurzelchakra, das vier kleine Strudel aufweist.

Die spirituelle Hierarchie schickt alle zweitausendeinhundertsechzig Erdenjahre einen Weltlehrer los – Zeitabstände, die in der Esoterik als messianische Zeitperioden bezeichnet werden. Zusätzlich tritt in den letzten fünfundzwanzig Jahren eines jeden Jahrhunderts ein hoher Lehrer oder eine hohe Lehrerin in Erscheinung. Die Vertreterin der spirituellen Hierarchie und deren Schreiberin im letzten Viertel des vorherigen Jahrhunderts war Madame Helena Blavatsky.

Jasmuheen

Lichtnahrung

Die Nahrungsquelle
für das kommende Jahrtausend

Seit 1993 ernährt sich die Austra-
lierin Jasmuheen von Prana. Sie ist
von der Notwendigkeit zu essen
befreit. Schwerpunkt dieses Buches
ist ein 21-Tage-Prozess. Wer ihn
durchläuft, kann dadurch einen
außergewöhnlichen Zustands des
Seins erreichen, der bisher nur
Heiligen vorbehalten war.
200 Seiten, Papberback,
€ 17,40 ISBN 3-929512-26-2

Jasmuheen

In Resonanz

Jasmuheen studierte 22 Jahre lang
die metaphysischen Resonanz-
gesetze und vermittelt uns leicht
verständlich
Themen wie Erhöhung der
Schwingungsfrequenz, Channeln,
Meditation, Fähigkeiten wie
Telepathie, Hellsichtigkeit und
vieles mehr.
380 Seiten, gebunden
€ 23,50 ISBN 3-929512-28-9

www.koha-verlag.de